前言

随着经济全球化的深入发展，国际贸易、跨境电商、国际直接投资等商务活动日益频繁，企业不可避免地要应对来自全球范围内的激烈竞争，对国际商务专门人才的需求也大大增加。

本教材正是顺应这一教育需求，在现有国内外国际商务相关教材的基础上，立足于满足高校国际商务概论课和导论课的需求，确保内容的全面性和综合性，从国际企业经营过程中所涉及的环境、货币、战略、组织与运营等方面，设计了国际商务环境、国际商务理论和政策、国际货币制度、国际战略、国际商务运营等五部分共十一章。

教材各章节内容在编写的过程中，注重把握以下"两个原则"。

一是立足中国国情。改革开放40多年来，中国共产党领导经济建设取得了伟大成就和宝贵经验，中国企业国际拓展的经验迫切需要深入总结，本书主要选取中国企业开展国际商务的实践案例，致力于把国内企业开展国际商务的经验概括提炼好、讲述好。

二是注重交叉融合。本书大量引用教育部中国经济讲堂视频，通过在纸质教材中增加二维码的方式"无缝隙"地链接视频、电子文档等资源，丰富纸质教材的表现形式，把相关视频案例与国际商务相关知识点相融合，把课程思政与国际商务知识点相融合，激发学生学习兴趣；教材内容编写采用情景启发模式，把案例讨论、思考题、拓展阅读、小组讨论等融入知识点中，融情景、拓展、互动于一体，打造生动、立体式教材，拓展视野，引导学生独立思考，提高解决问题的能力，强调理实融合，实现学练一体。

在当今社会，培养学生的思想品德已经成为教育的重要任务。教材不仅在理论中植入中国企业海外拓展案例，润物细无声地开展思政教育，还在每一章设置了"思政链接"专栏，结合每章节的重点内容，用文字和视频链接等形式，展示了中国政府在全球化进程中所采取的态度和行动，传达了党的"二十大精神"。通过将思政教育融入教材中，可以引导学生树立正确的世界观、人生观和价值观，增强其对核心价值观和社会主义核心价值观的理解和认同，从而实现知识传授与价值引领的同频共振。

  本书在编写过程中，得到了浙江水利水电学院领导、同事和学生的帮助。感谢经管学院院长赵志江教授、副院长蒋建勇教授和教务处相关老师的修改建议。感谢在浙江水利水电学院就读的学生们，这些学生有：国商19级学生潘悦、汪一蓉、张凯盛、李昕、周莎莎和章子晴，国商专升本21级学生陈奕汝、陈雪，国商21级学生黄子珊、刘甲航、朱雯、李卓、王茜、王淑晴、陈思佳和常凤展。他们非常积极热心地帮助搜集整理案例和视频资料。还要感谢首都经济贸易大学出版社编辑的热心帮助。

  由于本人经验有限，本书难免存在很多不足之处，恳请各位专家读者拨冗雅正，以便再版时修正。

浙江省一流课程立体化教材

普通高等教育新型规划教材
工商管理专业

国际商务概论

INTRODUCTION TO INTERNATIONAL BUSINESS

李曼 ◎ 主编

首都经济贸易大学出版社
Capital University of Economics and Business Press
·北京·

图书在版编目（CIP）数据

国际商务概论/李曼主编． --北京：首都经济贸易大学出版社，2023.9
ISBN 978-7-5638-3466-2

Ⅰ.①国…　Ⅱ.①李…　Ⅲ.①国际商务—教材　Ⅳ.①F740

中国版本图书馆 CIP 数据核字（2022）第 242504 号

国际商务概论

李　曼　主　编

责任编辑	云　　帆
封面设计	砚祥志远·激光照排　TEL：010-65976003
出版发行	首都经济贸易大学出版社
地　　址	北京市朝阳区红庙（邮编 100026）
电　　话	（010）65976483　65065761　65071505（传真）
网　　址	http://www.sjmcb.com
E - mail	publish@ cueb.edu.cn
经　　销	全国新华书店
照　　排	北京砚祥志远激光照排技术有限公司
印　　刷	唐山玺诚印务有限公司
成品尺寸	170 毫米×240 毫米　1/16
字　　数	355 千字
印　　张	19.75
版　　次	2023 年 9 月第 1 版　2023 年 9 月第 1 次印刷
书　　号	ISBN 978-7-5638-3466-2
定　　价	45.00 元

图书印装若有质量问题，本社负责调换
版权所有　侵权必究

目 录

第一章　全球化概述 … 1
　第一节　什么是全球化 … 4
　第二节　全球化的推动力 … 11
　第三节　全球化的影响 … 12

第二章　国际商务环境 … 25
　第一节　政治环境 … 27
　第二节　法律环境 … 31
　第三节　经济环境 … 34
　第四节　文化环境 … 36

第三章　国际贸易理论和政策 … 59
　第一节　古典国际贸易理论 … 61
　第二节　新古典国际贸易理论 … 66
　第三节　国际贸易的当代理论 … 68
　第四节　政府贸易政策 … 74

第四章　国际直接投资 … 90
　第一节　国际直接投资的趋势 … 92
　第二节　国际直接投资理论 … 100
　第三节　国际直接投资对东道国和母国的影响 … 107

第五章　外汇市场和全球资本市场 … 124
　第一节　外汇市场 … 126
　第二节　全球资本市场 … 144

第六章 国际货币体系 ································ 161
第一节 国际货币体系概述 ·························· 162
第二节 国际货币体系的演变 ·························· 165

第七章 国际企业的战略 ································ 189
第一节 国际企业战略概述 ·························· 191
第二节 国际企业的战略选择 ·························· 194
第三节 国际企业进入战略决策 ························ 202

第八章 国际企业的组织结构与人力资源管理 ·············· 221
第一节 国际企业组织结构的基本类型 ·················· 224
第二节 国际企业的人力资源管理 ···················· 229

第九章 全球生产和供应链管理 ·························· 240
第一节 全球生产管理 ···························· 242
第二节 全球供应链管理 ·························· 249

第十章 国际市场营销 ·································· 261
第一节 全球市场和品牌全球化 ······················ 264
第二节 国际营销 STP 战略 ·························· 266
第三节 国际营销组合 ·························· 273

第十一章 国际企业财务管理 ······························ 286
第一节 各国在会计准则上的差异 ···················· 288
第二节 国际财务管理 ·························· 295

参考文献 ··· 309

第一章
全球化概述

学习目标

通过本章的学习,你应该可以了解全球化的趋势,理解全球化的概念,描述全球化的表现;理解全球化的推动力,讨论企业全球化过程中产生的问题;解释全球化正面和负面的影响;培养全球思维。

开篇案例

没有"中国制造"的一年

美国《基督教科学箴言报》2015年曾发表文章《没有"中国制造"的一年》,描述了一个美国家庭抵制"中国制造"近一年后终于发现,"没有中国产品的生活一团糟"。文章全文如下:

去年,圣诞节过后两天,我们不再使用一些标明"中国制造"的塑料、金属和木制产品。我们保留已经拥有的"中国制造"的产品,而不再购进任何新的"中国制造"的产品。

这种驱逐行动不是中国的错。我们生活中充斥着来自中国的各种东西——玩具、小家电、衣服等。有时,我也担心流失到海外的就业机会,但价格最终总是战胜我们的价值观。我们根本无法拒绝中国出售的产品。

但是,去年在那个黑色的星期一,当我坐在沙发上,环顾节日过后的满地狼藉时,一种不安慢慢涌上心头。直到那一刻,我才注意到一个不容辩驳的事实——中国正在占领这个地方。

桌子上的电视机、门边的一堆网球鞋、圣诞树上的彩灯、地板上的洋娃娃……屋里随处可见中国制造的产品。我起身离开沙发,迅速进行了一次盘点,把所有的礼物分成了两大类:中国制造的和非中国制造的。最后的统计结果是:中国产品25件,非中国产品14件。我意识到圣诞节已经成了中国人制造的节日。突然,我觉得够了。我想把"中国制造"关在门外。

经过略施小计和一番苦口婆心的劝说,我把丈夫也争取过来。于是,1月1日,我家开始了为期一年的抵制中国产品的活动。这个想法并非为了惩罚中国,中国根本不会感觉到我们的抗议带来的这点微乎其微的影响。而且,我们也不会欺骗自己,认为我们把一个就业机会还给了俄亥俄州或者佐治亚州的某家公司。我们把"中国制造"拒之门外是因为想衡量一下,中国到底在多大程度上渗入了我们的生活。我们想知道放弃使用中国产品到底需要花费多少时间和金钱,以及会带来多少不便。

我们碰到的第一个问题就是儿子的网球鞋已经小得无法再穿了,给他买一双新鞋搞得我疲惫不堪。经过两周的奔波后,我终于受不了了,花60美元给他买了一双从意大利进口的运动鞋。这笔钱花得让我有点心疼,因为这个价钱对于一双童鞋来说似乎有点奢侈。但我很快就习惯了这种感觉。几周后,我又花了60美元给我们蹒跚学步的小女儿买了一双得克萨斯州制造的鞋子。

随后,我们在许多小事上遇到了麻烦。为了给丈夫的生日蛋糕买蜡烛,我开车去了6家杂货店都没有买到,最终不得不用在厨房里找到的一盒落满灰尘的蜡烛将就。我家的一个旧抽屉从1月起就拉不开了。我丈夫在"家得宝"发现了修抽屉用的工具,但当他发现这个工具也贴着"中国制造"的标签后,就又把它放回了货架上。

家里的搅拌器和电视机坏了,这也带来了小小的危机。我们还不得不用起了旧式的捕鼠器,因为新式的也是中国制造的。

第一章
全球化概述

避开中国制造的玩具更是一件令人难以应付的事。春天，我们4岁的儿子发起了一次反抵制行动，坚决支持"中国的东西"。儿子一直是一个重友情的人，但是最终他厌倦了总把丹麦生产的"乐高"玩具送给朋友作为生日礼物。10月的一天早晨，我们去百货公司购物的时候，他突然喜欢上了一个电动的紫色南瓜玩具。儿子哭着说："我们都多久不用中国的东西了。"他为此纠缠了我一天。第二天早晨，我又开车带他去百货公司，让他用自己生日时得到的钱去买那个南瓜玩具。

我不知道12月31日我家的抵制行动正式结束的时候，我们会怎么做。没有中国产品的生活一团糟。我发现，中国并没有控制我们日常生活中的每个地方，但如果你看看百货公司玩具部商品的盒子下面，我保证你还是会大吃一惊的。

经过一年没有"中国制造"的日子后，我可以告诉你：没有"中国制造"你也可以活下去，但是生活会越来越麻烦，而且代价会越来越大。以后10年我可能都没有勇气再尝试这种日子。

思考：美国人的家里随处可见"中国制造"，那么，中国家庭里有多少"美国制造""日本制造"呢？美国主妇认为，"没有中国产品的生活一团糟"。那么，对于中国人来说，如果我们过没有美国制造的一年，我们的生活会是怎样，会不会同样很有麻烦呢？和你的同学一起讨论一下吧。

在现实生活中我们接触了很多的外国事物，不用出国也可以感受到国外的生活。在中国市场，国际产品比比皆是；在其他国家，中国产品也琳琅满目。世界在变小，企业在变大。各国经济相互依赖、相互影响，国际商务活动日益活跃、迅速发展。这就是当今世界经济的普遍景象。这些经济现象说明了什么？这是我们开始学习国际商务前需要了解的。通过这一章的学习，我们可以回答以下问题：

- 什么是全球化？全球化包含哪些方面？
- 全球化的推动力是什么？
- 全球化有哪些利弊？

第一节　什么是全球化

在讨论全球化的概念前，我们先来思考以下几个问题：
- 你的手机是哪里生产的？
- 你的电脑是哪里生产的？
- 你平常吃的零食是哪里生产的？
- 为什么有这么多的产品在国外生产？

一辆在加州组装的奔驰车是美国车吗？在中国组装的大众汽车是一辆中国车还是一辆德国车？讨论一辆汽车是哪个国家的是否还有意义？

一、全球化的概念

在我们的生活里，全球化离我们遥远吗？在我们的日常生活中，你会有这些发现：起床后去刷牙，你用的牙膏可能是高露洁、佳洁士等合资的外国公司的产品；坐在梳妆台前，你的化妆品可能产自英国、美国、韩国、日本等国家；你用的洗发水的品牌可能是沙宣、海飞丝、飘柔等国际品牌；你看的电影可能是好莱坞大片；打开手机或电脑，世界各个角落发生的事情，你基本上第一时间就可以知道。随着跨国贸易和投资壁垒的降低，运输和通信技术的进步，人们感知的距离缩短了；越来越多的人能接受世界上其他国家的物质文化；世界经济相互依赖程度也日益提高。

【思考题 1-1】
你能从字面来解释什么是全球化吗？

本书所讲述的全球化是经济全球化，最早是由 T. 莱维特于 1985 年提出来的，是指各国经济向相互依赖与相互联系转变的趋势。随着科学技术的进步和社会生产力的不断发展，世界各国、各地区的生产、流通和消费等领域的封闭状态日益被相互开放、相互依存、相互联系的经济关系所代替，从而使世界各国在政治、经济和贸易等方面越来越成为一个不可分割的整体。对于全球化的概念，要把握两点：一是商品、劳务、技术、资金的流动和配置不再局限于一国范围内，而是活跃在世界范围内；二是各国经济日益相互依赖、相互联系已经成为一种经济发展的趋势，不以任何人的意志为转移。

 **拓展阅读**

1905年，瑞士人亨利·内斯特莱创办的雀巢公司同英瑞浓缩奶公司合并，把厂房到了英国、德国、西班牙和大洋彼岸的美国。这在当时是一件了不起的大事。内斯特莱恐怕不会想到，将近一个世纪之后，雀巢公司在全球已有500多家工厂，雀巢的产品几乎遍布世界的各个角落。如今，人们徜徉于超市，把雀巢咖啡放进购物车时，想到的可能只是咖啡的浓香，而未必会意识到自己正在采撷经济全球化大潮的浪花。

从历史上看，全球化的产生与发展有四个阶段。第一个阶段发生在2 000年前的罗马帝国时期，通过建立交通网络，形成共同的语言、法律和货币等，促进了从英国到中东的贸易的发展。第二阶段出现在500年前，哥伦布等航海家开拓海上通道，推进了欧洲、美洲及东亚地区的贸易。第三阶段发生在1870年至1913年间，新技术成为推动经济全球化发展的动力，轮船、火车、电话、电报被广泛应用，大大降低了运输和通信成本，国际贸易再次大幅增长。第四阶段出现在第二次世界大战（简称"二战"）后至今，电子计算机、航天和互联网等领域新技术的创新和应用，促进了世界经济向多极化发展。

二、全球化的表现

案例讨论

阿明鞋业有限公司（中国公司，以下简称"阿明公司"），既有内销业务，也接国外订单。

前两年该公司接到了美国耐克公司在华分公司的合作加工订单生意。就是由耐克美国总公司提供设计图样和材料，由阿明公司按照其要求生产成品。然后由美国耐克在其他国家的分公司负责开展全球各地的销售。

由于耐克公司在华投资回报很高，所以其决定追加在中国的投资，开设加工厂和贸易公司。

【思考题1-2】

你知道全球化最早是什么时候出现的吗？

再看经济全球化

【小组讨论1-1】

搜罗身边的事例，哪些反映的是全球化现象？比一比，看哪个小组列举的最多。

【思考题1-3】

除了商品之外，还有哪些资源或要素可以在全球流动？

问题：阿明公司和耐克公司的经营过程，如何体现了全球化？

全球化有若干不同的表现，包含商品、劳务、技术、资金、信息等在世界范围内的流动和配置，主要分为生产全球化、市场全球化和资本全球化三种类型。

(一) 生产全球化

案例讨论

空中客车（AIRBUS）是世界上最先进、舒适、可靠的民用客机之一。乘客身处其中，如同在空中（AIR）乘坐"客车"（BUS），这是其名字的由来。空中客车的制造和设计任务主要是由来自法国、德国、英国、西班牙的宇航公司共同承担。这4个合作伙伴具有持股和制造的双重角色，并在空中客车工业公司的协调和管理下从事飞机所有的设计和制造。另外，包括北美洲几百家供货商在内的1 000多家供货商中约10万人也参与了空中客车飞机的制造。全球目前正在运营的空中客车中，近半数的飞机已经装配有中国制造的零部件。

问题：为什么一架飞机要由许多国家生产？

一个产品由多个国家共同生产，有利于世界各国充分发挥各自的优势，节约社会资源和劳动，促进资源的合理配置。这就是全球化的一个主要表现，即生产全球化。

【思考题1-4】
为什么越来越多的公司选择国际化生产？

所谓生产全球化，指的是从全球各地区制造商品和提供服务，以利用各国在生产要素（如劳动力、技术、资金）上的成本和质量差异。

随着分工越来越细，世界各国间的联系也在不断加强，各国的生产活动已成为世界生产链中的一个环节，一个产品实际上是一个全球性产品。各国公路上驾驶的汽车，办公桌上运行的电脑，以及家中的诸多电器设备等，虽然标明美国、日本或中国制造，但其中很多零部件是在其他国家生产的。例如，波音公司一种型号的客机，在华盛顿和日本设计，在西雅图组装，尾部整流罩来自加拿大，机尾部分产自意大利，发动机则由英国制造。日本某品牌的电脑，微处理器芯片来自美国，外壳由印度生产，一部分零件从韩国采购，在新加坡、印度尼西亚或中国组装，然后贴上"日本制造"的商标，最后销往世界各地。

【小组讨论1-2】
你还知道哪些产品是由许多国家共同生产的？

拓展阅读

亮相世界杯，中国制造用实力刷出存在感

如果说世界杯是一个宏大的赛场，那么围绕它而建造的球场等各式基础设施，则是一个现实的"考场"。卢塞尔球场是卡塔尔世界杯的主体育场，该球场由中国铁建国际集团建设，是中国企业以设计施工总承包身份承建的首个世界杯体育场项目，赢得了卡塔尔世界杯组委会官员的高度赞誉，打破了欧美国家在行业内的垄断地位。建造是一项系统工程，要在全球行业脱颖而出，靠的就是硬碰硬的全方面实力。不仅在基建领域，从比赛球场到供水网络再到电力保障，本届世界杯处处都有中国建造的身影。

除了建造领域抢镜之外，中国制造的商品也"抢滩登陆"世界杯。据义乌体育用品协会估算，从世界杯32强的旗帜到喇叭、哨子，从足球到球衣、围巾、大力神杯的摆件和抱枕，"义乌制造"几乎占到整个世界杯周边商品市场份额的70%。小商品有大市场，义乌之所以能够有口皆碑，靠的是将"百倍努力"与"千般本领"化为客户认可的实际行动。中国商品在卡塔尔成为硬通货，也再次提醒国内制造产业要把强练内功作为头等大事，如此才能扬帆出海，使产品畅销全球。

世界离不开中国制造。最近一则新闻引发人们关注：苏州6 000辆金龙客车走进世界杯，成为一道美丽的风景线。回望过去的筚路蓝缕，以启山林。今天，不断强大起来的中国汽车产业在国民经济中的地位越来越重要，在国际上的影响力也越来越大。越来越多的中国企业在世界竞争中赢得主动，起到决定性作用的是关键核心技术的支撑、企业创新主体作用的发挥，从"中国制造"升级到"中国创造"的内涵也就此彰显。

亮相世界杯，中国制造用实力刷出存在感。近几届世界杯，中国制造从未缺席，甚至连"走出来"的方式都采用了"中国方案"——犹记中国小龙虾搭中欧班列出征俄罗斯世界杯，让全世界球迷品尝到中国特色美食。"引进来"和"走出去"齐头并进，"卖全球"和"惠全球"并驾齐驱，在本届世界杯上，中国制造以足球之名，描绘出人类追求幸福生活的美好愿景，也谱写出共同繁荣发展的崭新篇章。

今天，中国制造已经走向世界，这是我们的骄傲，当然，外国的商品也涌入了中国，这就是全球化，我们大家都生活在一个全球化时代。

（资料来源：中国经济网，南方网）

（二）市场全球化

案例讨论

【思考题1-5】
你可以举一个市场全球化的例子吗？

中国-东盟自贸区建成后，中国对东盟的平均关税降至0.1%，双方93%的产品贸易关税已降为零。中国—东盟自贸区启动后，中国与东盟10国相互开放市场，形成一个拥有19亿消费者、6万亿美元GDP总值的经济区，是目前世界人口最多的自贸区，也是发展中国家间最大的自贸区。

问题：这说明了经济全球化的什么表现呢？

【思考题1-6】
小公司可否开展市场全球化？

国际贸易的全球化发展已经成为必然的趋势，这种发展带给世界经济的推动作用是举足轻重的。

所谓市场全球化，是指把历史上独特的和分离的国家市场合并为一个巨大的全球市场，即把产品销售到全世界。跨国贸易壁垒和运输成本的降低，使得在世界上其他国家销售产品变成可能；不同国家的消费者日益接受甚至偏爱其他国家的产品；一些公司在开展全球化的同时，也带动了其他公司开展全球化的潮流。

一家公司不必达到跨国巨人的规模也能促进市场全球化并从中获益。在进出口业务稳步增长的过程中，电子商务扮演着重要角色。目前，94%的中国内地中小型企业利用电商平台采购商品和寻找国际客户。

📖 案例讨论

一天，在杭州某公司上班的赵小姐一下班，就开着自己的大众轿车到商城给当天过生日的母亲买了一盒大蛋糕，还买了一个大果篮。赵小姐说，现在的世界变得越来越小了。她的汽车是德国牌子，在上海生产，零部件的国产化率达到85%；生日蛋糕是法式的；果篮里的水果包括泰国的山竹、越南的火龙果和美国的提子。而她参与开发的通信产品销往美国、荷兰等全球90多个国家。

问题：
(1) 请分析赵小姐过上这样生活的原因。
(2) 如何理解"现在的世界变得越来越小了"？

【思考题1-7】
市场全球化是否意味着全世界就是一个统一的市场呢？请举例说明。

【思考题1-8】
判断分析：目前市场全球化主要是指消费品市场。

（三）资本全球化

📖 案例讨论

在投资合作方面，2017年中国和东盟累计双向投资总额已超过2 000亿美元。中国企业投资领域已从制造业、采矿业、批发零售等逐步拓展到电力、供水、电信等基础设施建设和品种更加丰富的商贸服务业。中国已在东盟设立直接投资企业4 000余家，雇用当地员工30余万人。

问题：这说明了全球化的什么表现呢？

所谓资本全球化，是指资本在全球范围内流动。资本全球化不是孤立的，它是伴随生产和市场全球化而流动的。资本全球化也不是盲目的，它总是流向利润高的地方。在各国金融中心，如美国华尔街，投资者的手轻轻在键盘上一敲，大量资金就可以在短时间内从全球一个市场转移到另一个市场。

现在有一种钱叫 hot money，即热钱，又称游资，或叫投机性短期资金。热钱是只为追求高回报而在市场上迅速流动的短期投机性资金。资本总是以获取最大利润为目标的，随着生产和贸易的全球化，资本在全球范围内的流动不断加快。哪里有利润就到哪里去，哪里利润高就流向哪里，资本的全球化促进了世界经济的发展。

拓展阅读

100年前就有很多中国人在外国人开办的银行里存钱、取钱、借钱。那时的货币可以自由兑换。资本输出被列宁看成传统帝国主义的主要特征之一。据说，今天的全球化体现为规模惊人的"金融资本"流动。每天，全世界有1万多亿美元在世界金融市场上进行赌博投机；每年，全球"热钱"高达400万亿美元。

案例讨论

2017年10月，日本相机制造巨头尼康在其中国官网上郑重宣布，停止子公司尼康光学仪器（中国）有限公司的经营。与此同时，负责生产尼康数码相机以及数码相机配件的工厂也将停产。

2018年4月27日，韩国三星正式关闭其在中国大陆的唯一一家网络设备生产企业——深圳三星电子通信公司，并遣散了员工。

2018年5月7日，在无任何书面通知或公告的状况下，某外资公司人事部门负责人突然开始逐一告知员工需要关厂，员工毫无准备，面临失业，目前还未公布关于员工的后续赔偿方案。

……

纵观这些年，我们会发现，外资工厂从中国撤离已经变成了一种非常显著的现象。而外资之所以大量涌入，得益于中国在改革开放之初所实行的进口替代战略：以优惠的土地税收政策与廉价劳动力吸引国际公司，促使它们将工厂搬至中国。

中国经济之所以能取得累累硕果，主要来源于这两种所有制力量的增长：本土民营企业的壮大和外资企业的涌入。随着土地和劳动力成本的提高，以及对外资超国民待遇的取消，2008年以后，大量的工厂开始从中国撤出。

问题：外资大撤退潮，会给中国带来什么影响？

第二节　全球化的推动力

当今世界是开放的世界，各国经济联系日益密切，世界离不开中国，中国也离不开世界，世界变成了地球村，真可谓"秀才不出门，可知天下事；百姓不出国，尽享天下物"。那么，"尽享天下物"是如何实现的呢？它得益于什么呢？

古人能轻易地得到国外生产的物品吗？为什么他们没有感受到经济的全球化呢？

全球化既是一种社会现象，又是一种历史发展的必然，它的产生有一定的推动力。全球化趋势的背后有两个宏观因素在起作用：一是二战结束后，商品、服务和资本自由流动的障碍减少了；二是技术变革，特别是近年来通信、信息处理和运输技术的迅猛发展。

一、贸易与投资壁垒的减少

贸易自由化持续发展，多边贸易谈判多次达成协议取得进展，较大幅度降低了关税和非关税壁垒。同时，越来越多的国家采取支持全球化发展的政策，越来越多的国际金融机构、保险机构等服务性机构参与国际商务活动，促进了全球化的发展。

这类趋势助长了市场全球化，即国际贸易壁垒的减少使企业把它们的市场扩展到世界范围，而不局限于单一的国家；促进了生产全球化，即贸易和投资壁垒的减少使企业能把生产置于从事该项活动的最佳区位；推动了资本全球化，即国

【小组讨论1-3】
假如你是海尔集团的老总，你的常住地址在上海，你要指挥北美海尔企业的生产情况，在电子计算机网络技术出现之前，你会选择哪些方式指挥？这些方式有哪些不便之处？如果采用网络技术，会有什么优势？

家间资本投资更加频繁，跨国公司蓬勃发展。

市场与生产的全球化，以及由此导致的世界贸易、对外直接投资和进口的增长都意味着企业将发现其母国市场正在遭遇外国竞争者的争夺，使一系列制造与服务行业的竞争愈演愈烈。

二、技术变革的作用

降低贸易壁垒使市场和生产全球化在理论上成为可能，而技术变革使之成为可见的现实。科技进步和生产力水平的提高是全球化的根本推动力。二战后，以电子计算机技术、微电子技术、信息通信技术、新材料技术、互联网技术、海洋技术、现代交通运输技术等为主体的现代高技术的出现，大大加快了各国、地区之间的信息流、物资流、资金流、技术流和人员流动，使相隔数千里甚至上万里的世界瞬间变成了一个地球村，使买卖双方很容易发现对方，而不管他们位于何处、规模多大。企业不论大小，都能以前所未有的低成本向全球扩张其业务活动，从而在很大程度上缩小了人际、组织、民族、国家间交往的时空距离，为加速经济全球化的进程奠定了坚实的物质技术基础，提供了可靠的信息、交通工具和手段。

第三节 全球化的影响

生活在全球化的时代，全球化的影响无处不在，无时不有。那么，经济全球化到底给我们带来了哪些影响？我们又如何正确认识它的影响呢？

一、全球化的正面效应

许多有影响力的经济学家、政治家和企业领导者认为，国际贸易和国际投资壁垒的减少犹如一对发动机，它们将推动全球经济走向更大的繁荣。

他们认为，增加国际贸易和跨国投资将导致商品和服务的价格进一步降低。他们相信全球化会刺激经济成长和发展，

开放合作共赢
中国携手世界
共创美好未来

【思考题1-9】

20世纪90年代以来，经济全球化趋势获得迅猛发展。为这一发展提供根本推动力的是什么？

【小组讨论1-4】

请从身边的日常生活中举例说明经济全球化如何丰富和方便了人们的生活。

增加消费者收入，有助于所有参加全球贸易系统的国家创造就业机会。

（一）有利于利用全球最优势的资源

随着全球化的发展，企业可以充分利用各个国家最有优势的资源生产产品，帮助企业降低成本，也有助于企业实现产品的差异化。李维斯（Levi's）在美国不生产一条牛仔裤，其生产工厂分布于中国、菲律宾、越南及墨西哥等地，以便利用当地便宜的劳动力。几乎所有的跨国公司都将自己的某一价值创造活动转移到全球最优地区开展，从而获得竞争优势。

（二）有利于提高世界资源配置效率

全球化促进世界范围内的资金、技术、资源和劳动力进行有效合理的配置。企业可以突破国家界限，在全球范围内寻找资源的最优配置与有效利用。

（三）有利于提高国际分工水平

自由贸易导致各国针对商品和服务的专业化分工，专门生产自己有优势的产品。根据亚当·斯密的劳动分工理论，分工之后各国能最有效地生产本地擅长的产品，而进口它们不擅长的产品，从而进一步促进技术进步、制度创新。

外交部 中国始终是全球繁荣发展的正能量

（四）有利于经济发展

全球化有利于企业发展出口和利用外资，获得经济发展所需的资金、技术和管理经验等，从而刺激经济成长，增强综合国力，增加消费者收入，提高人民生活水平，有助于所有参加全球贸易系统的国家创造更多就业机会。此外，全球化也促使企业有机会走出去，到国外去投资办厂、建立营业网络、收购国外品牌，为经济的发展提供了更广阔的空间。

二、全球化的负面效应

经济全球化是当代世界经济的重要特征之一，也是世界经济发展的重要趋势。经济全球化的过程早已开始，特别是进入20世纪90年代以后，世界经济全球化的进程大大加快了。经济全球化有利于资源和生产要素在全球的合理配置，有利于资本和产品在全球的流动，有利于科技的全球性扩张,有利于促进不发达地区经济的发展,是人类发展进步的表现,是世界经济发展的必然结果。但它对所有国家来说都是一柄双刃剑,既是机遇,也是挑战。特别是对经济实力薄弱和科学技术比较落后的发展中国家而言,全球性的激烈竞争所遇到的风险、挑战更加严峻。

(一) 拉大贫富差距

全球范围的竞争创造了效率,同时也使财富越来越向少数国家或少数利益集团集中,原因之一就是经济全球化带来的利益分配不均衡。作为资本和先进技术的主要拥有者,发达国家总是处在全球化的中心地位,这使它们在价格制定等方面具有主导权,并可以利用对世界银行、国际货币基金组织、世界贸易组织的控制权,制定利己规则,实行趋同化标准,强迫发展中国家开放市场;而作为劳动这一生产要素的主要拥有者的发展中国家,则总是处在边缘地位。

在过去的百余年中,世界上富国和穷国之间的差距拉大了。当前经济全球化的发展还很不平衡,在过去20年间,全球对外投资增长了6倍,但70%都发生在发达国家之间,与此同时,经济全球化使南北之间的贫富差距拉大。根据联合国的统计:在过去30年间,最不发达国家的数量从25个增加到49个;世界绝对贫困人口由5年前的10亿人增加到现在的12亿人;工业化国家与30个最穷国家的人均收入相差至少70倍;世界上3个最富有的人的财富,超过最穷的60个国家的国民生产总值之和。

拓展阅读

数据1:1983年,高收入发达国家的人均国内生产总值是低收入发展中国家的43倍,到20世纪90年代以后,这个比例扩大到60倍以上。目前全世界有13亿人生活在绝对的贫困线下。

数据2:根据《世界不平等报告》,2021年,全球一个成年人的平均年收入为16 700欧元,而收入最高的10%的人年人均收入为87 200欧元,收入位于50%以下的人口平均一年只赚 2 800 欧元。从财富规模来说，收入位于底层的全球 50% 的人口只拥有全球总财富的 2%，而最有钱的 10% 的人口则拥有 76% 的财富。过去的 25 年里，最富有的 52 个人的财富规模每年增长 9.2%，远高于社会平均速度。

这两组数据告诉我们，经济全球化没有使世界各国平均受益，经济全球化扩大了发达国家与发展中国家的贫富差距。

（二）加剧世界经济的不平衡

经济全球化导致风险全球化，加剧了全球经济的不稳定性，尤其是对发展中国家的经济安全构成了极大的威胁。由于各国经济的相互依赖性空前加强，导致任何一国的内部经济不平衡都会引发外部经济不平衡，进而影响到与其具有密切经济关系的国家，最终不同程度地"传染"给所有国家。

杜越：经济全球化会对各国文化带来冲击

📖 案例讨论

2008 年金融危机后，美国共有 15 家银行在这次危机中倒闭，世界前三大汽车生产企业濒临破产。欧亚各国股市崩盘，黄金、石油价格大跌，主要石油输出国减产，各国经济发展速度减缓，英国等西方国家出现了经济衰退现象。全球性的金融风暴来了。当时世界正在经历百年一遇的金融危机。在经济全球化背景下，这样的危机不可能只关乎美国的事或者有钱人的事，每个人都应该密切关注它会给自己的生活带来什么变化。

问题：美国金融风暴横扫全球说明了什么？

（三）破坏发展中国家的生态环境

全球化还可能导致发展中国家生态环境遭到破坏。发达国家出于本国战略利益考虑，为了保护本国的生态环境不受污染，而把大量的污染工业建立在其他发展中国家，既消耗了他国的资源，也污染了他国的环境。发展中国家面临着沙漠化、土地侵蚀、动植物灭绝以及海洋河流的污染等问题。

（四）不利于发达国家的制造业

全球化并非只创造了就业，国际贸易壁垒的减少实际上

【思考题 1-10】

目前，全球面临着贫富差距、环境、经济危机等问题，请你谈一谈全球化会带来哪些不利影响。

【小组讨论 1-5】

有人说："全球化是发达国家用来打开发展中国家市场的'敲门砖'，是新殖民主义的一种形式。因此发展中国家应该团结起来，抵制全球化。"你如何看待这一观点？

破坏了富裕发达经济体如美国和西欧的制造工业。降低贸易壁垒使企业把制造活动转移到海外工资率低得多的国家，从而导致发达国家制造业工人失业。

（五）不利于国家主权

在日益相互依存的全球经济中，经济权力正在从各国政府转入超国家组织，诸如世界贸易组织、欧盟、联合国以及大的跨国公司。在这些组织面前，落后国家已经处于不利地位。联合国贸发会议的统计表明，目前世界生产总值的1/3、世界贸易额的2/3、世界对外直接投资的90%都是由跨国公司创造的，而它们的战略目标却极少同东道国长远经济规划一致，从而对东道国的经济政策会产生消极作用。许多国家的经验都表明，在汇率动荡时期，跨国公司常常是大规模货币投机的主要责任者。同时，在经济全球化背景下，各国资本账户逐渐开放，资本管制的有效性不断下降，为国际游资的冲击打开了"方便之门"，使不少国家饱受外来资本冲击之苦。

 思政链接

经济全球化进程中中国的角色

纵观人类历史，经济全球化进程不可逆转，但并非一帆风顺。当前，引发国际金融危机的深层矛盾尚未解决，世界经济复苏乏力，一些国家政策内顾倾向加重，贸易保护主义、孤立主义、单边主义抬头，"逆全球化"思潮暗流涌动。于是"经济全球化应该向何处去"的"世界之问"摆在世人面前。作为世界第二大经济体，中国将在全球化进程中扮演怎样的角色，如何扮演角色，吸引着全世界的目光。

一、当前经济全球化进程中的机遇与挑战

经济全球化是近现代以来世界经济发展不可阻挡的潮流，其带来的机遇大于挑战，但在经济全球化发展的历史进程中，却出现了"逆全球化"现象。以下是三个典型的"逆全球化"案例。

《对话》见证
开放新格局

(一) 艰难的利益博弈——英国公投脱欧

欧洲大陆过去几年的民粹主义源于大量难民的涌入，新移民和东道国某些社会群体之间的关系日趋紧张，底层的社会群体面临着失去就业机会、收入减少等诸多问题，金融危机的爆发使他们的处境更为艰难。"逆全球化"趋势有可能在民粹主义影响下变为现实。

(二) 单边主义的美国优先——美国"退群"

2017年1月23日，美国宣布退出跨太平洋伙伴关系协定；2017年6月1日，美国宣布退出巴黎气候协定；2017年10月12日，美国宣布于2018年底退出联合国教科文组织；2017年12月2日，美国宣布退出联合国全球移民协议；2018年5月8日，美国宣布退出伊朗核问题全面协议；2018年6月19日，美国宣布退出联合国人权理事会；2018年10月20日，美国宣布将退出《中导条约》；2019年4月26日，美国宣布将退出联合国《武器贸易条约》；另外，美国还扬言要退出世界贸易组织，甚至退出联合国。美国作为唯一的超级大国，敢于冒天下之大不韪，不顾一切，疯狂"退群"，这反映了霸道的美国优先价值观。其实，美方政客所奉行的单边主义与保护主义才是全球各国合作发展的绊脚石。

(三) 狭隘的霸主心态——中美贸易争端

中美贸易争端一直不断，2003年至2005年末，由美国单方面挑起的一系列贸易摩擦给中美贸易关系蒙上了浓重的阴影，贸易大战似乎一触即发，中美两国进入了前所未有的贸易摩擦期。2018年，特朗普政府不顾中方劝阻，执意发动贸易战，掀起了又一轮的中美贸易争端。

二、中国在经济全球化进程中的重要角色

(一) 从世界经济增长来看中国扮演的角色

党的十八大以来，我国经济实力大幅提升，综合国力和国际影响力显著增强；发展基础全面夯实，基础产业和基础设施建设加强；创新发展动能增强，创新型国家建设取得新进展；协调发展步伐稳健，经济结构不断优化；绿色发展态势向好，人与自然和谐共生加快形成；开放发展迈向更高层次，全面开放新格局加快形成；共享发展持续加强，发展成

果更多更公平惠及全体人民；社会事业繁荣进步，经济社会发展协同共进。2020年，在疫情给全球经济造成巨大创伤的背景下，中国也保持住连续29年从未出现年度经济负增长的"黄金纪录"，成为2020年世界主要经济体中唯一实现经济正增长的国家。国家统计局发布的党的十八大以来经济社会发展成就系列报告显示，2013—2021年，中国国内生产总值（GDP）年均增长6.6%，高于同期世界2.6%和发展中经济体3.7%的平均增长水平。中国经济占全球份额稳步提升，国际影响力与日俱增。按年平均汇率折算，2021年，中国经济总量占世界经济的比重达18.5%，比2012年提高7.2个百分点，稳居世界第二。2013—2021年，我国对世界经济增长的平均贡献率超过30%，居世界第一。中国经济的稳健增长已成为世界经济的"定盘星"和"压舱石"。

为什么中国经济总量位居世界第二，而对世界经济增长的贡献率却位居第一？从数量上看，中国经济的总量已经是世界第二的情况下，增速仍然保持6%以上，GDP增量当之无愧贡献第一。从质量上看，中国对世界的贡献不仅仅局限于经济总量本身，还充分体现了共享发展、包容发展的理念，实现了双赢、多赢。这些都是对世界经济发展的巨大贡献。以新标准看，换一种核算标准，如果按照购买力平价进行经济核算，中国经济总量已经是世界第一。

（二）从全球经济治理体系变革和建设来看中国扮演的角色

有研究指出，目前全球化困境与原有体系的内在缺陷与系统性风险不断扩大大有关系。全球治理普遍存在"四大赤字"问题：治理赤字、信任赤字、和平赤字、发展赤字。因此，体系变革和建设迫在眉睫。对此，中国是如何应对的呢？

1. 全球经济治理体系存在的主要问题。我们回顾一下全球治理体系演变的"三部曲"，分别是：帝国秩序、国联体系、联合国体系和后冷战秩序。美国主导全球经济治理的三大基石分别是：国际货币基金组织、世界银行、世界贸易组织。在美国的主导下，全球经济治理呈现出力量不对称、规则不对称、收益不对称的特点。

全球治理是全球化的时代难题，全球治理向何处去？回答只有两个字：变革。当前，有两种截然不同的全球治理理念：一是霸权主导的全球治理理念；二是全球化时代的全球治理新理念。

2. 全球经济治理的中国理念。实际上，什么样的全球经济治理体系对世界好、对世界各国人民好，要由各国人民商量，不能由一家说了算，不能由少数人说了算。

全球经济治理的中国理念，基本前提是做国际秩序的维护者和建设者，发挥负责任的大国作用，总体目标是构建人类命运共同体，核心理念是共商共建共享，基本原则是主权平等、公平正义，具体方案是以平等为基础、以开放为导向、以合作为动力、以共享为目标。

习近平总书记在党的十九大报告中呼吁："各国人民同心协力，构建人类命运共同体，建设持久和平、普遍安全、共同繁荣、开放包容、清洁美丽的世界。"并强调："中国秉持共商共建共享的全球治理观……积极参与全球治理体系改革和建设，不断贡献中国智慧和力量。"

这些理念影响很大，比如"构建人类命运共同体"理念被频频写入联合国决议，也得到许多政治家和学者高度赞同，"一带一路"倡议的理念与实践成就被写入联合国等国际组织相关决议。

3. 全球经济治理的中国行动。全球经济治理中，中国言行合一。中国积极参与改革全球经济治理机制，中国参与推进联合国系统相关改革、国际货币基金组织和世界银行治理机制改革，推动增加了新兴市场国家的份额、代表性和发言权；发起建立发展中国家参与或主导的全球治理合作平台，努力补强全球治理体系中的南方短板；推动二十国集团向长效治理机制转化，巩固并发挥好这个全球经济治理主平台作用。推动构建全方位、多层次的金砖国家合作机制；支持上海合作组织、东盟、非盟、阿盟等发挥积极作用，推动加强亚信峰会、东亚峰会、东盟地区论坛、亚太经合组织等机制建设，扩大地区自由贸易安排布局。

4. 全球经济治理的中国公共产品。为全球经济治理承担大国责任和担当，我们提供以下主要公共产品：主办亚太经合组织领导人非正式会议、金砖国家领导人会晤、二十国集团峰会、亚洲文明对话等，力求取得开创性、引导性、机制性成果；增加联合国会费，实施国际发展援助，设立中国-联合国和平与发展基金、中国气候变化南南合作基金、南南合作援助基金等，加大对发展中国家援助力度；创办亚洲基础设施投资银行，设立丝路基金，促进亚洲互联、互通和经济可持续发展，进一步完善亚洲金融合作机制；"一带一路"建设作为中国全球治理观的实践舞台，以共商、共建、共享方式和互连、互通、互融途径，开创了全球化时代国际合作新模式。

目前，已经有100多个国家和国际组织积极响应支持，40多个国家和国际组织同中国签署合作协议，2013—2018年，我国企业对"一带一路"沿线国家直接投资超过900亿美元，年均增长5.2%。在沿线国家新签对外承包工程合同额超过6 000亿美元，年均增长11.9%，成为当地经济增长、产业集聚的重要平台，带动东道国就业近30万人。"一带一路"平台成为世界上规模最大的区域合作平台、最受欢迎的全球公共产品，为全球治理提供了新思路、新机制、新动力。"一带一路"秉持共商、共建、共享的原则，不走过往经济全球化的老路，是对旧的经济全球化路径的拨乱反正。各国搭乘的是中国经济发展的快车、顺风车和便车，而不是战车。

5. 中国已经成为全球经济治理体系变革的"发动机"和引领者。我国从传统规则（国际体系）追随者、融入者、参与者、接受者转变为新规则制定（世界体系）提供者、创造者、发动机、引领者。

中国与国际体系的关系经历了从隔绝到开放、从怀疑到参与、从被动到主动、从边缘到中心的过程；新中国恢复在联合国合法地位后，特别是2001年加入世界贸易组织后，开启融入国际体系和全球化的进程；2008年参与创建二十国集团机制，标志着中国以更积极的姿态推动全球治理体系改革。

近几年，中国在多边外交领域提出一系列全球治理理念主张，针对"谁来治理"、"怎样治理"、"为什么治理"和治理目标等基本问题，形成了有鲜明中国印记的全球治理思想与实践成果。

三、对经济全球化进程中中国角色的主要误读

目前，对经济全球化进程中中国角色主要存在两种误读。

（一）中国只是经济全球化进程的"参与者"

理由是：中国整体经济质量不高，对世界经济发展贡献度不高；在全球经济的治理和国际规则的制定中，中国没有什么"存在感"、话语权；中国抵御经济全球化风险和处理全球化带来的问题的能力仍然不足。而事实却是：中国已经开始从学习、引进、适应到主动参与全球经济治理、引领国际规则制定；中国已然成为全球经济治理体系变革的推动者、经济全球化制度的构建者；中国的"一带一路"倡议等在世界范围内的影响力日益显著。因此，中国正在逐步由传统规则的追随者、融入者、接受者转变为新规则的参与者、创造者和引领者。

（二）中国是经济全球化进程中的"领导者"

2019年7月1日至3日，夏季达沃斯论坛在大连举行。本次论坛的主题已由半年前的"全球化4.0"转变为"领导力4.0"。这一转变，预示着全球化对领导者的期待。然而需要追问的是，这意味着中国当下可以成为经济全球化的领导者吗？

实际上，中国经济与其他发达国家相比仍然存在较大的差距。中国的GDP仅相当于美国的61%；每单位能耗创造的GDP低于美国和世界平均水平；中国全要素生产率、劳动生产率仅相当于美国的43%和12%；中国的城市化率水平比美国低23个百分点；第三产业比美国低30%。由此，中国目前还难以作为经济全球化进程中的"领导者"。

当今世界面临百年未有之大变局，经济全球化遭遇重重困境。如何突围和破局，中国当然不能缺席。中国目前在经济全球化进程中扮演的角色，即世界经济增长的最重要贡献者、全球经济治理体系变革建设的"发动机"和"引领者"等，是自己的实力使然，也是自己的使命与担当，是量力而

行和尽力而为的完美结合。

2019年3月26日，习近平总书记在巴黎出席中法全球治理论坛闭幕式时指出："面对严峻的全球性挑战，面对人类发展在十字路口何去何从的抉择，各国应该有以天下为己任的担当精神，积极做行动派、不做观望者，共同努力把人类前途命运掌握在自己手中。"

新时代，面对经济全球化的机遇与挑战，我们要不断增强中国特色社会主义的"四个自信"，在把中国特色社会主义伟大事业推向21世纪的同时，不断推动经济全球化朝着更加开放、包容、普惠、平衡、共赢的方向发展，积极构建人类命运共同体。这是顺乎时代潮流、中国发展和全球期待之举，理应成为每一位中国人的使命和梦想。

（资料改编自：豆丁网，《经济全球化进程中的中国角色》）

二十大报告向世界释放了什么信号

复习思考题

一、判断题

1. 不同国家消费者的嗜好和偏好正在趋同于某些全球标准。（   ）

2. 一家公司必须达到跨国巨人的规模才能促进市场全球化并从中受益。（   ）

3. 联合国确保各国遵守世界贸易组织各成员签署的贸易协定中制定的规则。（   ）

4. 世界贸易组织促进了跨国贸易和投资壁垒的不断降低。（   ）

5. 世界贸易组织与国际货币基金组织、世界银行一起被称为世界经济发展的三大支柱。（   ）

二、选择题

1. 国际货币基金组织的职责是（   ）。
   A. 监察货币汇率和各国贸易情况
   B. 促进国际合作和实现世界和平安全
   C. 发展各国友好关系
   D. 成为协调各国行动的中心

2. 以下描述与多国企业相关的是（　　）
   A. 任何从事国际贸易和国际投资的企业
   B. 成为促进国际服务贸易的主要力量
   C. 在两个或更多国家从事生产性活动的企业
   D. 使企业把它们的市场扩展到世界范围，也使企业能把生产置于从事该项活动的最佳区位
3. 下列不是全球化积极影响的是（　　）。
   A. 加速技术转让和产业结构调整的进程
   B. 为解决人类社会发展面临的一些共同问题提供了有利条件
   C. 促进国际关系以协调为主
   D. 丰富了全球文化多样性
4. IMF 是哪个全球机构的缩写（　　）。
   A. 世界贸易组织　　　　　　B. 联合国
   C. 国际货币基金组织　　　　D. 世界银行

三、名词解释
1. 全球化　　2. 市场全球化　　3. 生产全球化

四、简答题
1. 技术变革的作用？
2. 全球化的积极影响和消极影响？
3. 经济全球化表现在哪两个方面？推动它的两个主要宏观因素是什么？

五、分析题
1. 技术变革是如何影响市场全球化和生产全球化的？如果没有这些技术变革，生产全球化和市场全球化可能实现吗？
2. 互联网如何影响国际商务活动和世界经济全球化？
3. 试论述经济全球化的成因。
4. 中小民营企业是否应该开拓国际市场？怎样开拓国际市场？
5. 有人说：当代经济全球化的实质是以发达资本主义国家为主导的，所以发展中国家在其面前必然没有发展前途。请结合经济全球化的有关知识写一篇小论文，说明自己的认识。

6. 阅读下列材料：

材料一：美国波音公司制造的 B747 巨型喷气客机共有 50 万个零部件，分别由美、英等 6 个国家的 11 000 家大企业和 15 000 家中小企业合作生产，其中外国企业提供的产品重量占飞机构件总重量的 70%。

材料二：有一种观点认为，全球化是发达国家用来打开发展中国家市场的"敲门砖"，是新殖民主义的一种形式，因此发展中国家应团结起来，抵制全球化。

请回答：

（1）材料一反映了当今世界经济的什么趋势？结合所学知识分析这一趋势在 20 世纪 90 年代加快的主要原因。

（2）根据上述材料评价材料二的观点。

（3）我国应怎样应对经济全球化的趋势？

7. 美国前总统克林顿说："如果害怕全球化的破坏而希望挡回全球化的力量，我认为是不可取的。"古巴领导人卡斯特罗说："由于不公正的国际经济秩序，经济全球化并没有使广大发展中国家从中受益，反而造成……富国愈富，穷国愈穷。"请你根据他们两人的言论，结合所学知识分析：经济全球化对于发展中国家来说，有哪些利和弊？

8. 联邦政府给每个人 600 美元的退税，如果拿这笔钱去沃尔玛消费，钱归了中国；如果拿它买汽油，钱归了阿拉伯；如果买电脑，钱归了印度；如果买水果，钱归了洪都拉斯、危地马拉、墨西哥。

——美国投资专家迈克·法伯

问题：这句话说明当今全球化给发展中国家带来了什么影响？结合所学知识谈谈中国作为发展中国家应如何面对全球化的挑战。

9. 经济全球化是一把双刃剑，有利也有弊，是机遇，也是挑战，是舞台，也有风险，是动力，也是压力。请结合实际，探讨经济全球化对我国经济的发展是利大于弊，还是弊大于利。

第二章
国际商务环境

学习目标

通过本章的学习,你可以了解不同国家在政治、法律、经济和文化等方面的环境差异,以及这些差异对企业从事国际商务活动有什么影响。

开篇案例

火烧"温州鞋"

2004年9月17日,"欧洲鞋都"——西班牙东部小城埃尔切的中国鞋城,约400名不明身份的西班牙人聚集街头,烧毁了一辆载有温州鞋集装箱的卡车和一个温州鞋商的仓库,造成约800万元人民币的经济损失。这是西班牙有史以来第一起严重侵犯华商权益的暴力事件。

仅仅6天后的9月23日,当地又爆发了一次针对中国商人的示威游行,示威者扬言以后将每周举行一次抗议示威,以抵抗中国商人的廉价产品给西班牙本地商人带来的不公平竞争。连续发生的上述事件让在当地经营的温州鞋商感到无法接受,也引起了国际多方人士的关注。

事实上,有资料显示,从2001年开始,温州鞋海外遭抵制事件年年都有发生,且有上升趋势。

2001年8月至2002年1月,俄罗斯曾发生过一次查扣事件,温州鞋卷入其中。那次查扣货物历时最长,整个浙商损失大约3亿元人民币,个别企业损失达千万元以上。

2003年冬，20多家温州鞋企的鞋类产品在意大利罗马被焚烧，具体损失不详。

2004年1月8日，尼日利亚政府发布"禁止进口商品名单"，温州鞋名列其中。

在传统东方文化"财不外露"思想的影响下，华商在国外一般本着"多一事不如少一事"的态度，只管埋头赚钱而极少"参政"。这种低调的姿态刚开始还是可行的，但随着当地华商数量越来越多，生意越做越大，必然会引起一系列的问题。"海外华商必须学会组织起来，用团体的力量去影响当地的政治生态，如有意识地去游说当地政府，从而确保自身权益得到有效保护。"商务部研究员梅新育进一步指出，"如果海外华商能从这些事件中有所警醒，不再是一盘散沙，坏事也许可以由此变成好事。"事实上，为了使温州鞋更好地参与国际竞争，温州鞋革协会早在2003年就开始筹办"鞋类出口委员会"，筹备组由东艺、泰马、吉尔达等外销鞋大户组成。2004年3月，鞋类出口筹备委员会在柏林进行了第一次大动作。"组织13家企业联手在柏林开了一个新市场，统一了价格、装修和竞争策略，这样我们就以集体的形式参与竞争，会更强一些。"温州鞋革协会秘书长朱峰表示以后肯定要推广这一模式，"西班牙事件加速了我们的筹备进程。"

如今中国的迅速崛起正给世界利益格局、市场格局和资源格局带来深刻的变化，在这一形势下，也许这个问题更具价值，更值得探讨和反思。因为在很长一段时间里，"我们左右不了国际环境，能够改变的只有自己"。

思考：如何理解"我们左右不了国际环境，能够改变的只有自己"？

（资料来源：百度文库）

管理一家国际企业与管理一个纯粹的国内企业在许多方面有所不同。从最基础的层面讲，这种差异来自一个简单的事实，即各国在文化、政治制度、经济制度、法律制度以及经济发展水平上都存在差异。尽管人们都在谈论地球村，市场和生产趋向全球化，但许多差异仍然根深蒂固，不会轻易改变。一家从事国际商务的企业,必须分析和把握国际商务环境,要清楚地认识国际环境中的威胁与机会,以便不失时机地将环境中潜在的机会变为企业发展壮大的机会。在开展国际商务之前,了解目标国与本国之间的差异是非常重要的。通过这一章的学习,我们可以回答以下问题:

- 企业在开展国际商务前为什么要分析目标市场国与母国之间的差异?
- 如何分析目标市场国的政治、经济和文化环境?
- 目标市场国与母国之间的环境差异对企业开展国际商务有什么影响?

国家间环境的差异要求国际企业根据国家的不同调整战略和战术。在巴西销售一种产品的做法可能与在德国销售该产品有所不同;管理美国工人所需的技能与管理日本工人也不一样;在墨西哥与特定政府官员保持密切关系十分重要,但在英国也许两者毫不相干;在加拿大采用的业务战略在韩国也许根本就行不通;等等。国际企业中的管理人员应该如何分析各国之间的差异,并采取适宜的政策和策略来应对这些差异呢?本章主要从政治、法律、经济和文化四个方面来阐述。

第一节 政治环境

政治环境主要是指国家的政治制度和政府指定的有关法规与政策。在企业商务环境中,政治环境如同企业这栋大厦的根基,在规范与制约企业的同时,给予企业支撑和保护,对企业的生存和发展起着举足轻重的影响。一个国家的政治体制和制度决定了该国的经济和法律体制,我们在讨论经济环境和法律环境前先了解不同政治环境的特征是十分必要的。

【思考题 2-1】
可以从哪些方面来分析一个国家的政治环境呢?

一、政治体制

政治体制,是政治学科名词,简称政体,为国家的政治统治形态,即国家政治体系运作的形式,一般是指一个国家政府的组织结构和管理体制,在不同的历史时期,不同国家的政治体制都不尽相同。

中国的政治体制

【思考题2-2】
中国的政治体制是怎样的?

中国的政治体制赢得尊重

一个国家采取何种政治体制,与社会各阶层在国家政治经济中的地位有关,同时也受到社会所处的自然环境、历史传统、民族构成的制约。同样是封建制国家,其政体可能是君主制,也可能是共和制;而不同性质的国家也可能采用相同的政体,例如古希腊是共和制,现代很多资本主义国家也是共和制。

观点不同的政党会造成政府对贸易及国际直接投资等问题政策走向的改变。国际企业应该关注东道国政党对外资企业和外国政府的态度,关注执政党更替对国际商务政策的变化。

拓展阅读

2017年10月18日,习近平总书记在党的十九大报告中指出,要加强思想道德建设,加强集体主义教育。

集体主义是社会主义的核心价值理念,一直为我国社会的主导舆论所强调。随着市场经济体制的建立,传统意义上的集体正在发生深刻的变化,社会的利益格局从单一转向多元,强调个人的主体地位、主体意识和主体权利的社会思潮形成一定的影响。但是,社会主义市场经济对利益主体的要求不仅是从一元分解为多元,更重要的是在多元利益主体基础上形成互利共赢、协调发展的新的整体。现代市场经济不可能建立在极端个人主义所导致的"原子化""沙漠化"基础上,以分工和多元利益主体为前提的社会主义市场经济,本身蕴涵着对集体主义的呼唤。

二、政府政策的稳定性

一个国家对外政策的稳定与否是国际企业担心的主要问题。对于企业开展国际商务来说,稳定而友好的东道国政府极有可能提供理想的政治环境。

要注意的是,政权或政府的更替并不等于政府政策的更替,政府的更换并非总意味着政治风险程度的变化。对于国际企业来说,最应该重视的是政府政策的连续性。无论是通过选举还是其他方式,政府的更换并非总意味着政治风险程度的变化。

 **拓展阅读**

泰国，一个与中国关系密切的国家。

2013年10月，中国与泰国达成重要合作，双方签署"大米换高铁"的谅解备忘录。当时泰国总理英拉意识到与中国合作的迫切性，希望借助中国的先进技术改善泰国的基础设施建设，从而带动泰国的经济发展。

英拉是一位相当有远见的女性领导人，她致力于中泰关系的稳步推进，并提出"大米换高铁"的战略，这对于经济发展不容乐观的泰国来说，无疑开辟了一个新的合作模式。

当然，中国也有意参与泰国高铁项目的建设，也同意以泰国农产品抵偿部分项目费用，这一合作方式也就是所谓的"大米换高铁"。实际上，泰国计划修建连接首都曼谷与北部城市清迈之间的4条铁路，交通的改善将使泰国成为连通整个东南亚地区的枢纽。

可是，中泰战略合作却在2014年3月被暂停，当时泰国宪法法院判决国会已通过的基础设施建设项目违宪，其实这就是冲着泰国高铁项目而来的。在当时，泰国也是山雨欲来风满楼，这个项目作为英拉政府改善国内局面的重中之重，却被突然暂停，实际上就意味着英拉政府已经面临着巨大危机，因为反对者们针对的不是"大米换高铁"，而是英拉政府。

2014年5月，泰国宪法法院判处解除英拉的总理职务。

在英拉被强行解除职务之后，"大米换高铁"计划也似乎没有了着落，毕竟作为他信家族的代表人物，英拉一直延续着对华友好的态度。巴育在担任泰国总理之后并未破坏中泰关系，当家方知柴米贵，他很快意识到这个高铁项目对泰国的重要意义，也意识到与中国合作的必要性。

随后，泰国军政府批准了2015—2022年交通基础设施发展战略。在该战略中，泰国计划在未来8年内将建成8条复线铁路，6条在原有基础上改建而成，2条为新建初始时速为 160 公里的复线。实际上，这个计划当然离不开中国的合作。

2014 年 11 月，巴育率团来北京参加 APEC 会议，其间，巴育与中国高层展开会谈，双方达成了恢复铁路合作的共识。可以说，随后中泰将原有的"大米换高铁"计划进行了升级，双方之间的合作范围更为广泛。

可见，"大米换高铁"并未因为泰国政局的变动而受影响，中泰之间的合作依然稳固。借助这个项目，中国高铁技术也开始推向世界。

（资料来源：网易，有删改）

三、经济民族主义

民族主义呈现为一种民族自豪感和团结心。民族主义者认为，一国经济的发展更多要依靠本国自身的经济力量，要特别维护本国工业的发展，保护民族的利益安全，即一国必须进一步发展自己的经济，才能使自己真正地站起来。

【思考题 2-3】
如何减少民族主义对国际商务活动的影响？

民族主义具有两面性：它一方面反抗外来民族压迫，争取民族独立；另一方面主张对外扩张和侵略。经济上的民族主义的主要宗旨是保护本民族的经济利益。当外来商品冲击市场时，就会采取抵制措施。主要表现为：号召"只买本国货"，比如"只买韩国货"；限制进口，限制性关税和其他贸易壁垒；对外资企业的抵制，比如印度对外资合作的要求。

【思考题 2-4】
国内企业如何利用民族主义思潮开展商务活动？类似的例子你知道哪些？

世界各国多少都存在经济民族主义，任何国家，不管多么安全，只要感到自身在社会、文化及经济上受到威胁，就不会容忍外国公司向其市场和经济进行渗透。

四、国家关系

两国关系的好坏直接影响国际企业海外拓展的成败，对企业来说最好选择与母国建交的国家，一般来说先建交再商洽。良好的国家关系有利于企业良性运转，外交关系的终止是企业国际商务厄运的征兆。

此外，东道国与其他国家的关系，国际组织成员国之间的关系，也会对企业开展国际商务有一定的影响。

拓展阅读

新时代十年，我国全方位、多层次、立体化的外交布局日益完善，建交国总数从172个增加到181个，同世界各国和地区组织建立伙伴关系的数量从41对增加到113对。推动中俄建立新时代全面战略协作伙伴关系。提出中美关系应秉持相互尊重、和平共处、合作共赢三原则的正确方向。倡导中欧构建和平、增长、改革、文明四大伙伴关系。尤其是周边战略依托更加巩固，同广大发展中国家的团结合作更加密切。根据外交部官网资料统计，中国目前的181个建交国遍布世界五大洲，其中非洲53个、亚洲45个、欧洲44个、美洲27个、大洋洲12个。中国与这些国家的友好合作关系，为中国的企业与国外企业合作与发展搭建了便利的平台，提供了强有力的保障。

（资料来源：外交部党委委员、副部长马朝旭，中国共产党第二十次全国代表大会记者招待会，南方都市报）

第二节　法律环境

法律环境是指国家或地方政府所颁布的各项法规、法令和条例等，它是企业商务活动的准则，企业只有依法进行各种商务活动，才能受到国家法律的有效保护。一国的法律将制约商务实践，定义商务交易活动的方式，确定商务交易中有关各方的权利和义务。各国的法律环境差异很大：一些国家可能倾向于制定严格限制外国企业的法律；一些国家制定的法律可能倾向于鼓励外国企业。

【思考题2-5】
开展国际商务的企业，应该遵守哪个国家的法律？

一、法律体系

目前，在世界上没有一部世界范围的通用法律。世界法律体系主要有普通法体系、大陆法体系和宗教法体系三种。

（一）普通法体系

普通法体系（common law system）又称英美法系，是以英国中世纪法律为基础和仿效这种法律而建立起来的一种资本主义法系。英美法系的法律渊源包括各种制定法，也包括判例，其中判例所构成的判例法在整个法律体系中占主导地位。普通法体系以英美以及前英属殖民地为代表。

普通法的基础是传统、过去的做法、法律实践以及法院通过对法律、法规和以往判决的解释而确定的判断。在普通法体系中，法官的地位很高，既可以用成文法也可以用已拥有的判例来审判案件，在一定的条件下还可以运用法律解释和法律推理技术创造新的判例，法官不仅可以适用法律，也可以于一定的范围内创造法律。随着新的判例的产生，法规会变得更具适应性，更为清晰或完善，以应对新的情况。

（二）大陆法体系

大陆法体系（civil law system）最先产生于欧洲大陆，以罗马法为历史渊源，以民法为典型，以法典化的成文法为主要形式，以一套十分详尽的法律条文所组成的系统法典为基础。属于大陆法系的国家和地区除了法国、德国外，还包括意大利、西班牙等欧洲大陆国家，也包括曾是法国、西班牙、荷兰、葡萄牙四国殖民地的国家和地区，如阿尔及利亚、埃塞俄比亚等地。相对于普通法体系而言，大陆法较少有对抗性，因为法官在确定事实以后首先考虑制定法的规定，而且十分重视法律解释，只有应用法律的权力，灵活性有限。

（三）宗教法体系

历史上，宗教和法律是两种有着密切联系的社会现象。一切古代的法律几乎都具有广义的神权政治的属性。宗教法体系（theocratic law system）以宗教教义为基础，如伊斯兰教法、印度教法、犹太教法和中世纪欧洲的教会法。伊斯兰法是当今世界使用最广泛的宗教法律制度，是中世纪信奉伊斯兰教的阿拉伯各国和其他一些伊斯兰国家法律的总称，包括《古兰经》、圣训教法学和阿拉伯原有习惯。伊斯兰法主要侧

三大法律体系的具体差异

重于道德伦理，而不是商业法规，它倾向于全方位地管理生活。

 拓展阅读

中国特色社会主义法律体系，是指适应我国社会主义初级阶段的基本国情，与社会主义的根本任务相一致，以宪法为统帅和根本依据，由部门齐全、结构严谨、内部协调、体例科学、调整有效的法律及其配套法规所构成，是保障我们国家沿着中国特色社会主义道路前进的各项法律制度的有机的统一整体。这个体系由法律、行政法规、地方性法规三个层次，宪法及宪法相关法、民商法、行政法、经济法、社会法、刑法、诉讼与非诉讼程序法七个法律部门组成。

（资料来源：百度百科）

二、合同法

合同（contract）就是一份法律文件，它规定了交易发生的条件、交易双方具体的权利和义务。合同法（contract law）就是管理合同执行的法律实体，当一方感到另一方违反了协议文本或原则时，合同有关方通常会通过合同法来解决。

在涉及合同、销售协议书以及其他法律问题时，普通法体系和大陆法体系存在很大的分歧。比如，在一些大陆法国家，只有经过公证或注册过的合同才能生效，而在普通法国家，只要出具签署协议的证据，该协议就有约束力。在普通法体系下，由于以判例为基础，所以合同往往需要对所有偶然事件都有非常详尽的说明；而在大陆法框架下，由于许多问题在法典里都有明文规定，合同则趋向于较短、较为笼统的描述。企业在从事国际商务的过程中，需要更多关注外国与本国之间的法律差异。在普通法和大陆法两种法律体系下，合同当事人的权利或者其他法律文件完全不同；即使两个国

【小组讨论2-1】
你签过合同吗？将来你有可能签哪些合同？在签合同的时候要注意什么问题？

家都属于普通法或者大陆法体系，他们的法律也是有区别的。所以，国际商务人员不仅要认识法律体系的差异，还应当认识到，不论在何种法律体系下，有关商务的法律法规也是不同的。

当国际商务出现合同纠纷时，总会面临这样的问题，即运用哪个国家的法律来处理纠纷。人们常常心照不宣地认为，有一种超国家的法律体系可以用来解决不同国家的合同纠纷，但实际上并不存在这样一种法律体系。

政府之间、公司和政府之间、公司之间都可能产生法律纠纷。政府之间的争端可以通过国际法庭来解决，而其他两种争端可以通过当事一方所在国的法院解决，或者通过仲裁机构仲裁。纠纷中最重要的问题是到底采用哪个国家的法律，明智的做法是在所有合同中都加上司法管辖条款，这将避免纠纷产生后无法确定司法管辖权。

包括美国在内的一些国家以《联合国国际货物销售合同公约》（即 CISG）为准。当企业不愿意采用 CISG 时，它们通常选择仲裁，即选择一家著名的仲裁机构来解决合同纠纷。世界上最著名的仲裁机构是设在巴黎的国际商会下属的国际仲裁庭。

【思考题 2-6】
当国际贸易出现纠纷时，应该运用哪个国家的法律来处理纠纷？

如何处理纠纷？

第三节 经济环境

在国际商务活动中，经济环境是一个重要的组成部分，也是最直接、最基本的因素，不仅在企业考虑进入某个国家市场时有直接影响，而且对国际企业随后的经营行为和产品销售也有影响，直接关系到国际企业在当地的投资是否能够成功、是否能够达到预期效益。

具体来说，经济体制主要有市场经济、计划经济和混合经济三种主要类型。

一、市场经济

在一个纯粹的市场经济（market economy）中，所有生产性活动都为私人拥有，而不是为国家所拥有，经济系统中的个人和企业本着自身利益最大化的原则做出与自身有关的所有经济决策。纯粹的市场经济国家在现实中是不存在的，我们通常所说的市场经济国家或地区是指那些经济市场化程度较高、主要通过市场供求机制来调节生产和需求的国家和地区。尽管个人和企业占据主导地位，但政府仍发挥着实施政策、提供保障、维护稳定的作用。比如，中国香港、新加坡、英国、美国、法国等。

二、计划经济

计划经济，又称指令经济，在一个纯粹的计划经济中，一国生产的商品和服务，生产的数量及销售价格都是由政府计划指定的。从历史上看，计划经济主要存在于20世纪80年代的一些社会主义国家。

三、混合经济

在混合经济中，一部分是私有制和自由市场机制，另一部分是国有制和政府计划机制。在这种经济制度中，决策既有分散的方面，又有集中的特征；相应地，决策者的动机和激励机制可以是经济的，也可以是被动地接受上级指令；同时，整个经济制度中的信息传递也同时通过价格和计划来进行。

在混合经济中，通过市场机制的自发作用，经济社会解决生产什么和生产多少、如何生产和为谁生产的基本问题，而在市场机制出现错误时，则通过政府干预以促进资源使用的效率，维持经济稳定和增长。

经济类型以及中国的经济类型

【小组讨论2-2】
中国属于什么经济体制？理论上，哪种经济体制更有利于经济发展？

案例讨论

1989年底，美国通用电气公司（GE）看到了匈牙利从计划经济向市场经济过渡过程中的商业机会，投资1.5亿美元取得了匈牙利汤斯莱姆（Tangsram）公司51%的股权。汤斯莱姆是匈牙利著名的轻工业品制造商，通用电气公司希望能够利用匈牙利较为低廉的人工成本，向欧洲地区提供产品。为了迅速对这家公司进行改造,通用电气公司向汤斯莱姆公司派遣了一批优秀的管理人员,但结果却不理想。公司的美国管理者认为匈牙利人非常懒散,而匈牙利人则认为美国人爱干涉;管理者希望与工人进行有效的沟通,而习惯于计划经济体制的匈牙利人则缺乏沟通的意识和技巧。更糟糕的是,习惯于计划经济体制的匈牙利人在工作中往往更多地考虑个人利益,抱怨公司给的薪酬太低,这与美国公司推崇的以顾客为中心的经营思想完全背道而驰。

面对这种情况,通用电气公司投资 4.4 亿美元对汤斯莱姆公司的设备进行了更新,同时解雇了原来汤斯莱姆公司 2 万名雇员中的一半,包括原来管理人员的 2/3,并对留下来的所有的工人和管理人员重新进行了培训。到 1997 年,汤斯莱姆公司终于走上了正轨,尽管工人人数比原来减少了一半,产量却达到了 1989 年时的两倍。

问题:通用电气在匈牙利刚开始失败的原因是什么?面对这些问题,你有更好的解决办法吗?

(资料来源:豆丁网)

第四节　文化环境

案例讨论

高通失去中国市场背后的秘密

在高通 CDMA 中国发展的历史中有过几次机会,高通只要抓住一次,就足以改变世界,但是在知悉内情的人看来,高通因为与人打交道不够"诚信",致使每次都失掉了机会。

比如:当初中国邮电部对 CDMA 非常感兴趣,甚至已经决定中国要全网上 CDMA,最后却是 GSM 成为二代通信标准,由此影响了整个世界的通信格局。

在 CDMA 发展的很多关键时刻,重重内幕因为当事人的闭口不提而蒙上历史尘埃。如今这一个个不解之谜在知情者的透露下正在浮出水面。

中国政府当时虽然选择了 GSM 网络,但也没有放弃 CDMA。

1995年,又一个机会来到高通的面前。当时,中国邮电部与高通谈判,希望合作发展 CDMA,已经具体到了组建合资公司的地步。据了解,当时拟建的合资公司架构是这样的:506厂(现在的首信)持股40%,邮电科学技术研究院持股9%,高通公司持股51%,高通公司获准在中国建5个实验网。

据了解,当时中国方面主谈的人是大名鼎鼎的周寰。周寰是邮电部科技司司长。双方已经谈得差不多了,但这时高通却突然提出一个"第三方专利纠纷"问题,说 CDMA 核心技术中由于涉及其他公司的产权问题而导致的法律纠纷应由合资公司承担,因而赔付应由合资双方承担,而中方则坚持应由高通公司单独承担。双方在这个问题上陷入了僵局。

这时,高通竟然暗度陈仓,私下里瞒着邮电部和辽宁省签订了一个协议:准备和辽宁合资生产 CDMA 设备。

根本不了解中国国情的高通立马尝到了这种背信弃义行为的后果,邮电部当即中断了和高通的一切谈判。邮电部要求高通道歉,但高通却不肯道歉。

与高通中断合作后,506厂和诺基亚成立了合资厂,生产 GSM 手机,也就是现在的首信诺基亚。诺基亚在中国能有今天,完全是高通自毁了到手的机会。

另外,周寰一直有一个信念,他后来担任大唐电信的董事长,一直坚持研发 TD-SCDMA,与这个信念是有一定关联的,就是他觉得中国一定要做有自己知识产权的产品。

不过,这一次高通没想到的是,它不但毁了一个已经到手的绝好机会,还为自己造就了一个非常强劲的对手。

问题:高通为什么失去了中国市场?

(资料来源:IT 时代周刊,有删改)

二十大时光
文化建设助推
实现中华民族
伟大复兴

了解东道国的文化对外国企业是十分重要的,想要获得成功,外国企业必须尊重东道国的文化。

一、文化的概念

文化(culture)是一个非常广泛的概念,给它下一个严

【思考题 2-7】
了解文化对国际商务活动有什么意义?

格和精确的定义是一件非常困难的事情。不少哲学家、社会学家、人类学家、历史学家和语言学家一直努力，试图从各自学科的角度来界定文化的概念，然而，迄今为止仍没有获得一个公认的、令人满意的定义。笼统地说，文化是一种社会现象，是人们长期创造形成的产物，同时也是一种历史现象，是社会历史的积淀物。确切地说，文化是凝结在物质之中又游离于物质之外的，能够被传承的国家或民族的历史、地理、风土人情、传统习俗、生活方式、文学艺术、行为规范、思维方式、价值观念等，是人类之间进行交流的、普遍认可的、能够传承的意识形态。

文化是由人所创造的人类社会所特有的现象。它既包括世界观、人生观、价值观等具有意识形态性质的部分，也包括自然科学和技术、语言、文字等非意识形态的部分。一个群体的价值观会带来商业契机。比如，韩国的"面子"观念带来了韩国的服饰、化妆品市场和美容市场的发展。

【思考题2-8】
你拥有什么样的价值观？我们能判断一个人的价值观吗？

因为社会由人及其文化构成，从事国际商务的人士更倾向于使用社会文化这个术语来表达各国间的文化差异。当人们在不同的社会文化环境中工作时，往往会更加明显地注意到各群体间的文化差异，但大多数时候，人们可能根本没有注意到自身拥有的社会文化特征。

二、文化的特征

（一）文化具有多样性

世界文化是由不同民族、不同国家的文化共同构成的，不同民族和国家文化的内容形式各具特色。文化多样性是人类社会的基本特征，也是人类文明进步的重要动力，尊重文化多样性既是发展本民族文化的内在要求，也是实现世界文化繁荣的必然要求。

拓展阅读

2012年11月党的十八大报告中提到："这个世界，各国相互联系、相互依存的程度空前加深，人类生活在同一个地球村里，生活在历史和现实交汇的同一个时空里，越来越成为你中有我、我中有你的命运共同体。"中国国家领导人在外交场合也多次倡导"人类命运共同体"。在2015年第70届联合国大会讲话中，习近平主席强调："当今世界，各国相互依存、休戚与共。我们要继承和弘扬联合国宪章的宗旨和原则，构建以合作共赢为核心的新型国际关系，打造人类命运共同体。"人类命运共同体旨在追求本国利益时兼顾他国合理关切，在谋求本国发展中促进各国共同发展。人类只有一个地球，各国共处一个世界，要倡导"人类命运共同体"意识。

当前国际形势基本特点是世界多极化、经济全球化、文化多样化和社会信息化。粮食安全、资源短缺、气候变化、网络攻击、人口爆炸、环境污染、疾病流行、跨国犯罪等全球非传统安全问题层出不穷，对国际秩序和人类生存都构成了严峻挑战。不论人们身处何国，信仰如何，是否愿意，实际上已经处在一个命运共同体中。与此同时，一种以应对人类共同挑战为目的的全球价值观已开始形成，并逐步获得国际共识。

（资料来源：360百科，万年历）

（二）文化具有民族性

文化是一个民族所创造和享用的具有与其他民族相区别的特色和个性，并因它的长期存在而形成传统和民族精神。文化的民族性决定了文化所具有的个性或特色。任何文化都是由某一具体的民族或者族群创造的，因而文化带有鲜明的民族性。

以中华民族为例，中华民族文化的主体是汉民族文化，具有强大的民族凝聚力。"天行健，君子以自强不息"就是自强不息的精神。"修身、养性、齐家、治国、平天下"则是崇尚道德的精神。同样地，中国人还具备强烈的爱国主义精神、宽容和谐的精神。

一个民族的文化历史愈长，文化积淀越厚，文化的民族性就愈强。历史愈短，文化积淀就越薄，民族性就愈弱。中国汉民族的文化模式形成于秦汉时期，随着国家的统一，各地的文化逐步趋同，行为、心理模式逐步趋于统一。尤其是在董仲舒提倡"罢黜百家、独尊儒术"之后，儒家的行为和思维模式成为全民族共同的文化模式。宋代以后，更强化了儒家的文化模式。可以说，在世界各民族文化中，中华文化是民族性最强的民族文化之一。

(三) 文化具有地域性

文化的地域性是指由于受到特定区域的生态、民俗、传统、习惯等文明表现的影响而使文化独具特色的表现。文化在一定的地域范围内与环境相融合，因而打上了地域的烙印，是某一特定地区所特有的，与当地风土人情密不可分的联系。地域文化的形成是一个长期的过程，地域文化是不断发展、变化的，同时在一定阶段又具有相对的稳定性。

不同的地域提供的自然条件是不一样的，比如：中国的南北差异，形成了比较有特色的水稻文化和小麦文化；笔者所在的学校——浙江水利水电学院通过多年的积累沉淀，形成了有特色的水文化育人理念。

(四) 文化具有传承性

文化是后天习得的，不能遗传，但可以传承，文化的习得和传递过程是一个扬弃的过程。文化一旦形成，就会薪火相传、稳定延续下去，这就是文化的传承。任何一个民族，任何一个国家，如果没有了自己的文化传承，就没有文化的积累，自己的文化传统就会逐渐湮灭，那么这个民族也将随之消亡。今天的文化都是建立在传承传统文化的基础上的。

(五) 文化具有可变性

文化的可变性会使文化的内容发生增量或减量，并使系统结构、文化模式和风格等各个方面发生变化，最终导致文化变迁。发现和发明、革命与社会制度变革、文化借用或传播以及文化移入等都会使文化具有可变性。当一种主导型的文化模式被另一种主导型文化模式所取代的时候，就会发生文化转型。纵观世界文明，唯中华（华夏）文明延续至今，确实是人类文明史上的一个奇迹。

三、文化与国际商务管理

各国的文化是由许多因素长期共同作用逐渐形成的，主要包括宗教、语言和教育、社会结构、政治和经济等，各国在这些因素上的差异对从事国际商务有非常重要的影响。

（一）社会结构

社会结构（social structure）是指一个国家或地区占有一定资源、机会的社会成员的组成方式及其关系格局，包含人口结构、家庭结构、社会组织结构、城乡结构、区域结构、就业或分工结构、收入分配结构、消费结构、社会阶层结构等若干重要子结构，其中，社会阶层结构是核心。

社会组织结构主要是看该社会的基层组织更倾向于个人还是群体。一般来说，强调个人的社会组织更加注重个人绩效与成就，有利于激发个人创新创业，但不利于建立团队精神，从而提高从事商务的成本。而强调群体的社会组织更加注重团队合作与绩效，这可能会激励群体中的个人成员为共同利益一起工作，但也会形成一种搭便车的现象，不利于提升企业活力。企业在开展国际商务的过程中，要在分析东道国社会结构的基础上建立合适的企业制度，激发个人潜能，创造更高的团队绩效。

社会阶层结构是指所有社会都按某种等级分成不同的社会群体的状况。它是构成社会不平等、形成社会认同、决定社会利益结构以及社会矛盾与冲突的最重要的社会基础。每个人都出生于一个特定的家庭，成为其父母所属的社会阶层的一员。出生于上层阶级的人，相对来说拥有更好的接受教育、健康保障、生活条件等方面的机会。对于不同国家或地区来说，社会阶层的分化程度和流动性是不一样的。

【小组讨论2-3】
试想你所在的社会组织结构是怎样的？当开展团队任务时，你有好办法可以提升团队效率，同时避免搭便车现象吗？

【思考题2-9】
你觉得是个人主义更有利于经济发展还是集体主义更有利于经济发展？

拓展阅读

印度的种姓制度是古代世界最典型、最森严的等级制度，并且种姓制度下的各等级世代相袭。1947年，印度脱离殖民体系独立后，种姓制度的法律地位正式被废除，各种种姓分类与歧视被视为非法，然而在实际社会运作与生活中，种姓制度仍扮演着相当重要的角色。

改革开放以来，我国经济持续快速发展，与之相伴的是大规模的社会流动，经济社会发展充满活力。我国的社会流动既包括不同地域之间的横向流动,也包括职业、收入方面的纵向流动。进入新世纪以来,我国依然保持着较大规模的社会流动。促进我国社会流动的因素主要有三个:一是产业结构调整。改革开放以来,我国产业结构不断升级、工业化水平持续提高,带动第二、第三产业的就业规模持续扩大,并催生大量管理岗位和专业技术岗位,有利于劳动者获得更好的工作和更高的收入。二是教育事业发展。随着我国义务教育的全面普及和高等教育入学率的不断提高,劳动者的素质和技能大幅提高,他们在工作和生活中更加自信、更有活力和创造力,因而也更容易向上流动。三是市场机制逐步健全。我国社会主义市场经济体制不断完善,人们在经济活动中面对平等的规则、机会,可以通过辛勤劳动获得相应回报。

【思考题2-10】
社会阶层对商务活动有什么意义吗?

(资料来源:百度百科,人民日报)

一般来说,社会阶层划分越明显,流动性越低,各阶层之间的敌对性就越强,在商务活动中表现出管理层与工人间的对抗和敌意,合作困难,纠纷较多,在一些国家,罢工现象也比较普遍。

(二)宗教

目前全世界有几千种宗教,以信徒数量来看,主要有基督教、伊斯兰教、印度教和佛教四大宗教。不同的宗教信仰对人们的价值观念、生活态度和消费方式等都会产生重要影响。例如,从传统上看,基督教主张努力工作、节俭和储蓄;佛教强调来世和精神成就。

一个国家主导的宗教信仰都会对国际商务活动产生直接或间接影响。比如,在印度,你不能在商务谈判中向他们伸出左手,因为在他们看来,伸出左手是对对方的蔑视和不尊重;他们把牛视为神圣不可侵犯的,生产牛肉食品的公司去印度发展就会困难重重。在东南亚忌讳商务谈判时人员跷二郎腿,如果鞋底悬着再颠来颠去,这样必引起对方反感,谈判可能会当即终止。总之,在开展商务活动时,不同国家的风俗习惯以及宗教信仰是需要我们重视的。

 **拓展阅读**

日本索尼收录机的电视广告曾在泰国遭灭顶之灾。画面上，佛祖释迦牟尼脸色庄重，闭目凝神，潜心修炼，纹丝不动。然而，当佛祖套上索尼收录机的耳机之后，竟然凡心启动，在佛堂上眉飞色舞、手舞足蹈……佛祖之威严和宗教之虔诚荡然无存。泰国是"佛教之国"，这则广告触犯了泰国国教，激起了泰国人的愤怒。于是，泰国政府责令索尼公司立即停止播放此广告，同时规定，在随后的一年里，任何公众媒体不得刊登任何有关索尼的信息，给索尼公司造成了巨大的损失。

（资料来源：百度）

宗教信仰影响国家的道德体系、社会风气，并且通过商业道德和商业理念影响到国际商务。比如，土耳其有很多富有的穆斯林企业，当地的商业领袖把他们的成功归功于穆斯林的企业家精神——穆罕默德强调商人要诚实，并且禁止商人收取利息。不同的宗教信仰之间很难互相信任，所以在和不同宗教国家开展商务活动的时候一定要了解对方的宗教习惯，尊重对方的宗教习俗，让商务能更好地开展下去。

总之，企业在开展国际商务的过程中，越能尊重东道国的宗教信仰和风俗习惯，并能适度加以利用，则越能在该国开展投资活动并获得成功。

【思考题2-11】
拥有宗教信仰对一个国家的经济发展是一件好事吗？

(三) 语言

语言是文化的载体，文化往往反映在交流所用的语言当中。各国之间最明显的差异就是语言。语言又分为口头语言和非口头语言。

语言之间的交流在国与国之间进行的商务活动中所起到的作用最为重要，一般进行国际商务的双方都会通过第三方语言或者翻译来进行交流，会面临着双方语言文化上的差异。

在国际商务活动中，如果可以以对方国家的母语或者客户熟悉的语言与对方交流，无疑可以取得更加理想的效果。语言在国际商务中的另一个重要影响在于品牌或广告口号的互译。大概没有任何语言能够轻而易举地被译成另一种语言，而且不同的语言词义概念又相差甚远。许多世界知名的品牌在全球营销中不仅有全球通用的品牌商标,而且为适应东道国本土化的要求,也会将自己的品牌音译或是意译成东道国的语言。CocaCola 在中国被翻译成"可口可乐",可以算是比较典型的成功案例,将中国人认可的"可口"与"可乐"联系在一起,几乎起到了看到品牌便看到广告的作用。而白象汽车配件出口美国时则直接意译成"White Elephant",全然没有考虑到 White Elephant 在英文中有着"废物"的含义。可见,在国际商务语言的翻译中,务必要考虑到不同文字的表达方法、禁忌和谚语,才能使商务活动顺利进行,避免节外生枝。

除去语言交流外,非语言交流的方式对国际商务的作用也非常重要。由于文化背景不同,非语言信息经常导致误会,阻碍商务活动的顺利进行。比如,西方商人往往采用比较通俗易懂、坦率直接的语言或者文字进行表达,有时会让中国人觉得有些不讲情面、没有礼貌、不顾及他人感受。而中国的谈判者往往擅长采用比较迂回、委婉的方式传达意思,例如在拒绝的时候不直接说"不",常常用微笑来表达歉意,往往会引起对方的错误解读。

 拓展阅读

人类学教授爱德华·霍尔把文化分成高语境文化和低语境文化。高语境文化内隐、含蓄,沟通主要依靠语境和非语言沟通;低语境文化词句意思清晰,直截了当。

举例来说,中国的剑南春酒广告,"唐时宫廷酒,盛世剑南春",广告并没有直接标榜产品,却以"唐时""宫廷酒"两个词表达出剑南春产品悠久的历史和高贵的品质,产品广告意味含蓄深长,婉转却又透露着自信。

而美国则习惯用直接、简练的表达方式,美国著名体育品牌 Nike 的广告语"JUST DO IT",意思是"就去做吧",不仅直接简练,也符合青年人想做就做、追求自我的个性,营造了一种痛快淋漓的爽快感。

(资料来源:知乎)

（四）教育

从国际商务的角度看，良好的教育制度不仅是一国竞争优势的决定性因素，也是引导国际企业选择区位的重要因素。例如，近年来，大量信息技术的工作岗位流向印度，部分原因是印度培养了足够数量的专业工程师，而这恰恰是印度教育制度所带来的。

一国的教育水平和普及程度会直接影响到进入该国的产品品种。在教育水平较高、普及程度较广的国家，显然比较容易接受新鲜的、高科技的理念和产品，且营销宣传的效果也会比较好。相反，教育水平较低的国家可能对新产品和高端产品的需求不是很旺盛，易用易修的简单产品或许更适合这些国家。同时，一国教育的水平和普及的程度也会影响到商务手段。在教育水平较低的国家，广告的载体可以选择电视、广播等，在教育水平较高的国家则更多地选择报纸、杂志与网络。

四、霍夫斯泰德的文化六维度

霍夫斯泰德文化维度理论是荷兰心理学家吉尔特·霍夫斯泰德提出的用来衡量不同国家文化差异的一个框架。他认为文化是在一个环境下人们共同拥有的心理程序，能将一群人与其他人区分开来。通过研究，他将不同文化间的差异归纳为六个基本的文化价值观维度：权力距离、个人主义与集体主义、不确定性规避、男性主义与女性主义、长期取向与短期取向，以及自身放纵与约束。

权力距离维度，是指某一社会中地位低的人对于权力在社会或组织中不平等分配的接受程度，各个国家由于对权力的理解不同，在这个维度上存在很大的差异。霍夫斯泰德认为，在权利差距较高的国家，如东欧、亚洲、非洲和南美的部分国家，一个人的社会地位和等级必须被明确标记，品牌和商品的奢侈品地位是彰显消费者地位的重要标志。

个人主义与集体主义维度，强调的是个人与他的同伴之间的关系。在倾向个人主义的社会中，人与人之间的关系是松散的，个人成就和自由受到高度重视。在倾向集体主义的社会里，人与人之间的关系是紧密的，人生来就是集体的成员，扩大到家庭也是如此，每个人都应重视其所属集体的利益。霍夫斯泰德认为，在倾向于集体主义的社会中，企业的品牌公关应该更加关注于和消费者建立信任关系，而不是直接劝导其购买行为。

不确定性规避维度，用来度量不同文化中其成员对不确定情形的接受程度。不确定性规避指数高的国家，比较重视权威、地位、资历、年龄等因素，员工可能会将工作安全、职业类型、退休待遇等放在优先地位；消费者会偏向于购买口碑好、实用性强的产品。不确定性规避指数低的国家对于反常的行为和意见比较宽容，员工则表现出更愿意冒险和对变革抵触情绪较少的特性。

男性主义与女性主义维度，用来探寻性别与工作角色的关系。在偏向男性主义的文化中，竞争性、独断性、成就感等传统的"男性价值观"决定文化观念。在偏向女性主义的文化中，谦虚、关爱、尊重、人际关系和生活品质等传统的"女性价值观"决定文化观念。然而，在现代社会，无论男女都表现出这两种气质，而不只是其中的一种，在使用这一维度做决策时，应该考虑目标消费者的倾向，但不应该使产品形象变得过于男权或女权。

长期取向与短期取向维度，是指某一文化中的成员对延迟其物质、情感、社会需求的满足的接受程度。一般来说，长期取向的社会群体有更强的毅力和韧性，注重节俭和耻辱感（面子）。而短期利益取向的社会则注重保守稳定、尊重传统，追求及时行乐而非内心的平静。学者们认为，长期取向指数与各国经济增长有着很强的关系，且认为长期取向是促进20世纪后期东亚国家经济的主要原因之一。

自身放纵与约束维度，是指某一社会对人基本需求与享受生活享乐欲望的允许程度。自身放纵的指数越高，人们更注重健康和快乐，并且更强调享受，强调朋友的重要性，有着更少的道德约束；而约束维度高的社会则恰恰相反，社会群体会对自身有较大的约束力。

在过去的几十年中，跨文化关系（正面和负面）已经发生了翻天覆地的变化。自从霍夫斯泰德首次提出他的观点以来，在各种经济体制下，文化已经成为影响企业全球化的关键因素。

霍夫斯泰德的工作为国际企业跨文化分析奠定了重要基础，但是在实际运用中，我们需要不断地重新定义并适应当前的环境，用辩证地眼光看待霍夫斯泰德提出的这六个文化维度，并应用在国际商务活动中。

【思考题 2-12】
一国文化会从哪些方面影响国际商务活动？

案例讨论

某客人在餐厅要一杯啤酒，突然发现杯中有一只苍蝇。法国人将杯中物倾倒一空。西班牙人留下钞票不声不响地离去。日本人将餐厅经理训斥一番。英国人以绅士态度吩咐侍者："换一杯啤酒来。"沙特阿拉伯人将啤酒递给侍者："我请你喝。"美国人幽默地说："以后请将啤酒和苍蝇分别放置，由喜欢苍蝇的客人自行将苍蝇放进啤酒里，你觉得怎样？"

问题：文化对企业跨国经营活动的影响是什么？

不同国家的人面对啤酒杯中的苍蝇所采取的不同措施，体现了文化差异的广泛存在。当前，企业进行跨国经营，能使企业在全球范围内优化配置生产要素，同时扩大市场，带来丰厚的利润回报。企业要充分认识和理解不同文化之间的差异，创造竞争优势，给企业带来蓬勃生机。

文化差异对企业跨国经营的影响是多层面、全过程的。处于不同文化环境的国际企业，在经营目标、管理风格、市场选择、产品与服务的提供上有显著的差异。

思政链接

当前世界经济格局演变新动向及中国应对

构建以国内大循环为主体、国内国际双循环相互促进的新发展格局，是以习近平同志为核心的党中央积极应对世界百年未有之大变局和当前国内外经济形势变化的战略之举。面对复杂严峻的国内外形势和诸多风险挑战,要牢牢把握"稳中求进"工作总基调,切实做好今后一段时期的经济工作,推动中国经济稳健前行。

一、世界经济总体走向变化

(一) 全球化进入深度调整阶段

纵观近现代,全球化主要是发达国家驱动的,而如今发达国家内部出现比较明显的反全球化浪潮,经济民族主义抬头。"脱钩"与"战略自主"成为美欧发达国家的战略重点,美国针对中国和欧洲发起贸易战,意在构筑美国主导的新的国际多边与双边自由贸易架构;欧盟领导层从2020年以来逐步构建"欧洲战略自主"的政策体系,涵盖产业战略、贸易政策、欧元区金融架构、处理美欧关系的战略和增强欧洲主体地位的全球治理构想等,强调确立欧盟自主掌控的"经济主权"与"技术主权"。重新抬头的资源民族主义或许会成为一种长期现象。多边贸易体系世界贸易组织(WTO)上诉机构停摆,WTO改革谈判达成共识困难重重,全球贸易自由化谈判进程缓慢。

(二) 区域经济合作趋势增强

全球范围的多边主义转向区域多边主义或者双边主义。比如,作为当前最大的区域性合作组织,亚太经济合作组织(APEC)海纳百川,横跨太平洋两岸,但是由于其成员国在经济、政治制度和发展水平方面差异巨大,成员之间关系错综复杂,其经济合作进程中的利益冲突激烈,导致合作进程艰难。美国的竞争性多边主义也阻碍了全球化进程。同时,随着各区域内新兴经济体的崛起,全球治理方式出现相应变化,合作性、包容性的区域多边主义趋势增强,如《全面与进步跨太平洋伙伴关系协定》(CPTPP)和《数字经济伙伴关系协定》(DEPA)等区域合作协议正蓬勃发展。

(三) 全球新一轮科技变革和产业革命正在孕育兴起

这一进程将催生更加丰富的新产业、新业态、新模式,并对全球产业链、创新链、价值链产生前所未有的深刻影响,重构全球创新版图,重塑全球经济结构。新一轮变革也提供了一个"机会窗口",缘由在于新一轮的产业革命所依托的变革性新技术尚处于初期阶段,多种技术还可能处在摸索、交织和碰撞阶段,相关规则也仍在初建阶段,新的竞争赛道涌现,这将为包括新兴经济体在内的各经济体创造更多的新机遇,也将重塑各国经济竞争力和全球竞争格局。

(四)主要经济体的经济增长轨迹与前景

受疫情影响,全球经济在2020年上半年步入低谷,2021年下半年的经济复苏呈现了速度快、结构重塑、地区轮动复苏等态势。纵观我国主要贸易伙伴美国、欧盟、日本和东盟:对于美国,2020年一季度国内生产总值(GDP)环比下降5.0%,遭遇了自2009年以来最大降幅,第二季度按年率计算下滑32.9%,创20世纪40年代以来最大降幅;2021年增长5.7%,不仅高于世界经济平均增速,还创下1984年以来最高纪录。对于日本,作为外向型经济体,进出口贸易受疫情的影响首当其冲,连带影响其经济增长。据预测,2021整年的GDP约为5.1万亿美元,和2020年相差不多,由于疫情反复、贸易收支出现逆差等原因,经济停滞不前。对于欧盟,根据欧盟统计局数据,2020年一季度经济同比萎缩2.7%,环比下降3.5%;德国一季度GDP环比下滑2.2%,创下2008年金融危机以来最大降幅;法国一季度GDP环比下降5.8%,成为自1949年以来最大季度降幅。根据欧盟委员会发布的2021年秋季经济预测,欧盟经济从新冠疫情中复苏速度快于预期,但经济增长前景的不确定性和风险仍然很高,预计欧盟经济在2021年、2022年和2023年将分别实现5.0%、4.3%和2.5%的增长。对于东盟,2020年受疫情影响经济大幅萎缩,菲律宾和泰国分别收缩9.6%和6.1%,其他国家平均比疫情前低5%;2021年总体看,新加坡增长7.2%,是东盟中率先复苏的国家,其余国家仍然面临着较大的增长缺口,其中越南和印尼4个百分点左右,马来西亚和泰国5个百分点左右,菲律宾高达9个百分点。

(五)总体看,全球经济走向呈现"V"字形

疫情暴发伊始,各国经济形势迅速"恶化",情况极为严峻,2020年全球GDP深度衰退幅度达3.3%,遭遇自二战以

来最严重的经济下行；展望未来，全球经济整体上行进而回归中长期发展轨道，但仍面临着风险。虽然短期内，疫情给各主要经济体带来的创伤巨大，但随着各国防疫措施升级和应对疫情能力提升，疫情冲击对世界经济的损害明显减弱，各国快速采取前所未有的大规模经济刺激措施也推动了经济复苏。《世界经济黄皮书：2022年世界经济形势分析与预测》指出：2021年是全球经济经历二战后最大幅度衰退以来进入快速复苏的一年。2021年的全球经济复苏是"强刺激"加上低基数等因素下的报复性反弹，经济增速达到6.0%左右。这意味着，全球经济总体收复失地，两年平均增长约1.3%左右。值得注意的是，奥密克戎引爆全球新一轮疫情，世界银行2022年1月《全球经济展望》报告将2021和2022年全球经济增速分别下调0.2个百分点，未来全球经济运行仍面临着风险。

（六）全球产业链的重构和调整

疫情在全球范围暴发后，世界各国普遍受到严重冲击，基于对安全的评估，多国采取边境、贸易等限制措施，严重干扰全球产业链、供应链和分销网络。国际分工的专业化和细化，一方面导致部分产业链过度集中于某个区域，另一方面导致其分工布局逐步走向局部化和碎片化，进而在冲击面前暴露出全球产业链整体的脆弱性。受疫情冲击，一度造成严重的"断链"风险，出于保证供应链的安全和弹性以及分散风险的考虑，各国企业采取缩短供应链、扩大库存等方式应对疫情带来的不确定性，并且纷纷加快产业回流的战略部署。简言之，诸如新冠疫情之类的黑天鹅事件冲击，叠加逆全球化思潮，以及产业链竞争在国家竞争中重要性的上升，原先基于效率优先的国际分工和专业化的全球产业链布局模式将调整，转向在追求效率的同时兼顾产业链、供应链安全和韧性以及自主可控。全球产业链重构和调整，呈现产业链区域化、短链化、备份化趋势。未来，全球产业链、供应链更可能在全球不同地区区域化或集群化生产，如在美洲、欧洲、亚洲、非洲等地域聚集成垂直整合的产业链集群，既能实现全球的水平分工，又能实现垂直整合的生产关系。

二、中国经济面临的外部环境变化与挑战

(一) 出口增速或将面临回落压力

2020年下半年以来，一方面，中国工业品部门强劲复苏，另一方面，欧美国家供给和需求缺口维持在高位，虽然有中美贸易摩擦的影响，但是我国出口仍逆势增长。随着欧美各国疫苗研发推进和接种率提升，以及各国不同防疫政策的有效实施，疫情第二波冲击对世界经济的损害明显减弱。世界卫生组织在2022年1月19日举行的第十次针对COVID-19讨论国际突发事件的会议提出，各国应该取消禁令和限制。自2022年2月1日起，欧盟27国全面开放边境，取消入境限制政策和入境隔离政策；2月1日后，美国不再统计新冠病毒感染人数。欧美等世界各国相继宣布疫情结束全境开放。各主要经济体加大政策调整的方向与力度，全球经济呈现复苏趋势，各国生产逐渐恢复。因此，欧美国家疫情得到控制之后，其需求复苏对中国的出口提振作用反而可能比较有限，出口增速或将面临回落。

(二) 外部政策溢出效应输入风险

大国的经济政策存在国际外溢效应。因此，主要发达经济体为维持增长、刺激复苏、应对通胀而出台的货币政策与财政政策，对其他国家产生不可忽视的影响，如果其政策失当或者采取不负责任的政策，将会给其他国家带来政策溢出效应输入风险。中国如今与各大发达经济体紧密相连，因而无可避免地受其政策变动影响。严佳佳和何梅蓉 (2021) 的研究表明，美国的货币政策会引发我国金融周期与经济周期波动，吴安兵等 (2020) 发现，美国财政政策对我国实体经济存在动态溢出效应。疫情初期，为实现经济复苏，美国等发达经济体采取非常规、大幅宽松的货币政策和财政政策，包括注入巨大体量的流动性、极低利率和大规模纾困的财政刺激政策。随着疫情逐渐得到控制，各国经济将逐渐向常态回归，发达国家的货币政策和财政政策存在收紧的可能。随着美国和欧盟货币政策可能出现的转向，全球流动性从极度充裕逐步转变为充裕或中性，导致利率中枢上移，全球金融市场或面临重大调整，乃至发生市场动荡。英国通胀率上行压力增大，英国央行货币政策委员会委员桑德斯表示，要为

"大幅提前"的加息做好准备。对于中国,由于他国政策的外溢效应,央行可能跟随缩减货币政策刺激,带动金融条件收紧,融资环境受到影响,中小企业、低评级企业融资成本将增加,信用违约与破产风险加大,进而抑制投资与经济增长。同时,扩张性财政政策受到掣肘。

(三)产业链重构和调整带来冲击

经济全球化高潮进入停摆阶段,全球供应链出现收缩趋势,叠加新冠疫情影响,各国采取各种产业和贸易政策措施保证供应链的安全和弹性,全球产业链重构呈现区域化、短链化、备份化的趋势。作为世界工厂,中国是全球最大的制成品生产中心,是全球供应链的核心环节,不可避免地会受到全球产业链重构的影响,而且很可能成为全球供应链和生产布局调整压力的主要承受者。一方面,疫情会加速中国部分产业链的外迁步伐。疫情前,基于中美经贸摩擦、中国劳动力等成本上升的背景,中国本土一些中低端劳动密集型产业链、资源密集型产业链、代工型产业链已经开始外迁进程,主要的外迁目的地是劳动力成本和关税较低的东南亚各国,同时还考虑到开拓欧洲、非洲等新市场以寻求替代性的需求,以及邻近美国但关税较低的美洲国家以规避关税冲击。疫情后,受产业回流战略政策导向的影响,各国会降低在中国生产的产业链比重,中国的中低端产业链可能继续外迁。另一方面,在发达国家跨国公司主导的全球产业链呈现区域化趋势的背景下,中国面临被排除在某些区域产业链之外的风险。比如,由发达国家主导的《跨大西洋贸易与投资伙伴协定》(TTIP)、美欧日等近年来签订的若干高标准自贸协定,如《美墨加协定》(USMCA)、《欧日经济合作伙伴关系协定》(EPA)等,这些中国并未参加的高标准区域性协定会进一步强化北美、欧洲和亚洲三大板块的区域化属性,也会导致中国的产业链面临被排除在外的风险。

(四)技术引进难度增加,科技脱钩风险加大

我国改革开放后经济高速发展,引进、消化、吸收来自发达国家的先进技术发挥了重要作用。但是新形势下,一方面,随着全社会研发投入的快速增加、产业集群规模经济和范围经

济的突出作用，以及科研创新生态的不断健全，我国科技研发和创新能力得到整体提升。因此，能够从发达国家引入的技术领域和范围逐步缩小。另一方面，西方发达国家对于我国在技术上的防范心理和措施加大，导致很多领域的关键核心技术面临"卡脖子"问题。在"技术危机感"蔓延于美国政界的背景下，和中国科技挂钩紧密的美国很可能会在权衡贸易利得、本国产业利益的基础上，收紧对华技术出口管制，有选择性地遏制中国科技发展，甚至在局部领域推动技术"脱钩"，比如在一些中国急需却又无法实现自给的核心技术上，尤其是在与中国存在较大竞争的信息技术、人工智能、航空航天三大重要领域，一旦西方发达国家实施限制性措施，科技脱钩效应显现，我国众多关键技术面临"卡脖子"问题，这将给我国科技和产业发展带来巨大挑战，经济增长的动力源泉将受影响。

（五）更多更严苛国际规制壁垒的挑战

发达国家未来可能联手制定更高的规制标准，应对包括中国在内的发展中国家，包括全球数字贸易规则的制定、把非碳化与国际贸易挂钩等。数字贸易方面，一方面，我国数字贸易蓬勃发展，逐步巩固数字贸易大国地位；另一方面，用户隐私安全、互联网络安全、技术标准等领域的相关规则还不尽完善，统一的规范性的细化文件还有待完善，跨境电商实体对规则的认知参差不齐，且网络技术和发达国家还存在一定差距。绿色经济方面，发达国家将全球气候问题与贸易、投资和金融等挂钩，成为制约发展中国家经济发展的手段，并以此协调单边主义，如欧盟建立的碳边境调节机制，试图通过征收"碳关税"来解决"碳泄漏"问题。在我国正处于从高碳经济增长模式向低碳经济增长模式转型的关键阶段，发达国家的此种做法不仅加大了我国低碳经济转型的不确定性和成本，而且严苛的绿色壁垒也给我国未来在国际绿色非碳产品中的贸易管理带来巨大挑战。

三、应对外部环境变化挑战的措施

（一）实施好"双循环"战略，促进国内国际双循环良性互动

从国内大循环角度，经济规模和服务业比重越大，国内

循环的比重越高。我国幅员辽阔、规模庞大，潜在内需巨大，可以更多依靠国内消费。因此，要坚持扩大内需战略，增强发展内生动力，一方面，收入分配中增加劳动要素报酬份额，提升居民收入水平；另一方面，要继续深化教育、医疗、住房等领域改革，减少消费者后顾之忧，从而刺激消费，扩大内需。庞大市场可为国内产业发展升级提供广阔空间，为不断开展技术创新提供持续的市场支撑；进一步营造良好的营商环境，建立健全相关市场的法律法规，提升国内市场一体化水平，从而推动国内大循环的可持续发展。从国内国际双循环的角度，提高对外开放和"走出去"的水平和质量，以国内巨大需求市场吸引外商直接投资，以高质量的企业、产品、服务"走出去"，打造"中国制造"品牌特色，发挥自由贸易试验区的辐射带动作用，充分利用国际资源建设并服务于国内市场，全面重构内需与外需的关系，推动中国未来的高质量发展。

（二）以创新促发展，充分发挥超大规模人力资本池优势

创新发展方面，我国科技创新能力发展势头强劲，根据世界知识产权组织（WIPO）发布的《2021年全球创新指数报告》，我国排名第12位，是前30位中唯一的中等收入经济体。并且，我国研发人员总量、发明专利申请量等指标位居世界首位，研发经费投入快速增长。高质量人力资本方面，我国"工程师红利"初现，基础教育巩固发展，高等教育进入普及化阶段。据统计，我国受过高等教育和职业教育的高技能劳动力已超过1.7亿人，每年高等院校毕业生保持在800万人左右。需要补充的一点是，改革开放早期，我国优秀年轻人出国留学，学成后回国的比例很低。但现阶段，留学生中毕业回国比例逐年上升，并且有一部分早年出国学有所成的群体也加入回流队伍。因而，如果说在早年国人担忧年轻人出国留学造成人才流失（brain drain），那么，现阶段进入海外人才收割期，国外将成为我们的人才银行（brain bank）。这些都为创新发展积蓄了丰富的人力资本池。因此，要推动教育改革，提高人口质量，扩大人才蓄水池，重视挖掘和释放"工程师红利"，为发展创新驱动型经济创造有利的人才条

件，大力促进产业链、创新链、人才链、资金链、政策链"五链"融合，推动科技创新成果的有效转化，让创新成为经济发展的核心推动力。

（三）推进全面数字化改革，促进产业数字化、智能化、高级化转型升级

数据作为继劳动、土地和资本之后又一个重要的生产要素，将带来生产方式和生产关系的重大变革。根据有关测算，到 2025 年，我国数字经济规模将达到 32.7 万亿元，年均增长率达到 11.3%。针对数字化改革，要加强数字技术基础设施建设，提高其普及水平；并加强网络安全、隐私保护、数字标准等相关规则的制定，规范化市场主体行为。关注大数据时代衍生的消费者新需求，借助数字化互联网平台建设和推广，大力推进数字化技术创新、商业模式创新；充分运用大数据和人工智能在经济管理领域的应用，建立健全产业链数字化治理体系，推动产业链整体性、智能化转型升级，助推产业基础高级化和产业体系现代化。

二十大时光：中国经济的活力从何而来？

（四）以高标准开放推动高质量发展

重构我国对外开放的经济格局，在扩大和优化开放过程中对资源配置进行整体重组；积极参与全球贸易规则重构，积极推进加入 CPTPP（《全面与进步跨太平洋伙伴关系协定》）和 DEPA（《数字经济伙伴关系协定》）的进程，充分发挥在 RCEP（《区域全面经济伙伴关系协定》）中的主导地位；通过参与高质量协议，推动区域贸易投资一体化，有效利用和更好地参与亚洲产业链价值链，逐步提升自身的亚太地区分工地位，以高水平开放促进深层次改革，推动更高质量发展。

（五）积极参与国际经济治理，推进全球经济治理体系改革

面对新一轮科技革命、绿色发展、全球价值链深化和调整等全球化重构的背景，新规则与政策的出台与完善迫在眉睫，中国应积极关注新经济、新模式、绿色发展等国际治理领域中的重要发展议题，并积极参与新规则的构建，提升中国在国际治理中的话语权和影响力，发挥负责任大国作用，推进全球经济治理体系的改革和完善。同时，拓展国

际合作新空间，借助"一带一路"倡议，加强与沿线各国的合作，选择重点领域进行突破，维护更为稳定、互利共赢的双边和区域经贸关系，将中国经济发展的影响力提升投射到全球经济治理体系，在未来经济全球化进程中获得更大的发展空间。

中国企业现在面对的正是一个变化莫测的环境。在国家相关政策的引导下，新一代中国企业不仅在适应它，而且在蓬勃发展。许多公司花了数年时间拓展全球业务，现在在海外的利润和在国内差不多，一些公司正在暗中进行规模较小的投资。并且，一些中国公司已经成为技术巨头，向世界销售先进产品。

（资料来源：国家地理周刊，有删改）

复习思考题

一、判断题

1. 在计划经济中，政府的目标是鼓励私营生产者之间的自由和公平竞争。（　　）

2. 在混合经济中，政府也倾向于将陷入困境的公司收归国有，这些公司的持续经营被认为对国家利益至关重要。（　　）

3. 有可能有一个集体主义和个人主义混合的民主政治制度。（　　）

4. 在一个强调个人主义的社会中，让人们追求自己的经济利益最有利于社会的福利。（　　）

5. 在普通法体系下，法官是根据传统、先例和惯例来解释法律的。（　　）

6. 大陆法体系的法官比普通法体系的法官有更大的灵活性。（　　）

二、选择题

1. 将社会需求置于个人自由之上的政治体系被称为（　　）。
   A. 极权主义　　　　　　　B. 集体主义
   C. 资本主义　　　　　　　D. 平等主义

2. 以下哪一种哲学可以追溯到古希腊哲学家亚里士多德（　　）。
   A. 社会主义　　　　　　B. 个人主义
   C. 集体主义　　　　　　D. 无政府主义
3. 在一个（　　）经济体系中，政府计划一个国家生产的商品和服务，以及它们的生产数量和销售价格。
   A. 市场　　　　　　　　B. 计划
   C. 开放的经济　　　　　D. 自由放任的
4. 相对于普通法而言，大陆法较少对抗性，是因为（　　）。
   A. 法官的裁决是根据详细的法律法规作出的
   B. 法官有根据情况解释法律的自由
   C. 法官的判决是基于宗教教义
   D. 法官根据以前法律案件的解释作出裁决
5. 以下关于个人主义的陈述中，哪一项是不正确的？（　　）
   A. 个人主义促进私营企业发展
   B. 个人主义促进自由市场经济
   C. 个人主义创造不利的商业的环境
   D. 个人主义主张民主政治制度
6. 普通法体系与大陆法体系有哪些区别？（　　）
   A. 普通法制度以宗教教义为基础，民法制度以文化传统为基础
   B. 普通法系非常僵化，而大陆法系则倾向于更加灵活
   C. 在普通法体系中，法官依靠法典作出裁决，而在大陆法体系中，法官依靠直觉和道德推理作出判决
   D. 在普通法体系中，法官有权解释法律，而在大陆法体系中，法官仅有权适用法律
7. 下列哪一项是民主的特征？（　　）
   A. 由一个人或一个政党行使绝对控制权
   B. 由人民或选举产生的代表执政
   C. 禁止进入对立的政党
   D. 完全限制个人的政治权力
8. 哪种经济体制最有利于经济发展？（　　）
   A. 市场经济　　　　　　B. 计划经济

C. 混合经济　　　D. 指令经济

三、名词解释

1. 民主和极权　　　2. 混合经济
3. 大陆法　　　　　4. 文化

四、简答题

1. 政治体制的两个考察目标？
2. 市场经济的特征？
3. 侵犯财产权的行为有哪些？
4. 简述霍夫斯泰德的文化六维度。

五、分析题

1. 影响国际商务环境的因素有哪些？试论英国脱欧对国际商务环境及其对中国的影响。

2. 结合国别环境的基本内容，论述国别环境差异对国际商务的影响。

3. 无论是国际贸易、国际投资还是其后的管理，都要面对不同的文化，试分别举出成功、失败的例子，谈谈你对跨文化管理的认识。

4. 中国和英国分别属于什么法律体系？中国本土的企业到英国与当地本土的企业签合同时要注意什么问题？（可从不同法律体系下合同的区别入手）。

第三章 国际贸易理论和政策

学习目标

通过本章学习，你可以认识到国家间为何进行贸易；熟悉国家间贸易往来的主要理论依据，并理解为何众多经济学家深信消除国家间的贸易壁垒将提升国家的经济福利，分析各国采取相关贸易政策的原因。

开篇案例

进口世界葡萄酒，中国不再征税

中国与智利、澳大利亚等世界葡萄酒主产区签署自贸协定以来，优惠的关税税率极大促进了我国自上述地区的葡萄酒进口量。烟台作为我国最大的葡萄酒生产基地以及最大的散装葡萄酒进口口岸，仅2019年就进口原产于智利、澳大利亚散酒共计6 455万升，货值5.1亿元，同比增长8.5%和10.7%。但因葡萄酒包装规格对应的HS编码不同，在海关特殊监管区域灌装成瓶装葡萄酒后，导致出区内销时不能享受原散装葡萄酒进口优惠协定零税率。烟台片区改变由区内企业进口保税散装葡萄酒直接灌成瓶装后内销出区的传统模式，借助"委托加工"政策，创新性开展业务流程再造，将进口保税散装葡萄酒缴税办结海关手续后，以非保税委托加工料件形式在区内完成灌装。出区时，海关不再对瓶装葡萄酒征税，仅对区内企业的灌装加工费用征税。

思考：为什么国家要开展国际贸易？一个国家应该如何对待国际贸易？

在过去的50年中，国际贸易理论已经在很多国家形成经济政策并成为世界贸易组织和地区贸易集团的推动者。国家间的开放与合作也带来了全球经济的持续快速增长、外商投资规模的不断扩大和国际贸易总量的逐步上升。理解相关的国际贸易理论，可以帮助我们理解国家为什么采取不同的经济政策。通过这一章的学习，我们可以回答以下问题：

- 为什么一些国家出口橘子而另一些国家出口海鲜？
- 为什么一些国家出口手表而另一些国家出口纺织品？
- 为什么一国从事国际贸易是有利的？

既然贸易是有利的，为什么政府还要采取有关政策阻碍自由贸易？

除了我们熟悉的关税，政府还可以采取哪些贸易政策维护本国的利益？

【思考题 3-1】
自由贸易和贸易保护哪个更有利？

【思考题 3-2】
为什么一个国家通过国际贸易来获取自己可以生产的产品仍能使其获益？

国际贸易是指世界各个国家（或地区）在商品和劳务等方面进行的交换活动。它是各国（或地区）在国际分工的基础上相互联系的主要形式，反映了世界各国（或地区）在经济上的相互依赖关系，是由各国对外贸易的总和构成的。历史上对于是否要开展国际贸易的回答主要有自由贸易和保护贸易两种观点。自由贸易（free trade）是指国家取消对进出口贸易的限制和阻碍，取消对本国进出口商品的各种特权和优惠，使商品自由地进出口，在国内外市场上自由竞争。自由贸易是保护贸易的对称，是国家对进出口贸易不进行干涉、不加以限制、允许商品自由地输入和输出的政策。

经济全球化以来，学者们对于自由贸易和贸易保护的利弊展开了激烈的讨论，形成了丰富的理论。国际贸易理论的发展大致经历了古典、新古典、新贸易理论以及新兴古典国际贸易理论四大阶段。古典和新古典国际贸易理论以完全竞争市场等假设为前提，强调贸易的互利性，主要解释了产业间贸易。二战后，以全球贸易的新态势为契机，从不完全竞争、规模经济、技术进步等角度解释了新贸易现象。新兴古典国际贸易理论则以专业化分工来解释贸易，力图将传统贸易理论和新贸易理论统一在一个框架之内。

本章将首先对国际贸易理论的发展做一个简单的梳理。

第一节 古典国际贸易理论

古典国际贸易理论产生于18世纪中叶，是在批判重商主义的基础上发展起来的，主要包括亚当·斯密的绝对优势理论和大卫·李嘉图的比较优势理论，古典贸易理论从生产效率的角度说明了国际贸易产生的原因。

一、重商主义理论

重商主义（mercantilism）也称作"工商业本位"，它的主要内容是"重商"、"重工"与"国家干预"，发展目标是"国家富强"，产生并流行于15世纪至17世纪中叶的西欧，是封建主义解体之后的16—17世纪西欧资本原始积累时期的一种经济理论或经济体系，反映资本原始积累时期资产阶级利益的经济理论和政策体系。当时，金和银是衡量一个国家财富的象征。那么，如何才能保证有更多的财富呢？从贸易的角度来说，出口会带来财富的增加，进口会导致财富的减少，所以，重商主义的观点是保持贸易顺差对国家是有利的。

重商主义的主张是只有金银才是真正的财富，一个国家金银的多寡体现了这个国家的经济实力。重商主义把贸易看成是一种零和博弈，认为出口一定会使一个国家的利益增加，进口一定会使一个国家利益减少。因此，通过对出口实行补贴达到出口最大化，通过关税和配额限制进口达到进口最小化。

【思考题3-3】
怎样才能保证出口超过进口呢？

拓展阅读

就像守财奴一样，双手抱住他心爱的钱袋，用嫉妒和猜疑的目光打量着自己的邻居。

——恩格斯对早期重商主义者的描述

【思考题 3-4】
重商主义有什么缺陷吗？

他们开始明白，一动不动地放在钱柜里的资本是死的，而流通中的资本却会不断增值。人们开始把自己的金币当作诱鸟放出去，以便把别人的金币引回来。

——恩格斯对晚期重商主义的描述

按照重商主义理论，对于一个国家来说可以始终保持贸易顺差吗？按照大卫·休谟的说法，两个国家进行贸易往来，一国贸易顺差后，会带来金银的增加，金银的增加会带来这个国家价格水平的提升；另一国贸易逆差，从而金银减少，财富下降，进而通货紧缩，导致国内价格水平下降。金银的流入和流出，改变了两国的财富水平和价格水平，对于贸易顺差的国家来说，本国产品价格相对变高，消费者更加倾向于购买国外产品，贸易顺差会逐渐消失。这样的长期结果会导致各国之间的贸易平衡，没有一个国家能像重商主义所设想的那样，长期保持贸易顺差并积累金银。

重商主义的缺陷是将贸易看成零和博弈（zero-sum game）（又称零和游戏，与"非零和博弈"相对，是博弈论的一个概念，属于非合作博弈）。它是指参与博弈的各方在严格竞争下，一方的收益必然意味着另一方的损失，博弈各方的收益和损失相加总和永远为"零"，故双方不存在合作的可能。但是之后的理论都证明了贸易是一种正和博弈，即所有国家都能从贸易中获利。

二、绝对优势理论

18 世纪末，重商主义的贸易观点受到古典经济学派的挑战，亚当·斯密（Adam Smith）在生产分工理论的基础上提出了国际贸易的绝对优势理论。

（一）绝对优势理论的主要内容

绝对优势理论（absolute advantage theory）又称绝对成本说，是最早的主张自由贸易的理论，由英国古典经济学家亚当·斯密于 1776 年在其《国民财富的性质与原因的研究》一书中提出。该理论认为，国际贸易产生的原因是国与国之间的劳动生产效率和生产成本的绝对差异所带来的，如果一国在某一商品的生产上生产效率绝对高于他国,该国就具备该产品的绝对优势,从而适合出口;反之则进口。各国按照本国的绝对优势形成的国际分工格局,提供并交换产品,这样做对各国都是有利的。

亚当·斯密认为,在国际分工中,每个国家都应该专门生产自己具有绝对优势的产品,并用其中一部分交换其具有绝对劣势的产品,这样就会使各国的资源得到最有效的利用,更好地促进分工和交换,使每个国家都获得最大利益。斯密的基本论点是一国不应该生产可以以较低成本从别国买到的商品。斯密也证明了各国若按绝对优势分工生产,然后交换,则对两国都有利。

(二)绝对优势理论示例

如表3-1所示,假定A、B两国各有120劳动小时,每个国家都需要消费布和葡萄酒两种商品。A国生产1码布需要1小时,生产1桶葡萄酒需要3小时;B国生产1码布需要2小时,生产1桶葡萄酒需要1小时。在没有贸易的情况下,每个国家都用一半的资源生产布,一半的资源去生产酒,A国可生产60码布和20桶葡萄酒,B国可生产30码布和60桶葡萄酒,两国总产出为90码布和80桶葡萄酒。现在A、B两国开展专业分工,每个国家专门生产自己具有绝对优势的商品,A国可生产120码布,B国可生产120桶葡萄酒。通过分工,显然,两种商品的生产总量都有增加,布的产量从90码增加到120码,葡萄酒的产量从80桶增加到120桶。如果A国用40码布交换B国40桶葡萄酒,交换后,A国两种商品的总量变为80码布和40桶葡萄酒,B国两种商品的总量变为40码布和80桶葡萄酒,两国拥有的产品数量都比以前增加了。这说明,在资源消耗不变的情况下,世界总产出增加了,两国也可以从分工和交换中得到更多可供消费的产品。由此可见,通过分工与贸易就可实现双赢。

表3-1 A国和B国生产布和葡萄酒酒分别所用的资源

	布	葡萄酒
A国	1小时/码	3小时/桶
B国	2小时/码	1小时/桶

【思考题3-5】
如果一个国家没有绝对优势还可以从贸易中获利吗?世界上最贫穷的国家的各个经济部门都处于竞争劣势,它们很少出口,它们没有资金,土地质量低,通常在给定工作机会下有太多劳动力,而这些劳动力没有受过良好的教育。自由贸易不可能符合这样的国家的利益,试讨论之。

【思考题3-6】
在分析中国加入WTO的利弊时,有人说:"为了能够打开出口市场,我们不得不降低关税,进口一些外国产品。这是我们不得不付出的代价"。请分析评论这种说法。

三、比较优势理论

绝对优势理论解释了产生国际贸易的部分原因,但不能解释各种产品生产上都具有绝对优势的国家与不具有绝对优势的国家之间的贸易往来。鉴于绝对优势理论的局限性,英国古典经济学家大卫·李嘉图(David Ricardo)在1817年出版的《政治经济学及赋税原理》一书中提出国际贸易的基础并不限于劳动生产率的绝对差异。

(一)比较优势理论的主要内容

大卫·李嘉图认为,只要两国之间存在劳动生产率的相对差异,就会出现生产成本和产品价格的相对差异,使两国在不同的产品上具有比较优势,从而使互利的国际分工和国际贸易成为可能。以此思想为核心,他提出了著名的比较优势理论。比较优势理论遵循"两优取其重,两劣取其轻"的原则,认为国家间技术水平的相对差异导致的比较成本的差异是构成国际贸易的原因,也决定着国际贸易的模式。李嘉图强调比较优势的决定因素是劳动生产率差异,认为各国之间只要相对劳动生产率水平不一致,就存在比较利益和相互贸易的动机。

我国出口商品比较优势实证分析

拓展阅读

比尔·盖茨先生无论在编写软件还是打字速度上都强于他的秘书。比尔·盖茨先生编写软件的速度是秘书的 N 倍,打字的速度是秘书的 2 倍。由于比尔·盖茨在编程和打字上都强于其秘书,他是否应该自己来完成全部的工作,以节省下每天付给秘书的 20 美元的薪水?

(二)比较优势理论示例

如表3-2所示,假定同样是有A、B两国,两国各有120劳动小时,每个国家都需要消费布和葡萄酒两种商品。A国生产1码布需要1小时,生产1桶葡萄酒需要1.2小时;B国生产1码布需要3小时,生产1桶葡萄酒需要2小时。从数据上可以看出,A国在生产布和葡萄酒上具有绝对优势,但生产布的绝对优势要大于生产葡萄酒的绝对优势；B 国均为绝对劣势，但 B 国相对来说生产葡萄酒比生产布有比较优势。

表 3-2　A 国和 B 国生产布和葡萄酒分别所用的资源

	布	葡萄酒
A 国	1 小时/码	1.2 小时/桶
B 国	3 小时/码	2 小时/桶

在没有贸易的情况下，每个国家同样是用一半的资源生产布，一半的资源去生产葡萄酒。A 国可生产 60 码布和 50 桶葡萄酒，B 国可生产 20 码布和 30 桶葡萄酒，两国总产出为 80 码布和 80 桶葡萄酒，如表 3-3 所示。

表 3-3　无贸易时 A 国和 B 国生产布和葡萄酒的产量

	布	葡萄酒
A 国	60 码	50 桶
B 国	20 码	30 桶
总产量	80 码	80 桶

根据比较优势理论，现在 A、B 两国开展专业分工，每个国家专门生产具有比较优势的商品，由于 B 国所有的资源去生产葡萄酒总量没有分工前多，为了让分工后各商品总量均比分工前多，所以需要 A 国分一些劳动时间去生产葡萄酒。B 国用全部的资源去生产葡萄酒可以生产 60 桶（少于分工前的 80 桶，所以需要 A 国分一部分资源生产葡萄酒），A 国拿出 30 劳动小时生产葡萄酒，可以生产 25 桶酒，剩下 90 劳动小时生产布可以生产 90 码布，如表 3-4 所示。分工后，布和葡萄酒的总产量均比分工前要多。

表 3-4　A 国和 B 国分工后的产量

	布	葡萄酒
A 国	90 码	25 桶
B 国	0 码	60 桶
总产量	90 码	85 桶

布的总产量从 80 码增加到 90 码，葡萄酒的总产量从 80 桶增加到 85 桶。如果 A 国用 27 码布交换 B 国 27 桶葡萄酒，交换后，A 国两种商品的总量变为 63 码布和 52 桶葡萄酒，B 国两种商品的总量变为 27 码布和 33 桶葡萄酒，两国拥有的产品数量都比以前无贸易时增加了，如表 3-5 所示。

表 3-5 A 国和 B 国交换后的总产量

	布	葡萄酒
A 国	63 码	52 桶
B 国	27 码	33 桶
总产量	90 码	85 桶

可见，在劳动投入总量不变的情况下，A 国布从 60 码增加到 63 码，葡萄酒从 50 桶增加到 52 桶；B 国布从 20 码增加到 27 码，葡萄酒从 30 桶增加到 33 桶。国际分工使劳动生产率提高，世界总产出增加了，两国都从国际分工和国际贸易中得到了好处。由此可见，一个国家不存在绝对优势，只要拥有比较优势，通过分工与贸易就可以实现双赢。

大卫·李嘉图的比较优势理论把国际分工和交换的领域扩展到了各种类型的、经济发展水平各异国家的更广泛的范围，从而论证了国际分工和贸易的普遍适用性和合理性。

第二节 新古典国际贸易理论

一、要素禀赋理论

1919 年，瑞典经济学家埃利·赫克歇尔（Eli Heckscher）提出了要素禀赋论的基本观点，指出产生比较优势差异的两个必备条件。20 世纪 30 年代，这一论点被他的学生伯尔蒂儿·俄林（Beltil Ohlin）充实论证，其在 1933 年出版的《区域贸易和国际贸易》一书中系统地提出了生产要素禀赋理论，批判地继承了大卫·李嘉图的比较成本说。他认为，在生产活动中，除了劳动起作用外，还有资本、土地、技术等生产要素，各国产品成本不同，必须同时考虑到各个生产要素。因俄林早期师承瑞典著名经济学家赫克歇尔而深受启发，故他的要素禀赋说也被称为赫克歇尔-俄林（H-O）理论。该模式是现代国际贸易理论的新开端，与李嘉图的比较成本说模式并列为国际贸易理论的两大基本模式。

要素禀赋（factor endowments）是指一国所拥有的并能用于生产的各种生产要素（包括土地、劳动力、资本和企业家才能）的数量。国际贸易模式是由要素禀赋不同而非生产率差异决定的。要素禀赋是相对的，而不是绝对的；一国可能比另一国拥有更大绝对量的土地和劳动力，而相对丰富的只是其中的一种。一国应出口密集使用本国丰裕要素生产的产品，进口密集使用本国稀缺要素生产的产品。

要素禀赋差异—要素供给差异—要素相对价格差异—生产中使用的要素比率差异—生产成本差异—商品价格差异—贸易发生，这是一个递进的过程。

二、里昂惕夫悖论

要素禀赋理论一直是国际经济学中最有影响的理论之一，得到许多经济学家的实证检验。20世纪50年代初，美籍苏联经济学家瓦西里·里昂惕夫（Wassily Leontief）运用要素禀赋理论预测，由于美国相对于其他国家是一个资本丰富而劳动力稀缺的国家，其对外贸易结构应该是出口资本密集型产品而进口劳动密集型产品。然而令他惊奇的是，他运用美国1947年200个行业的统计数据对其进出口贸易进行检验时，得出了与要素禀赋理论完全相反的结论，即美国出口的资本密集型产品比进口的少。因为这一结果与理论的预测相反，故称为里昂惕夫悖论。

里昂惕夫悖论虽没有形成系统的理论观点，但它对原有国际分工和贸易理论提出了严峻的挑战，引发了对国际贸易主流思想的反思，推动了二战后新的国际贸易理论的诞生。西方大量的经济学家进行验证和研究的结果有时与H-O理论吻合，有时又存在昂惕夫悖论现象。如加拿大经济学家瓦尔对加拿大贸易构成统计验证后发现，加拿大作为资本短缺国家出口的却是资本密集型产品,存在里昂惕夫悖论。印度经济学家巴哈尔德尔研究印度贸易构成,发现印度出口劳动密集型产品、进口资本密集型产品,与 H-O 理论吻合,但是印度在与美国贸易中又存在里昂惕夫悖论。

第三节 国际贸易的当代理论

二战后,国际贸易的产品结构和地理结构出现了一系列新变化。产业内贸易以及发达工业国之间的贸易量大大增加,产业领先地位不断转移,跨国公司内部化和对外直接投资兴起。所谓产业内贸易,是与传统国际贸易理论解释的产业间贸易相对的概念,指的是同一产业内的产品之间的贸易,即一个国家既进口又出口同一类产品。

这些现象的出现与传统理论认为的贸易发生在劳动生产效率或资源禀赋不同的国家之间的经典理论是相悖的。为解释这些新现象,以克鲁德曼、雷蒙德·弗农等为代表的经济学家提出了各种新的学说。这些学说与传统的国际贸易理论既有区别又有联系,我们把这些学说称为新国际贸易理论。

一、国际产品生命周期理论

20世纪 60 年代中期,美国经济学家雷蒙德·弗农(Raymond Vernon)将市场营销学中的产品生命周期理论与技术进步结合起来阐述国际贸易的形成和发展。他通过观察和总结 20 世纪产品的出口现象,把国际产品的生命周期分为三个阶段。

第一阶段,大多数的新产品首先在美国被研制出来,在美国经过一段时间的生产后,美国具备了出口能力,就开始出口。其他发达国家开始进口该商品,发展中国家会在更晚的时间才对该商品产生需求,从美国进口。随着时间的推移,其他发达国家的企业掌握了这种技术,开始生产这种商品,于是减少进口,当发达国家具备出口能力时,从进口国转变为出口国。与此同时,该产品已不是美国的新产品,部分企业可能退出该产品的生产,去开发新的产品,美国的出口量开始减少。此时，发展中国家对该产品的需求不断扩大，但国内技术尚未成熟，主要靠进口来满足国内需求。

第二阶段，美国国内企业对该产品的产量已不能满足国内需求，反而成为该产品的进口国。其他发达国家开始向世界出口该产品。发展中国家掌握了该产品的生产技术，开始自己生产，进口量逐渐减少。随着发展中国家产量的不断上升，发达国家出口量开始减少，当发展到一定程度，发达国家不再出口，发展中国家成为该产品的出口国。

第三阶段，只有发展中国家在出口该产品，美国和其他发达国家成为该产品的进口国。但发展中国家的出口不会持续增加，随着技术的进步，该产品被其他新产品取代后，国与国之间该产品的贸易就停止了，该产品的生命周期也就结束了。

弗农所说的大多数产品都是从美国研发并推向其他国家的理论，虽然带有一定的民族优越感，但它似乎是对当时国际贸易现象的一种准确解释。该理论指出，由于世界各国的技术发展水平不同，技术领先的国家可能率先开发出某种新产品并出口；经过一段时间后，技术较先进的国家掌握了这种技术，成为新的出口国；技术较落后的国家随后才能掌握这种技术，在最后成为该产品的出口国。该理论将比较优势理论与资源禀赋理论动态化，很好地解释了二战后一些国家从某些产品的出口国变为进口国的现象。

二、新贸易理论

新贸易理论主要是指二战结束后，特别是20世纪80年代以来，为解释新的国际贸易现象而产生的一系列国际贸易理论学说。

新贸易理论以规模经济为前提，从动态角度出发考虑需求状况。规模经济（economies of scale）又称规模报酬，是指随着厂商生产规模的扩大、产量的增加、产品平均成本的下降，厂商因生产规模扩大而获得额外的报酬。规模经济是由于在一定的产量范围内，固定成本可以认为变化不大，那么新增的产品就可以分担更多的固定成本，从而使总成本下降。规模经济的成因有很多，包括将固定成本分散到大量产品上的能力,利用专业的人员和设备提高生产效率并生产大批产品的能力。但是生产规模不可能无限地扩大,当规模达到一定程度后,单位成本也会随着产量的增加而提升。

新贸易理论解释了,两个在生产效率和要素禀赋都没有差异的国家,贸易的结果仍然是使贸易国获益。假设有两个国家,各自拥有一个每年都需要500万辆自行车和200万辆电动车的市场,通过相互贸易,两国可以形成1 000万辆自行车和400万辆电动车的联合市场。在这个联合市场中可以更好地实现规模经济,与单个市场相比,这两个国家都可以更低的平均成本生产出这两种产品。

从长期来看,规模经济的存在使产品价格下降、生产成本降低,企业参与国际贸易的结果是使市场价格下降、消费者剩余增加、福利改善。在差异产品和规模经济的推动下发生的国际贸易还为各国消费者带来了更多可供选择的产品,消费的多样性得到满足。

【思考题3-7】
新贸易理论与传统贸易理论有哪些重要的不同?

新贸易理论也解释了为什么一些产品的世界贸易可能被某些国家主导。一些达到规模经济的产业,所生产的产品占世界总需求的比重较大,这样,全球市场就只能容纳数量很少的企业。如果这个国家最先成功进入这个产业,那么就会取得第一进入者优势,并主导该市场。第一进入者优势(first-mover advantages)是指一个产业的早期进入者所具有的经济和战略上的优势,例如,在后入者之前抓住规模经济,从低成本结构中获益。新贸易理论认为,第一进入者优势对实现规模经济至关重要,若第一进入者占据了世界总需求的一定比例,可以获得后入者无法得到的成本优势。如果有限的全球需求不能支持再多一家该行业的企业维持盈利,这种主导地位便会进一步加强。

【思考题3-8】
日本为什么生产汽车?瑞士为什么生产手表?

三、国家竞争优势理论

国家竞争优势,由哈佛大学商学院教授迈克尔·波特(Michael Porter)在其代表作《国家竞争优势》(*The Competitive Advantage of Nations*)中提出。国家竞争优势理论既是基于国家的理论,也是基于公司的理论,它试图确定一个国家某种产业为什么会在国际上有较强的竞争力,如何才能造就并保持可持续的相对优势。

国家竞争优势理论有四个要素，组成一个四边形，又称"国家竞争优势钻石理论"，即"钻石理论"。波特认为一个国家的四大特性——要素条件，需求情况，相关产业与支持产业，以及企业战略、组织与竞争，形成了当地企业竞争的环境，这些特性促进或阻碍了竞争优势的建立，这四种特性构成了钻石理论模型。同时，政府和机遇是重要的辅助因素。随机事件，如重大创新，可以重塑产业结构，并为一个国家的企业提供取代其他企业的机会，这种机会是无法控制的。政府通过其政策的选择，可以削弱或增强国家优势，这种影响是不可被漠视的。钻石理论模型是一个相互增强的体系，一种特性的作用是依其他特性的状态而定的（如图3-1所示）。

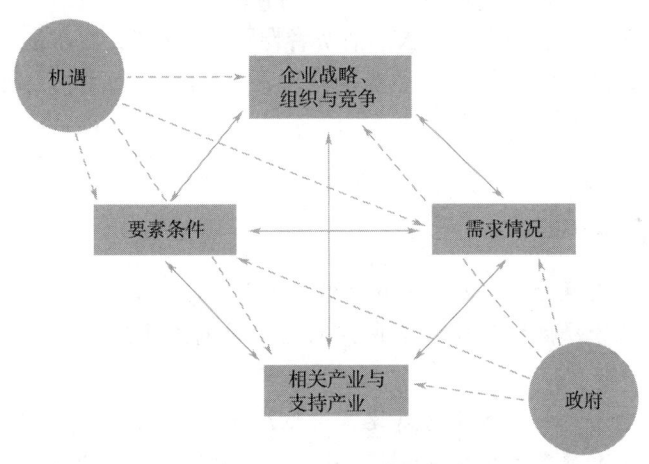

图 3-1　国家竞争优势的确定：波特的钻石理论模型

（一）要素条件

要素条件即要素禀赋，一国如果在某类低成本要素禀赋或独特的高质量要素上具有优势，就有可能在充分利用这些要素的产业发展上获得竞争优势。与赫克歇尔-俄林的要素禀赋不同的是，波特的要素禀赋分为基本要素（自然资源、人口等）和高级要素（通信基础设施、高级熟练劳动者、专有技术等）。高级要素可补偿基本要素的不足，而基本要素的劣势对一国形成压力,刺激创新。要素状况不是竞争的唯一源泉,最重要的是一国不断创造、改进和调动其生产要素的能力,而不是要素的初始禀赋。

【思考题3-9】
对一个国家来说是基本要素还是高级要素更重要呢?

高级要素与基本要素之间的关系是复杂的。基本要素提供了初始优势,可能因投资于高级要素而得以增强和扩大;相反,基本要素的缺陷会导致投资高级要素的压力。高级要素对竞争优势是最有意义的,高级要素是个人、公司和政府投资的产品。改进高级要素的方法包括增加基础和高等教育的投资、增进人口知识水平、促进高等教育机构的高级研究等。

【思考题3-10】
如果一个国家基本要素比较缺乏,应该如何提升竞争优势?

(二)需求情况

波特指出,在促进企业持续竞争力方面,最重要的是市场的特征,而不是市场的大小。国内需求大,有利于促进竞争,形成规模经济,若国内消费者特别"挑剔",要求复杂且品位较高,便会促进企业提高产品质量和服务水平,从而取得竞争优势。

 拓展阅读

日本消费者在汽车消费上的需求是全球出名的。

欧洲严格的环保要求使得欧洲公司的汽车环保性能、节能全球一流。

德国高速公路没有限速,当地汽车工业就非常卖力地满足驾驶人对高速的狂热追求,而超过200公里乃至300公里的时速在其他国家毫无实际意义。

国家政策,如环保、安全法规、税费政策也会影响需求。

(三)相关产业与支持产业

所谓相关产业,是指共用某些技术、共享同样的营销渠道和服务而联系在一起的产业或互补性产业;所谓支撑产业,是指某一产业的上游产业,主要向其下游产业提供原材料中间产品。任何一个产业都不能孤立地得到发展,完善的相关与支撑产业有利于提高产品质量、降低产品成本、提供产品信息，从而建立起竞争优势（如地方化经济、集团化经济）。波特认为，在相关产业和支持产业中，投资于生产的高级要素可以给该产业带来连带的好处，帮助它获得较强的国际竞争地位。

拓展阅读

德国印刷机雄霸全球，离不开德国造纸业、油墨业、制版业、机械制造业的强势。美国、德国、日本汽车工业的竞争优势也离不开钢铁、机械、化工、零部件等行业的支持。有的经济学家指出，发展中国家往往采用集中资源配置，优先发展某一产业的政策，孤军深入的结果就是牺牲了其他行业，钟爱的产业也无法一枝独秀。

浙江绍兴的中国纺织城、温州的纽扣市场、台州路桥的塑料制品市场都是年交易规模在几百亿以上的专业市场。其中，绍兴的轻纺面料专业市场——中国轻纺城，已经发展成为全国乃至亚洲最大的纺织品集散中心。

（四）企业战略、组织与竞争

各国企业制度存在的差异，各国不同的思想体系，各国国内的竞争状态，对各自建立国家竞争优势有不同的影响，可能有利，也可能有弊。活跃的国内竞争与一个行业内竞争优势的创造和维持之间存在较强的关联性。活跃的国内竞争导致企业寻求各种方式来提高效率。激烈的国内竞争还会迫使企业参与国际市场的竞争，而经过激烈竞争锤炼的企业往往更加成熟，更具有竞争力，更容易在国际竞争中取胜。

（五）对波特理论的评价

波特的国家竞争优势理论弥补了其他国际贸易理论的不足，区分了"竞争优势"与"比较优势"。在波特理论中，"比较优势"和"竞争优势"是两个不同的概念，尽管他们都可以成为各国参与国际竞争的基础。波特认为，比较优势是一国利用要素禀赋比较利益作为国际竞争的基础以获得的相对优势，它意味着企业的国际竞争力来源于利用各地生产因素的比较利益。而竞争优势是指生产因素，需求因素，支持性产业和相关产业、企业战略、组织和竞争以及机遇和政府等因素组成的价值系统协同作用的结果，它来源于产业或企业内部的效率。这种国际竞争优势才应该是国际贸易理论的核心，二者并不相互排斥，而是一种互补关系。波特提出的国家竞争优势理论，不仅对当今世界经济和贸易格局进行了理论上的归纳总结，而且对国家未来贸易地位的变化有一定的预测性，为我们分析各国竞争优势的基础及其发展潜力提供了一个非常有用的分析工具。

波特的钻石理论低估了规模收益的作用和政治体制、宏观经济环境、社会文化等外部因素对企业竞争环境的影响。钻石理论选择的产业是已结构化或未完全结构化的，这使企业在所选择的产业中取得领先地位相当困难。

第四节　政府贸易政策

案例讨论

中美纺织品贸易争端：中国还要让多少？

中国是世界最大的纺织生产国和贸易国，加入 WTO 以后，纺织业被誉为是"受益最大的行业"，然而现实表明，针对中国纺织品服装出口实施的各种限制众多，如美国多次对来自中国的纺织品进行进口配额限制和启动特限调查。

在美国，纺织业是夕阳产业，美国商务部经济分析局数据表明：2001 年，纺织和服装业的 GDP 份额分别降为 0.22%和 0.23%，整个纺织服装业只占美国 GDP 的 0.45%。2002 年，美国纺织从业人数仅为 43 万人，服装从业人数为 52 万人，整个纺织服装从业人数仅占该年全美制造业人数的 5.7%。而中国纺织业是劳动密集型产业，涉及直接就业人数 1 800 万人，间接就业人数 1 亿人以上。中国纺织工业协会数据显示，美国设限的每一个纺织品种背后涉及至少 1 000 家中国企业，多则达 6 000 家。

另外，中国出口到美国的纺织品销售额年均约 100 亿美元左右，占中美贸易总额的8%左右；在美国销售每100美元中国纺织品，中国生产商只得到7~10美元利润，美国商人却拿走了绝大部分利润。中国的廉价纺织品出口到美国，既提高了美国国内的有效总供给，一定程度上抑制了通货膨胀，又为美国经济实现低通胀下的增长创造了宽松的宏观经济环境。据英国《经济学家》统计，如果没有中国的消费品，美国的价格指数将上升两个百分点。另外，在全球棉花生产量明显供过于求的情况下，美国17个州2万多个农场3万多棉农的最大出口地是中国。中国海关资料显示，2004年中国进口美国棉花金额为17.7亿美元，计106.3万吨，占中国进口棉花总额191万吨的55.6%。

从纺织品贸易本身来看，美国是要把中国作为其纺织产业目光短浅的"替罪羊"。取消全球纺织品贸易配额10年前就已提出，美欧厂商和政府本该早就预见到世界纺织品市场将发生急剧变化，可以提前采取预防措施。本来美欧政府和厂商的应对失误是造成其纺织业工人失业的主要原因，但是现在他们把它归咎于价廉物美的中国产品的大量涌入，将工人对厂商和政府的不满引向中国纺织品。这种寻找"替罪羊"的做法是美欧厂商和政府过去两个世纪一贯的做法，并且屡屡得手。

绿色贸易壁垒增强，削弱中国纺织品出口竞争力。绿色壁垒是技术性贸易壁垒的一种，实质上就是新兴的贸易保护主义措施。发达国家利用其比发展中国家所拥有的明显的经济与技术优势大力发展环保技术、环保产品，并逐步形成环保壁垒。近年来，国际上纺织品、服装的贸易环境要求越来越严格，特别是那些针对产品的环境法规、技术标准，对纺织品和服装贸易产生了严重影响。纺织行业是高污染行业，针对产品生产中的印花、染色及后整理等工艺所涉及的污染问题和成品中有害物质对人体健康的危害，各国均出台了标准不一、形式不同的产品环境要求，中国纺织品出口竞争力受到严重挑战。

美国对中国纺织品设限持强硬态度延缓中国崛起的步伐。解决庞大的人口就业压力是中国面临的最重要任务之一，纺织业是转移农村劳动力的一条主渠道。因此，对中国纺织品设限，无异于为中国社会制造矛盾，迫使中国接受美国提出的人民币汇率调整以及更多条件。人民币的小幅升值已经对中国的纺织品行业产生了一定影响。研究表明，人民币每升值一个百分点，棉纺织业出口利润约下降12%，毛纺织业下降8%，服装业下降约13%。

问题：现有的贸易理论大多表明，开展国际贸易对每个国家都是有利的，那么，政府为什么还要出台政策来干预自由贸易呢？

政府干预最常见的政治理由是保护就业和产业免遭外国不公平的竞争。有时候国家认为某些产业对国家安全极其重要，必须对其采取保护措施，一般与国防有关的产业会经常得到这种优待；有时候政府利用干预贸易政策的威胁作为讨价还价的工具，以此来打开外国市场，迫使贸易伙伴"按照游戏规则"行事；有时候政府出于保护消费者免受不安全产品危害的目的，颁布了相关法规，间接地限制或禁止了这些产品的进口；有时候政府利用贸易政策来支持它们的对外政策目标，政府可以同意对一个国家的优惠贸易条件以加强两国关系；贸易政策也可用作一种施压手段或用来惩罚不遵守国际法规或准则的"流氓国家"；有时候政府试图利用贸易政策去改进贸易伙伴的人权政策。

在上述纺织品贸易案中，美国政府对中国纺织品的强硬政策态度对中国纺织行业造成了严重的负面影响。开展国际经营的公司是否获得市场准入和生存发展很大程度上取决于当地政府的贸易政策。贸易政策措施除关税外，还有补贴、进口配额、自愿出口限制、国产化规定、行政管理政策以及反倾销政策等。近几十年来，关税壁垒下降，非关税贸易壁垒如补贴、配额、自愿出口限制和反倾销政策却呈上升趋势。

一、关税

关税是对进口（或出口）商品征收的一种税收，分为从量税和从价税。

从量税（specific tariffs）是对进口商品按单位征收固定的

税额。从价税（ad valorem tariffs）是以货物价格作为征收标准的关税，从价税的税率表现为货物价格的百分值。征收从价税的一个重要问题是确定进口商品的完税价格。世界各国采用的征税价格标准很不一致，大体上分为到岸价格、离岸价格和法定价格三种。选择什么价格为计税依据，既要符合国际标准，又要考虑国家的外贸政策和财政收入。

征收进口关税以提高进口商品的价格，保护了国内生产商免受外国的竞争，也增加了政府的收入。征收出口关税通常是因为政治原因减少该产品的出口，以及提高政府收入。

进口关税保护了生产者利益而损害了消费者利益，因此，在保护国内生产商免受国外竞争的同时，限制了产品供给进而抬高产品价格。此外，关税也降低了世界经济的总体效率。因为保护性的关税鼓励国内企业，把理论上在国外生产效率更高的那些产品挪到国内生产，因此资源未被有效利用。

案例讨论

利用中介贸易公司避税

美国福特公司为了利用中国香港地区对外国企业少征所得税、免征财产税以及不征资本利得税等特殊优惠，在香港设立了一家子公司，现福特公司把成本为 1 000 万美元，原应按 1 400 万美元作价的一批汽车，压低按 1 100 万美元（有时可压制到公司无盈利甚至亏损的程度）作价，销售给香港子公司，香港子公司最后以 1 500 万美元的市价售出这批汽车（利润尽可能多地转移到低税国）。我们可以比较以下福特公司及其子公司原应负担的税款同它压低转让定价所实际负担的税款。压低转让定价后，就把这批汽车的部分销售利润甚至全部所得转移到香港，并全部体现在香港子公司的账上。因此，福特公司就表现为只取得小额利润甚至亏损，只需缴纳少量的税款而不用纳税。而香港子公司仍按正常市场价格把这批汽车再出售给最终的客户，并取的巨额利润，所有利润只需要按较低税率纳税，甚至不需纳税。只要香港子公司暂时不把福特公司应得的股息汇往美国，美国福特汽车公司的避税目的就实现了。接着，香港子公司用这部分所得在香港购置房地产，供公司营业和股东居住使用，又可免除全部财产税。而且等到这些财产卖出以后，还可以逃避掉出售这些财产利益原应缴纳的资本利得税。

问题：关税保护了谁的利益？又损害了谁的利益？为什么？

二、补贴

补贴（subsidy）是由政府对国内生产者提供的财政捐助或者对价格或收入的支持。补贴有很多形式，现金补贴、低利率贷款、减税和政府参股国内企业。

补贴的主要好处是帮助国内生产商自然成长，增强它们的国际竞争力，赢得出口市场。根据战略性贸易政策，补贴可以帮助企业在新兴产业内取得第一进入者优势，进而扩大国内就业，增加税收，并可能培育一个全球性的大公司。

【思考题 3-11】
补贴有什么好处？补贴对谁不利？

然而，政府支付的补贴来自个人和企业的税收。关于补贴给国家带来的利益是否超过成本是有争议的。实际上，许多补贴并未帮助国内生产者增强其国际竞争力，反而保护低效率和促进过量生产。

关于中国和国外的农业补贴

在政府的农业支持政策中，农业补贴是一种最常用的政策工具，它是政府对农业生产、流通和贸易进行的一种转移支付，其目的是保证本国粮食安全、维护农产品价格稳定和保障农民收入（方伶俐、壬雅鹏，2005；闵敢，2008）。在世界贸易组织（WTO）关于《农业协定》框架下，农业补贴是指针对国内农业生产及农产品的综合支持。它有两层含义：一是广义的农业补贴，或称支持性农业补贴，即政府对农业部门的投资或支持，由于其中大部分是对科技、水利、环保等方面的投资，不会对农产品价格和贸易产生显著性的扭曲，因而又称绿箱政策。二是狭义的农业补贴，或称保护性农业补贴，如对粮食等农产品提供的价格、出口或其他形式补贴，由于这种补贴会对农产品价格和贸易产生明显扭曲，因而又称为黄箱政策。

美国的农业补贴政策始于20世纪30年代，为了维护农业生产者的收入，美国政府制定了一系列的农业支持政策。其中，最主要的是制定粮食目标价格，对农产品进行差额补贴。1996年，美国对原《农业法》进行了调整，将政府对农业的部分国内价格支持改为对农民收入的支持，并计划在新法案实施的7年期间给农户约356亿美元的收入补贴。2002年，农业补贴政策比1996年的《农业法》规定在6年内增加了519亿美元，6年总计达1 185亿美元。

欧盟自20世纪60年代初开始实施共同农业政策以来，大幅度提高了农业生产率和农业保护水平。1992年，欧盟对其共同农业政策进行了系统的改革。改革的主要内容是将农业保护政策从以价格支持为基础的机制，过渡到以价格和直接补贴为主的机制。1999年，欧盟委员会通过了《欧盟2000年议程》，其重点是降低价格支持和出口补贴，减少政府干涉，更多地采取与农产品产量限制相结合的直接补贴农民收入的手段。

日本农业补贴的具体类型主要有：一是收入补贴。这项补贴主要是针对山区和半山区的农民进行直接补贴，政府规定每个山区农户可以享受的补贴上限为每年100万日元，可享受补贴的面积约为90万公顷，即平均每公顷约8万日元，这相当于欧盟普遍性的面积补贴的两倍多。政府还制定了稻作安定经营策略，对种稻农民进行收入补贴。二是生产资料购置补贴。日本农民建立或改造农业生产设施，可以从中央财政得到50%的补贴，从都府县得到25%的补贴，其余25%则可从接受国家补贴的金融机构得到贷款，有些地方市町村财政还要补贴12.5%。三是一般政府服务，包括培养农业人才、基础设施投入、乡村建设、支持农协的发展等方面。此外，日本还制定了灾害补贴、农业保险补贴、贷款优惠等农业补贴政策。据 WTO 公布的数据，目前日本对农业的补贴已经超过了农业的收入，是农业补贴强度世界最高的国家之一。

与发达国家相比，中国农业补贴政策的现实特征表现在：第一，补贴范围具有普遍性。目前，财政对农业的补贴几乎涉及农产品生产与流通的全过程。补贴面广且分散，作用难以集中发挥，因而效果较差。第二，以价格补贴为主，贴息贷款为辅。大多数补贴用于降低农用生产资料的价格、支农服务的收费标准以及农产品购销环节的补贴。第三，补贴方式的隐蔽性。长期以来，财政对农业补贴方式多采用"暗补"方式，即财政资金不直接以财政拨入的方式进行，而是通过流通渠道间接地给予补贴。这种方式体现在农业中，带有一种"补助"性质，但这种"补助"并不为大多数生产者所知晓，对生产的直接刺激力度不大，且容易流失。第四，粮食安全储备补贴较大，补贴政策项目比重较高。

（资料来源：搜狐网）

三、进口配额和自愿出口限制

进口配额（import quota）也称进口限额，一国对于各种商品在一定时期的进口数量或金额事先加以规定。在规定的数量、金额范围内方可进口，超过范围则不许进口，或实行许可证制。关税和配额的结合产生了关税配额。在关税配额（tariff rate quota）下，向超过配额的进口商品征收的关税超过配额内的。

自愿出口限制，是指出口国在进口国的要求或压力下，自动限定某一时期内某些商品的出口数量或金额，出口国超过限额即自行停止出口。自愿出口限制是由出口国单方面采取和执行的行动，称它为"自愿"，是指出口国具有取消或修改限制措施的正式权利。

实行自愿出口限制通常是由于进口国施加了压力，因此，人们可以认为出口限制属于"自愿"性质，那只是由于出口国觉得这种限制比进口国可能建立的替代性贸易壁垒较为可取而已。此外，在一种没有竞争的、特别是寡头垄断的工业中，出口公司可能发现谈判一项自愿出口限制对它们有利，那时的出口限制才真正是"自愿"的。

与实行关税和补贴一样，进口配额和自愿出口限制通过限制进口竞争有利于国内生产商。与所有限制贸易的措施一样，配额对消费者不利。进口配额或自愿出口限制总是提高进口商品的国内价格。当通过进口配额或自愿出口限制把进口数量限制在市场份额的一个很低的比例时，价格将由于有限的外国供给而被哄抬。当供给受到人为的进口配额限制时，生产者得到的这种额外利润被称为配额租金（quota rent）。如果国内某一产业缺少满足市场需求的能力，进口配额会同时提高国产商品和进口商品的价格。

【思考题 3-12】
进口配额和自愿出口限制对谁有利？对谁不利？为什么？

 拓展阅读

杨敏德，麻省理工学院学士学位及哈佛大学商学院工商管理硕士学位，上海纺织商人杨元龙的长女，溢达集团主席兼行政总裁，2015 年 9 月上榜《财富》杂志亚太最具影响力的 25 位商界女性，在业界有"配额女王"之称。国家配额不足，就立足国际，寻求发展，在中国、马来西亚、毛里求斯、斯里兰卡和越南等地均设有生产基地。业务范围涵盖棉花种植、纺纱、织布、染整、制衣、辅料、包装和零售等，提供一站式衬衫服务，是目前全球最大的全棉衬衫制造及出口商。溢达集团的业务拓展至世界各地，集团每年向 Ralph Lauren、Tommy Hilfiger、Nike、Hugo Boss、Lacoste、Bestseller、Muji、安踏及七匹狼等世界知名时装品牌供应超过 1 亿件衬衫。

四、国产化规定

国产化规定也称当地成分要求，是对生产商在当地的价值增值活动即在当地进行生产的要求，可表述为实物条款（如产品部件的 75% 必须在当地生产）或价值条款（如产品价值的 75% 必须在当地生产）。作为一种直接的贸易壁垒，国产化规定通过要求进口商在国内进行进一步加工，增加了进口商的成本，从而达到抑制进口的目的。

从零部件国内生产商的角度看，国产化规定提供了与进口配额同样的方式限制外国竞争，保护本国产业；国内生产商得益，但进口的限制提高了进口部件的价格；进口部件价格的上升会传递到成品价格上，进而损害了消费者利益。

五、行政管理政策

行政管理的贸易政策（administrative trade policies）是指通过烦琐的政府规章制度提高进口品进入一个国家的难度。与所有贸易政策措施一样，行政管理措施有利于生产者而使消费者难以获得高品质的外国产品。

六、反倾销政策

倾销（dumping）是产品以低于其正常价值的价格出口到另一国家（或地区）的行为。倾销被看作企业在外国市场上消化过剩产品的方式。有些倾销可能是掠夺行为的结果，生产商利用国内市场的大量利润补贴国外市场的低价，以便把外国市场上的竞争者挤出市场，一旦成功，掠夺性企业便可以抬高价格并赚取大量利润。

反倾销政策（antidumping policies）是指对外国商品在本国市场上倾销所采取的抵制措施。一般是对倾销的外国商品除征收一般进口税外，再增收附加税，使其不能廉价出售，此种附加税称为"反倾销税"。

出口调查：
反倾销陷阱

📖 案例讨论

美国对中国苹果汁的反倾销

作为全世界最大的市场，美国一直是中国企业和中国产品的重点开发对象。但是近年来，随着一个又一个来自美国的反倾销调查，这个最大的市场开始对部分中国产品说"不"。面对美国的反倾销，大部分中国企业选择了应诉。但是，在反倾销案被美国行政当局终裁之后，很多企业并不知道，这并非案件的最终结果。根据美国法律的规定，即使是终裁，也有将案件扳回的可能，这个途径就是上诉。中国苹果汁应对美国反倾销调查中取得了一些斩获，它的经历颇能说明问题。

中国是苹果生产大国，苹果汁对美出口量一直很大。1998年10月，有消息从美国传来，由于中国苹果汁大量进入美国市场，价格持续走低，美国同行准备对中国苹果汁企业发起反倾销诉讼。当时中国的浓缩苹果汁95%依赖出口，美国又是最大的市场。美国市场一旦受阻，对中国的果农和苹果汁生产企业无疑是一场灭顶之灾。

在这种危机的情况下，中国食品土畜进出口商会未雨绸缪，于1998年11月在苹果生产大省陕西召开紧急会议，为即将到来的反倾销较量做动员。商会的态度非常明确，团结一致，坚决应诉才是企业保住美国市场的唯一出路。在商会的动员、协调下，国投中鲁果汁股份有限公司、陕西海升果业发展股份有限公司等11家企业表态应诉。

1999年6月，美国苹果汁协会向美国主管机构提出反倾销调查申请。在起诉书中，该协会要求对来自中国的浓缩苹果汁征收91.84%的反倾销税。随后，美国调查机构立案。中国方面，有11家企业参加应诉（后一家中途退出）。2000年6月，美国方面做出终裁，中国企业损害成立。

美国商务部裁决的税率为0至27.57%，应诉企业加权平均税率为14.88%，未应诉企业税率为51.74%。

尽管在这个裁决结果中，有中国企业获得了零税率，而且整体倾销幅度低于美国起诉方的请求，但是，中国企业仍然认为这个结果是不公正的。经过协商，他们一致决定将这场官司继续打下去。

2000年7月，9家应诉企业联名上诉至美国国际贸易法院（终裁零税率企业未参加上诉）。这场官司一打数年，直到2003年11月，美国国际贸易法院才做出终审裁决。根据终审裁决，中国10家应诉企业6家获零税率，4家获3.83%的加权平均税率，未应诉企业继续维持51.74%。根据美国法律，美国商务部在终审裁决后60天内可以上诉。美国商务部最终放弃上诉，并于2004年2月9日签署了反倾销修正令。

据介绍,这是中国农产品企业在反倾销案中首次"告倒"美国商务部。

从1999—2004年整整6个年头,中国苹果汁应诉美国反倾销大获成功,已经成为一个经典案例。

问题:为什么要采取反倾销政策?中国何以常被"反倾销"?对于国外的"反倾销"政策中国企业应该如何应对?

(资料来源:豆丁网)

思政链接

二十大报告传递中国开放政策新信号

构建新发展格局是开放的国内国际双循环,不是封闭的国内单循环。高水平对外开放是实现高质量发展的内在要求。党的十八大以来,我国开放的大门越开越大。党的二十大报告明确指出,要推进高水平对外开放,稳步扩大规则、规制、管理、标准等制度型开放,加快建设贸易强国,推动共建"一带一路"高质量发展,维护多元稳定的国际经济格局和经贸关系。

一、外贸成绩单

十年来,我国货物贸易进出口量连创新高,2017年以来,我国已经连续五年保持世界货物贸易第一大国地位。

这十年也是"中国制造"向"中国智造"转型的十年,我国出口主导产业逐渐由传统劳动密集型产品向高新技术产业转型升级,出口产品的质量、档次和附加值不断提高。

在国际市场需求下滑、中美贸易摩擦、新冠疫情等不利影响下,中国外贸"韧性"依然强劲。

在一系列稳外贸稳外资政策支持下,2021年,中国货物贸易进出口总值同比增长21.4%,2022年前8月,中国进出口规模同比增长10.1%,连续近两年保持两位数高速增长。

二、外贸关键词

· 对外开放

在首场记者招待会上,国家发展改革委相关发言人表示,接下来将和有关方面一起,就如何推进高水平对外开放出台一

二十大报告有关贸易的解读

系列措施。包括：加大制造业引资的力度，着力解决外商投资企业面临的突出问题；进一步推动重大外资项目落地；进一步优化外资企业的服务。

- **一带一路**

自2013年提出"一带一路"倡议以来，中国已同149个国家和32个国际组织签署了合作文件，形成3 000多个合作项目，投资规模近1万亿美元。数据显示，2021年，中西部地区外贸总额是十年前的2.5倍，占全国的比重从2013年的12%提升到17.7%。其中，重庆、郑州等城市的外向型产业年均增速达到30%左右。

二十大时光
"一带一路"
建设之路
越走越有信心

- **跨境电商**

跨境电商是近十年来发展最快的行业之一。作为对外贸易进入新发展阶段的创新实践，跨境电商不仅可以支撑外贸提质增效，也是我国外贸创新发展的新动能。数据显示，2021年我国跨境电商进出口规模达到了1.98万亿元，同比增长了15%。

- **外贸新增长**

到2035年，我国发展的总体目标是：经济实力、科技实力、综合国力大幅跃升，人均国内生产总值迈上新的大台阶，达到中等发达国家水平。外贸作为拉动经济增长的"三驾马车"之一，对稳定经济、促进发展发挥着重要作用。未来，外贸从业者、跨境卖家将迎来诸多增长机遇，需紧抓政策红利，加快产业转型升级，提供更多高技术、高附加值产品，才能乘上"出海"东风！

三、商务部原副部长、中国国际经济交流中心副理事长魏建国对二十大报告中有关对外开放的解读

二十大报告对于中国对外开放未来路线图都给予了清晰的描述。

第一，推进高水平对外开放意味着，二十大以后中国开放的大门将会进一步敞开，"中国对外开放的大门是敞开的，接下来会比前十年有更大的开放，会是一个升级版"。

第二，在高水平开放的内涵方面，报告有两点内容为首次提出。"稳步扩大规则、规制、管理、标准等制度型开放，这是以前从没有提到的"。以前主要提规则，现在是包括规制、管理、标准在内的制度型开放提上了议事日程，表明了我们加快开放的态度。

在社会主义市场经济条件下，政府对于有碍于市场经济发展的行为和管理提供纠正和改善的规矩和制度，以克服一些弊病，这是接下来高水平开放的关键。除了规制和管理，"在市场经济条件下，标准等的制度型开放，这是把中国的对外开放进一步提级了"。

"维护多元稳定的国际经济格局"也是首次提出，其中的关键词是多元和稳定。中国要推进的不是单边保护主义，更不是霸权主义，而是适应当前全球经济格局的多边主义。同时，要维护的国际经济格局不仅仅是多元的，还要稳定，"不能大起大落、反反复复，不能说了话不算数，也不能加大地区差别或贫富差别，这是非常重要的"。

第三，报告提出推动共建"一带一路"高质量发展，这意味着中国不仅仅要推动构建人类命运共同体，更重要的是实现高质量发展。

数据显示，2012年至2021年的10年里，中国外贸规模从24.4万亿元人民币增加到39.1万亿元人民币，国际市场份额从10.4%提高到13.5%，全球货物贸易第一大国地位更加巩固。与此同时，中国贸易结构持续优化，与"一带一路"沿线国家贸易规模占外贸总值比重持续增加，跨境电商迎来高速发展。

"现在中国货物贸易总额已经居世界第一了。如何通过货物贸易，带动服务贸易，进而吸引更多外资和对外投资，这时候就需要更大范围、更深层次的对外开放格局。"这时候也更希望市场主体，特别是民营企业能够"走出去"。中国已经是一百四十多个国家和地区的主要贸易伙伴，这为各个地区和企业提供了国际合作平台，接下来还要"通过中国自身的发展，为世界提供新的机遇"。

面对全球复杂的经济局势，中国也面临不少挑战。中国要做好应对的准备，可以确定的是，中国对外合作必将采取更积极也更主动的姿态参与到国际分工中。对于全球产业链、供应链和价值链，中国的态度也会是积极的、主动的。

在今后的改革开放中，中国将出台更多有利于加强对外合作、同世界各国互利共赢的积极举措，特别是在规则、标准以及融通各国基础设施建设等方面，同时也会从贸易和基础设施，发展到产业、经贸、科技、人文等更广泛的领域，这是大势，也会是接下来整个中国开放的亮点表现。

（资料来源：今日头条，网易，央视网）

复习思考题

一、判断题

1. 重商主义原则将贸易视为正和博弈。（ ）
2. 如果一个国家生产一种产品方面比其他任何国家效率都高时，那么该国在这一产品的生产中就拥有绝对优势。（ ）
3. 亚当·斯密认为各国应该专门生产他们拥有绝对优势的商品。（ ）
4. 比较优势理论认为，贸易是一个正和博弈，各参与方均能获得经济利益。（ ）
5. 随着成本递增或边际生产率递减，各国将更加专业化于生产出口产品，因此机会成本将随之下降。（ ）
6. 资源总是很容易从一种产品的生产转向另一种产品的生产。（ ）
7. 在要素禀赋理论中，如果一国工人平均占有的资本量多于其他国家，那么该国在资本密集型产品上具有比较优势。（ ）
8. 如果 A 国生产 1 单位 X 物品要放弃 3 单位 Y 物品，B 国生产 1 单位 X 物品要放弃 4 单位 Y 物品，那么，A 国在生产 X 物品时有比较优势。（ ）
9. 一般来说，规模较小的国家对外贸易依存度较高。（ ）
10. 只要一国的出口大于进口，那么该国必然是有利的。（ ）

二、选择题

1. 在斯密的绝对优势贸易理论中，（ ）。

    A. 所有产品均具有绝对优势的国家最终将获得全部黄

金和白银

    B. 具有绝对优势的国家将获得大量贸易余额

    C. 如果两个国家分别出口本国劳动成本相对较低的产品，将同时从贸易中获益

    D. 如果一国不用关税壁垒保护本国产业，将丧失绝对优势

2. 李嘉图的比较优势理论指出，（　　）。

    A. 贸易导致不完全专业化

    B. 即使一个国家不具有绝对成本优势，也可以从出口绝对成本劣势相对较小的产品中获益

    C. 与不具备绝对成本优势的国家相比，具有绝对成本优势的国家可以从贸易中获利更多

    D. 只有具备比较优势的国家才能获得贸易余额

3. 如果一个阿根廷工人能生产 3 蒲式耳小麦或 1 辆汽车，而一个巴西工人能生产 4 蒲式耳小麦或 2 辆汽车，则（　　）。

    A. 巴西在小麦和汽车生产上都具有绝对优势，而阿根廷没有比较优势

    B. 阿根廷在小麦和汽车生产上都具有绝对优势，而巴西没有比较优势

    C. 巴西在小麦和汽车生产上都具有绝对优势，而阿根廷在汽车生产上具有比较优势

    D. 巴西在小麦和汽车生产上都具有绝对优势，而阿根廷在小麦生产上具有比较优势

4. 在赫克歇尔-俄林要素禀赋理论中，（　　）。

    A. 要素禀赋有高级要素和基础要素两种

    B. 劳动是唯一的相关生产要素

    C. 一国的比较优势取决于劳动和资本等特定生产要素相对于其贸易伙伴的拥有情况

    D. 拥有充裕劳动力的国家将在劳动密集型产品上具有比较优势

5. 下列说法符合波特钻石模型理论的是（　　）。

    A. 如果国内竞争太激烈，或消耗企业资源，难以在国

际上获得竞争优势

B. 如果一个国家自然资源匮乏，企业很难建立竞争优势

C. 相关产业的崛起，对行业成功至关重要

D. 人力资源属于基础要素禀赋

6. 只要两国之间存在生产成本上的差异，即使其中一方处于完全的劣势地位，国际贸易仍会发生，而且会使双方均获得收益，该观点的理论依据是（　　）。

A. 绝对优势理论

B. 比较优势理论

C. 赫克歇尔-俄林理论

D. 规模经济理论

三、名词解释

1. 绝对优势　　2. 比较优势　　3. 要素禀赋
4. 倾销　　5. 规模经济

四、简答题

1. 要素禀赋理论的主要内容是什么？
2. 简述波特的钻石模型理论。
3. 政府贸易政策应该首先关心谁的利益——生产者（企业及其雇员）还是消费者？
4. 利用关税为什么能促进国内生产？

五、分析题

世界上最贫穷的国家生产效率低下，各个经济部门都处于竞争劣势。它们没有资金，土地质量低，通常在给定工作机会下有太多劳动力，而这些劳动力没有受过良好的教育。因此，自由贸易不可能使得这样的国家获得利益。请分析这句话。

第四章
国际直接投资

学习目标

通过本章的学习，你应该可以认识当今世界经济的国际直接投资趋势，理解国际直接投资的不同理论，了解政治意识形态对国际直接投资政策的影响，分析国际直接投资对母国和东道国的利弊。

开篇案例

中国人寿的伦敦之旅

2014年6月，中国人寿保险和主权基金卡塔尔控股公司联合宣布以总价7.95亿英镑（约84亿元人民币）收购伦敦地标性摩天楼——位于金丝雀码头的10 Upper Bank Street 大楼。在交易完成后，中国人寿将持有10 Upper Bank Street 大楼70%股权，卡塔尔控股将持有20%股权，金丝雀码头集团持股10%。该笔交易为2014年中国企业跨境收购房地产业的最大一笔交易。

资料显示，英国金丝雀码头是英国首都伦敦一个金融区和购物区，正成为与伦敦金融城争锋芒的新兴CBD，汇丰银行和花旗银行已经在该区域内的两座标志性建筑内落户。而10 Upper Bank Street 大楼是全英国五家占地超过1 000万平方英尺（92.9平方米）的办公楼之一，这五所办公楼都位于金丝雀码头商业集群地带。该大楼到2014年为止每年的租金收入是 4 435 万英镑，大部分租约将持续到 2028 年。因此，该大楼能创造巨大的租金收益，中国人寿占 70%控股权，所能得到的回报收益也很可观。

2015 年，中国人寿完成对伦敦核心地区办公物业——位于伦敦金融城核心区域的甲级写字楼 99 Bishopsgate 的投资。此项投资是中国人寿继 2014 年底成功投资伦敦金丝雀码头 10 Upper Bank Street 项目后，对伦敦核心办公物业的再度成功投资。

本次收购的物业 99 Bishopsgate 是一栋位于伦敦金融城最核心位置的标志性甲级办公楼，资产总价值约 3.4 亿英镑，区位优势明显，距离一些伦敦重要机构和著名景点都在步行范围以内，且毗邻伦敦重要枢纽利物浦车站，交通十分便利。办公楼总建筑面积约 3.2 万平方米，共 26 层，是金融城少有的优质高层建筑。办公楼处于满租状态，主力租户为瑞生律所和德意志银行，且平均剩余租期较长，未来现金收益稳定可期，具有良好的投资价值。从国家整体战略环境看，随着政府鼓励各类所有制企业有序境外投资的政策导向更加明确，国内险资另类投资规模不断扩大，增长迅速，投资布局也不再局限于国内，一些企业将目光放置海外。

中国人寿海外不动产方面已成功投资多起，创造了巨大财富。此次伦敦金融城项目的成功投资，进一步扩大了中国人寿在伦敦核心区域优质不动产的配置规模，有效提升了中国人寿在全球范围内的投资竞争力与品牌影响力。

（资料来源：人民网和澎湃新闻网）

20 世纪 90 年代以来，世界上大多数国家都放松了对 FDI 的限制，政策和管制趋向自由化。国际资本流动频繁，数量持续增长，范围不断扩大，流向发展中国家的国际直接投资也迅速上升。国际直接投资对于实现生产要素的国际转轨和重新配置、促进各国经济发展、加强世界各国之间的经济联系发挥了重要的作用，已成为各国融入世界经济的一个主要途径。

通过这一章的学习，我们可以回答以下问题：

- 什么是国际直接投资？

- 国际直接投资的方式有哪些？
- 国际直接投资对东道国和母国分别有何影响？
- 如何运用政府的政策工具来管理跨国公司国际直接投资活动？

近年来，跨国经营浪潮席卷全球，国际投资规模日益扩大，发展中国家国际直接投资日趋活跃，区域内相互投资日趋扩大，跨国并购成为一种重要的投资形式，是经济高速增长的主要支柱之一。那么，什么是国际直接投资？国际直接投资对母国和东道国各有什么利弊？本章首先讲述国际直接投资的相关概念与趋势，然后介绍国际直接投资的各种理论，最后分析政府有关国际直接投资的政策及其影响。

第一节 国际直接投资的趋势

【思考题 4-1】
什么是 FDI（Foreign Direct Investment）？

一、国际直接投资的概念

（一）国际直接投资

国际直接投资（international direct investment），又称外国直接投资（foreign direct investment，FDI），是现代资本国际化的主要形式之一，是指投资者为了在国外获得长期的投资效益，并得到对企业的控制权，通过直接建立新的企业或并购原有企业等方式进行的国际投资活动。

关于国际直接投资的本质，有的学者强调"经营资源"，尤其是企业的无形资产，有的学者则强调"控制权"。相关国际机构、政府部门与理论界，例如联合国跨国公司与投资司、国际货币基金组织、WTO、美国商务部等，认为国际直接投资与国际间接投资的根本区别在于是否获得被投资企业的控制权，因为 FDI 所形成的无形资产处于核心地位，而货币资本则处于非常次要的地位，只能进行间接投资，所以，FDI 不仅直接参与经营管理，而且其直接目标就是获得被投资企业的控制权。

（二）国际间接投资

国际间接投资（international indirect investment），又称对

外间接投资（foreign indirect investment，FII），是与国际直接投资相对应的概念，是指以资本增值为目的，以取得利息或股息等为形式，以被投资国的证券为对象的跨国投资，即在国际债券市场购买中长期债券，或在外国股票市场上购买企业股票的一种投资活动。国际间接投资者并不直接参与国外企业的经营管理活动，其投资活动主要通过国际资本市场进行。对外证券投资是指企业以购买股票、债券等有价证券方式向其他企业注资，以期获取收益或其他长远权利的投资行为，它属于国际间接投资。

（三）国际直接投资的存量和流量

国际直接投资有存量和流量之分。国际直接投资的存量（stock of FDI）是指在某个时点上所拥有的外国资产的累计总量。国际直接投资的流量（flow of FDI）是指一国在一定时期内（一般以一年计算）发生的国际直接投资的数量。一国在一定时期内对外直接投资的流出量称为国际直接投资的流出量，即对外直接投资（outflows of FDI）；而一国在一定时期内吸收国外的直接投资量称为国际直接投资流入量，即外来直接投资（inflows of FDI）。

【思考题4-2】
对外证券投资属于国际直接投资吗？

2020年中国对外直接投资流量全球第一

（四）国际直接投资的分类

1. 纵向型投资、横向型投资和混合型投资

从子公司与母公司的生产经营方向是否一致可以分为横向型投资、纵向型投资和混合型投资三种类型。

横向型投资，也称水平投资，是指国际企业通过向国外同行业投资，提高自己的生产能力和扩大经营活动范围，可以实现规模经济，提高资源利用率。

纵向型投资，也称垂直投资，是指国际企业在其产品或服务的生产、销售、交付等多个环节的国外投资安排。最典型的是为获得石油资源而进行的对中东石油生产的投资，这种垂直投资逐渐演变成制造业的国际直接投资。其包括前向垂直整合，投资于价值链下游机构、营销和销售机构，以提高产品销售能力；后向垂直整合，投资于上游机构，如生产、装配工厂，以获得国外生产能力。

混合型投资，是指跨国公司在国外投资生产与母公司产品完全不同的产品。目前只有少数巨型跨国公司采取这种方式。

2. 绿地投资和并购

根据从投资者是否新投资创办企业的角度，国际直接投资可分为绿地投资和并购两种形式。

绿地投资又称创办新企业，即投资者直接到国外进行投资，建立新厂或子公司和分支机构。绿地投资会直接导致东道国生产能力、产出和就业的增长。绿地投资作为国际直接投资中获得实物资产的重要方式是源远流长的。早期跨国公司在海外拓展业务基本上都是采用这种方式。绿地投资有两种形式：一是建立国际独资企业，其形式有国外分公司、国外子公司和国外避税地公司；二是建立国际合资企业，其形式有股权式合资企业和契约式合资企业。

并购即收购外国现有的企业或公司等，包括跨国兼并和跨国收购。跨国兼并是指两个不同国家企业的资产和经营结合成一个新的法人实体。跨国收购有三种情况：第一种是收购少数股权，即外国企业获得某国企业10%~49%具有投票权的股份；第二种是绝对控股，即外国企业持有50%~99%的股权；第三种是收购全部股份，即获得100%的股权。

3. 合资企业与独资企业

根据投资者对外投资的参与方式的不同，可以分为合资企业和独资企业。

【思考题4-3】
企业在考虑国际直接投资时偏好收购还是新设投资？为什么？

合资企业，是指跨国公司在东道国境内同东道国企业或其他经济组织共同投资创建企业，共同经营、共担风险、共负盈亏的经营方式。

独资企业，是指外国企业单独在东道国投资建立企业，采取自行管理的经营方式。取得企业100%所有权，对企业运营活动有完全管理控制权。

随着国际投资的深入，越来越多的公司采用利润进行再投资的形式开展国际直接投资，即投资者把通过直接投资所获得利润的一部分或全部用于对原企业的追加投资。

因为绿地投资方式需要大量的筹建工作，建设周期长，速度慢，缺乏灵活性，对跨国公司的资金实力、经营经验等有较高要求，不利于跨国企业的快速发展，所以企业在国际直接投资时更倾向于跨国并购。相对来说，并购比绿地投资执行起来更快；再加上收购外国企业是因为这些企业拥有有价值的战略资产，如品牌忠诚度、客户关系、商标或专利、分销系统、生产系统等，购买这些资产要比新设投资从头开始创建这些资产相对容易，而且风险或许更小。

但对欠发达的东道国来说，工业化程度较低，新建投资可能是跨国企业投资更优的选择。创建新企业意味着生产力的增加和就业人员的增多，而且能为东道国带来先进的技术和管理，并为经济发展带来新的增长点，而并购东道国现有企业只是实现资产产权的转移，并不增加东道国的资产总量。因而，发展中国家一般都会采取各种有利的政策措施，吸引跨国公司在本国创建新企业，这些有利的政策有助于跨国公司降低成本，提高盈利水平。跨国企业也可以选择符合全球战略目标的生产规模和投资区位。比如，海尔集团选择在美国南卡罗来纳州的汉姆顿建立生产基地，是因为其地理位置优势。汉姆顿生产基地是海尔独资企业，电冰箱厂生产能力原为年产20万台，以后逐渐扩大到年产40万~50万台。

二、国际直接投资的趋势

20世纪80年代以来，世界经济呈现较快增长，全球贸易投资自由化步伐加快，国际直接投资进入"黄金发展期"，国际直接投资流量和存量都呈现急剧的增长，其增长速度远远超过了世界贸易和产出的增长速度。出现这一现象的原因有二：一是企业把国际直接投资当作回避贸易壁垒的方法；二是许多发展中国家出台了有利于国际直接投资的政策。在亚洲、东欧和拉丁美洲的大部分地区，经济增长、经济自由化、对外国投资者开放的私有化计划和取消许多针对国际直接投资的限制，使得这些国家对外国跨国公司的吸引力进一步增强。

据联合国贸易和发展会议统计，1999年，全球外国直接投资流入额达8 655亿美元，流出额达7 999亿美元。1982—1999年，全球外国直接投资流入年均增长率为17.2%，其中1998年和1999年分别达到43.8%和27.3%，2000年增长率超过25%。1999年，全球外国直接投资总额占世界国内生产总值的 3%，占全球资本形成总额的 14%。

自 21 世纪以来，受世界经济低速增长的影响，不利于国际直接投资的法规修订数量有所增加，全球 FDI 流量呈波动态势。2001 年以来，国际直接投资连年下降，随着世界经济形势的好转和跨国经营状况的改善，从 2004 年起，国际直接投资开始回暖，重拾上升轨道。2020 年受新冠疫情影响，全球对外直接投资总额下降了 1/3 以上，是自 2005 年以来的最低水平，比 2009 年全球金融危机后的低谷低了近 20%。2021 年，国际直接投资流量强劲反弹，从 2020 年的 9 290 亿美元增长 77% 至约 1.65 万亿美元，超过了新冠疫情前的水平（如图 4-1 所示）。

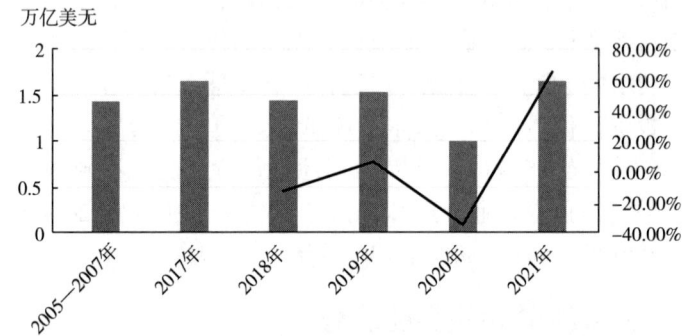

图 4-1　2005—2020 年全球 FDI 流量情况

（资料来源：《世界投资报告》，前瞻产业研究院整理。）

尽管一些国家近些年国际直接投资流量呈下降趋势，但旨在保护和促进两国之间投资的双边投资条约数量的急剧增加，依然表明各国政府在总体上仍希望促进国际直接投资。世界经济的全球化也对国际直接投资的数额具有积极影响。许多企业深信，在靠近主要客户的地方建造生产设施十分重要，这也成为促进国际直接投资的动力。

国际直接投资的动机

1. 利润驱动：增值是资本运动的内在动力，利润驱动是一切资本输出方式形成的共有动机。

2. 生产要素驱动：利用国外较丰裕或低廉的生产要素（资源、劳动力）以满足本国的生产需要或降低生产成本。

3. 市场驱动：占领国外市场，消化过剩资本。

4. 政治性动机：控制东道国经济、资本外逃（在本国紧的政策下寻求新的投资场所）、战争、动乱、通货膨胀、管制、政策等方面。

5. 利用外资：为了本国的经济发展，对外开放。

三、国际直接投资的方向

20世纪八九十年代，美国常常是吸引外来直接投资的主要目的地。这是因为其享有广阔和购买力强劲的国内市场，以及具有活力并且稳定的经济、有利的政治环境以及对国际直接投资的开放政策。近些年，尽管发达国家仍然吸引了最多的外来直接投资，但流向发展中国家的国际直接投资也迅速上升。流入发展中国家的国际直接投资主要集中在南亚、东亚和东南亚新兴国家。其中最主要的是中国在吸引外来直接投资方面的地位不断上升。

在其他因素不变的情况下，一国的资本投资越多，其未来的发展前景越光明。根据这一观点，外来直接投资可以看作资本投资的重要来源和未来经济增长率的决定因素。

【思考题 4-4】
目前对外直接投资主要流向哪里？

【小组讨论 4-1】
中国企业对外直接投资的主要目的地是哪里？

拓展阅读

在 2020 年全球约 1 万亿美元的 FDI 中，流入发达经济体的 FDI 为 3 120 亿美元，同比下降 58%，占总体的比重为 31%，是过去 25 年的最低水平。与之相比，流入发展中经济体的 FDI 仅下降了 8% 至 6 630 亿美元，占比约为 66%，表现出较强的韧性。流入转型期经济体的 FDI 为 240 亿美元，同比下降 58%，占总体的比重为 3%（见图 4-2）。跨国并购（M&A）下降了 11%，宣布的绿地投资项目也下降了 16%，项目融资交易下降了 28%。

2021 年，中国对外直接投资流量达 1 788.2 亿美元，比上年增长 16.3%，连续 10 年位列全球前三。2021 年末，中

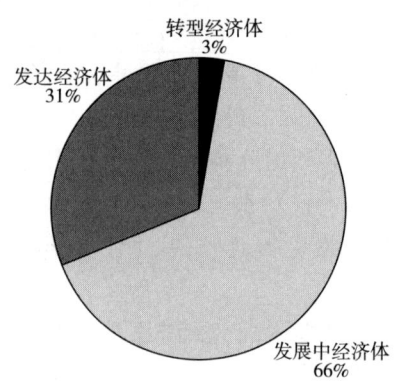

图 4-2　2020 年全球 FDI 经济体分布

（资料来源：《世界投资报告》，前瞻产业研究院整理。）

国对外直接投资存量为 2.79 万亿美元，连续 5 年排名全球前三。2021 年，中国双向投资规模基本相当。

截至 2021 年底，中国在"一带一路"沿线国家设立企业超过 1.1 万家，约占中国境外企业总量的 1/4。2021 年，对"一带一路"沿线国家直接投资 241.5 亿美元，创历史新高，占中国全年对外投资流量总额的 13.5%；年末存量为 2 138.4 亿美元，占存量总额的 7.7%。

四、国际直接投资的来源

二战以来，美国一直是最大的国际直接投资来源国，其他重要的来源国包括英国、法国、德国、荷兰和日本。这些国家之所以占有主导地位，是因为它们在战后的大部分时期里是经济规模最大、最发达的国家，因而是许多规模最大、资本化程度最高的企业的母国。其中的许多国家还是历史悠久的贸易国家，因而很自然地把国外市场看作推动本国经济的动力。

 **拓展阅读**

从全球 FDI 流出额排名来看，2020 年中国的对外直接投资高达 1 330 亿美元（见图 4-3），成为世界上最大的投资者。

中国跨国公司跨境并购的价值翻了一番，主要是由于中国香港的金融交易。"一带一路"倡议的持续扩张也使中国在新冠疫情期间展现了弹性的外国直接投资。

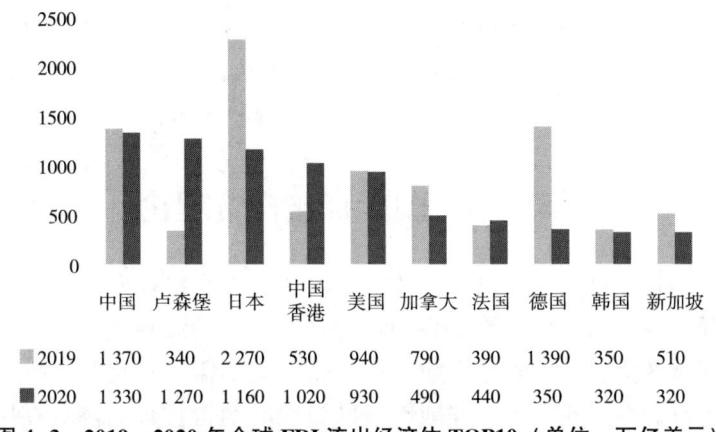

图4-3　2019—2020年全球FDI流出经济体TOP10（单位：万亿美元）

（资料来源：《世界投资报告》，前瞻产业研究院整理。）

新设外企数量大幅增长印证外商对华投资信心

商务部新闻发言人高峰2023年6月17日表示，我国吸收外资实现较快增长，尤其是新设立外商投资企业数量大幅增长，充分说明外国投资者对中国营商环境的认可和对在华长期投资的信心。2021年前5个月，全国实际使用外资金额4 810亿元，同比增长35.4%，较2019年同期增长30.3%。全国新设立外商投资企业18 497家，同比增长48.6%，较2019年同期增长12.4%。高峰在商务部2021年6月17日召开的例行新闻发布会上评价说，从前5个月数据看，外国投资者仍然继续看好中国经济发展前景和中国市场的巨大潜力。

"包括欧洲企业在内的各国投资者用实际行动说明，中国仍然是全球外商投资的重要目的地。"对于吸引外资面临的挑战，高峰分析说，当前全球新冠疫情发展仍具有较大不确定

【思考题4-5】
　　中国的外资主要来自哪些国家？

性，世界经济复苏仍不均衡，各国竞相出台产业扶持政策，跨国企业可能会调整全球产业链供应链布局等，都成为我国利用外资面临的不确定因素，形势依然复杂严峻。

商务部将持续推动建设高水平开放平台，扩大外商投资市场准入，加强重点外资企业和项目服务保障，不断优化营商环境，让更多外国投资者搭上中国发展快车。

（资料来源：新华社）

第二节　国际直接投资理论

【思考题4-6】
企业可以通过哪些方式进入国外市场？

企业可以通过出口、技术授权和对外直接投资来开展国际商务活动。出口涉及在国内生产货物，然后将其运送到购买这些货物的国家。在出口时，企业就不需要承担与对外直接投资有关的成本，并能够借助当地的销售代理商降低在国外销售产品的风险。技术授权是赋予外国公司（接受方）生产和销售其产品的权利，并对其销售的每一个产品收取转让费。当企业允许其他企业通过技术授权生产产品时，成本和风险就由接受方承担。

【思考题4-7】
相比出口和技术授权，对外直接投资显然风险更高，为什么还有这么多企业偏好对外直接投资而不是出口或技术授权？

与出口和技术授权相比，对外直接投资不仅成本高，而且风险大。但是，出口和技术授权有时满足不了企业在成本控制、营销控制等方面的需要。

企业的出口经常受到运输成本和贸易壁垒的制约。运输成本提高了出口商品的成本和在进口国市场的销售价格，只有当运输成本小于国际市场价格减去出口国国内价格时才能获利。对于那些分量重而价值低的产品以及几乎在任何地方都能生产的产品（如水泥和软饮料等），在出口方面的吸引力就会下降。外国政府通过对进口商品实行关税和非关税壁垒，使得出口成本比企业实行对外直接投资和技术授权时的成本高，也不利于出口。

物流运输成本的增加成为当下外贸企业躲不开的挑战。

商务部国际贸易经济合作研究院副研究员田原表示：一方面，运输及库存成本大幅上升导致企业利润受到侵蚀；另一方面，物流不畅导致出口订单违约率上升，也严重影响出口企业的接单效率。

"即便从最低位来看，海运价格也比之前上涨了 30%~40%，巴西航线价格最高出现了 10 倍涨幅。"跨境电商平台慕晨国际 CEO 花广宇表示，"以前从中国到巴西的标准箱价格为 1 100 美元，运价上涨后，该航线一个标准箱的运价最高涨到 14 800 美元"。

亚马逊家用新能源充电桩品类的头部卖家佛山大绿新能源有限公司（以下简称"大绿新能源"）负责人表示："我们一般采取海运的方式将货物运至海外仓，但海运价格的上涨与时间的不确定性是公司这些年经营面临的最大挑战。以往海运发货大概是 7 元/公斤，现在平均 18 元/公斤，有时候还会碰到有钱也订不到发货柜的情况。"

空运情况亦不乐观。"我们的产品出口主要走空运，但今年空运费用上涨不少。另外，受疫情等因素影响，发货的人工成本大大增加。"在深圳从事网络终端产品出口的韩女士表示，"物流成本的增加稀释了公司大部分利润。"

除了物流费用激增，运输时间的不确定性也困扰着诸多外贸企业。

大绿新能源方面表示，以前从国内运输货物至美国海外仓一般需要 25 天，现在要 50~60 天，时间上存在很大的不确定性。

机械设备企业广州亨龙智能股份有限公司也面临着同样的挑战。公司相关负责人表示，像电阻焊机器这类大型机械设备，都是通过海运的方式运输至海外，但目前部分航线停航，货物出关时间变长，一般都要 3 周以上。

（资料来源：澎湃财经）

自 20 世纪 60 年代以来，经济学家对企业开展国际直接投资可以获得的利益也进行了探讨，形成了相关的国际直接投资理论。经济理论界一般认为有代表性的国际直接投资理论主要有内部化理论、战略行为理论、产品生命周期理论和折中范式理论。

一、内部化理论

内部化理论是西方跨国公司研究者为了建立跨国公司理论提出和形成的理论观点，是当前解释对外直接投资的一种比较流行的理论。

20世纪70年代中期，以英国雷丁大学学者巴克利（Buckley）、卡森（Casson）与加拿大学者拉格曼（Rugman）为主要代表人物的西方学者，以发达国家跨国公司（不含日本）为研究对象，沿用了美国学者科斯（Coase）的新厂商理论和市场不完全的基本假定，于1976年在《跨国公司的未来》(*The Future of Multinational Enterprise*) 一书中提出了跨国公司的一般理论——内部化理论。

该理论从国际分工不通过世界市场而是通过跨国公司内部进行出发，研究了世界市场的不完全性和跨国公司的性质，主要回答了为什么和在怎样的情况下，到国外投资是一种比出口产品和转让许可证更为有利的经营方式。

内部化理论的核心思想为：由于市场的不完全，若将企业所拥有的科技和营销知识等中间产品通过外部市场进行组织交易，则难以保证厂商实现利润最大化目标；若企业建立内部市场，可利用企业管理手段协调企业内部资源的配置，避免市场不完全对企业经营效率的影响。企业对外直接投资的实质是基于所有权之上的企业管理与控制权的扩张，而不在于资本的转移。其结果是用企业内部的管理机制代替外部市场机制，以便降低交易成本，拥有跨国经营的内部化优势。

根据内部化理论，企业偏好对外直接投资主要有以下几个方面的原因：

一是若运输费用或贸易壁垒使得出口丧失吸引力，企业将偏好对外直接投资。

二是若技术授权对公司宝贵的技术和技能不能很好加以保护时（有可能转让给潜在的外国竞争对手），企业将偏好对外直接投资。

三是若企业需要牢牢掌握利润最大化所需要的制造、营销和战略控制权，严密控制外国公司，以便在这个国家的市场份额和利润能够实现最大化，则企业将偏好对外直接投资。

四是如果企业的竞争优势并非在于产品，而是在于生产这些产品的管理、营销和制造能力，这些软技能无法通过转让协议得到明确表述时，企业将偏好对外直接投资。

案例讨论

为什么同样的经营模式会产生不同的效果

1984年，美国的沃特·迪斯尼集团在美国加州和佛罗里达迪斯尼乐园经营成功的基础上，迈出了跨国经营的第一步：开设东京迪斯尼乐园。由于这是第一次在美国国外开设迪斯尼乐园，经验少，风险大，沃特·迪斯尼集团决定自身不投资、不参股，采用了向日方技术转让，收取转让费和管理服务费的进入方式，由日方的东方地产公司投资建造和经营东京迪斯尼乐园。结果是意想不到的成功，当年游客就突破了预计指标，达到1 000万人次，游乐支出达3 550万美元，比预计数高出1 550万美元。人均支出30美元，超过预计21美元近一半。到1990年时，东京迪斯尼乐园的游客人数已经达到每年1 400万人次，超过了美国加州迪斯尼乐园的游客人数。

东京迪斯尼乐园的成功大大增强了沃特·迪斯尼集团对于跨国经营的自信心，决定继续向国外市场努力，再在欧洲开办一个迪斯尼乐园。东京迪斯尼乐园的成功同时也使沃特·迪斯尼集团发现，以技术转让的方式进行跨国经营虽然风险小，所得的利润也相应有限。除去开办时的咨询费以外，沃特·迪斯尼集团的收入仅仅限于门票收入的10%和园内商品销售额的5%。于是，在开办第二个国外迪斯尼乐园——法国巴黎的欧洲迪斯尼乐园时，采取了股份合资的办法，投资18亿美元，在巴黎郊外开办了占地4 800公顷的大型游乐场。奇怪的是，虽然有了东京乐园的经验，又有了因占有49%股权所带来的经营管理上相当大的控制能力,但巴黎迪斯尼乐园的经营至今并不理想。不但巴黎乐园的第一年游客人数大大低于预计,而且人均游乐支出也大大低于预计水平,使得巴黎乐园的当年经营亏损达9亿美元,迫使巴黎乐园关闭了附设一所旅馆,解雇了950名雇员,全面推迟第二线工程项目的开发,巴黎迪斯尼乐园的股票价格从164法郎跌到68法郎,欧洲舆论界戏称欧洲迪斯尼为"欧洲倒霉地"。

企业选定了目标市场之后,选什么样的"市场进入"方式打入该国市场,是跨国经营成败的一个关键问题,也是国际商务研究中的一个前沿课题。

问题:

(1) 结合本案例,比较分析许可和直接投资的优缺点。

(2) 如果巴黎迪斯尼乐园不是合资而是采取许可方式进入,那么情况会怎样?

(3) 请结合本案例说明企业应如何选择合适的国际经营形式。

(资料来源:梁能. 国际商务[M]. 上海:上海人民出版社,2001)

二、战略行为理论

1973年,尼克博克出版了《垄断性反应与跨国公司》一书。他通过分析187家美国跨国公司的投资行为,发现在一些寡头垄断性行业中,外国直接投资很大程度上取决于竞争者之间的相互行为约束和反应。

尼克博克考虑到国际直接投资与寡头垄断行业竞争之间的影响关系,提出了寡头垄断行为理论,也称战略行为理论。该理论的依据是,国际直接投资体现了世界市场上企业相互竞争的战略。寡头垄断行业是由少数几家大公司组成的行业。这些行业的一个重要竞争特点是几家大公司之间相互依赖,即一家公司的行为会立即影响到其主要的竞争对手,迫使其做出同样的反应。他指出,寡头企业采取任何一项活动,其他企业都会效仿,力求缩小差距,降低风险,保持双方力量均衡,这就是寡占反应原理。企业进行国际直接投资的主要原因,是垄断企业模仿领头企业的竞争策略,为了与领头企业瓜分市场,在领头企业对外直接投资的刺激下,其他竞争企业也会模仿其战略,相继到同一市场上进行直接投资。

该理论认为,战后美国企业大举对外直接投资主要由寡占反应行为所致,投资主体是寡占行业少数几家寡头公司,它们的投资又大都在同一时期成批地发生。

寡头垄断行业的模仿行为可以采取许多形式。当两个或更多的企业在不同区域、不同国家或不同行业的市场相遇时,就形成了多点竞争。经济理论表明,企业力图在不同市场采取相对应的行动,以便相互牵制,使竞争对手不能在一个市场上获得完全支配地位。若竞争对手在国外进行生产,企业会担心竞争对手将拥有自身没有的全球性竞争优势和多国经营的种种优越性,用在该市场赚取的利润补贴其在其他市场发动的竞争攻势。面对这些威胁,企业必须追随竞争对手去国外投资,即使其预期利润率很低也不在乎,因为竞争对手的投资利润率也会因为自身的进入而被同样拉低。

战略行为理论很好地解释了寡头垄断行业中少数几个大企业为什么在一个很短的时间内集中对一个国家进行投资的原因,但该理论未说明最先进行对外直接投资的企业为什么会率先进行国际直接投资,而不是实行出口或技术授权,在国外拓展业务方面,国际直接投资是否比出口或技术授权效率更高。

三、产品生产周期理论

美国经济学家雷蒙德·弗农(Raymond Vernon)的产品生命周期理论(the theory of product life cycle)也可用来解释国际直接投资。弗农在实证分析美国跨国公司对外直接投资时间的基础上,提出了企业在产品生命周期各个阶段对外直接投资的选择。

在导入期,创新产品的需求很小,主要集中在产品研发国,对于经济发展水平相近的其他发达国家偶尔的少量需求,创新企业通过出口即可满足,因此这一阶段无须到海外进行直接投资。

在成长期,其他发达国家对新产品的需求开始增长,出现了由寡占竞争引起的对外直接投资。创新企业为维持国外市场份额，绕开贸易壁垒，通过对外直接投资在东道国设立子公司。

在成熟期，新产品及其生产技术逐渐成熟，开始从资本密集型产品转为劳动密集型产品，同时发展中国家对该产品的需求不断扩大，为了扩大发展中国家的市场，利用发展中国家充足的劳动力资源，发达国家开始在发展中国家投资生产。

在衰退期，随着产品及其生产技术的定型化，降低劳动力成本成为第一要旨，发展中国家开始获得超过发达国家的生产优势。此时，发达国家进一步扩大对发展中国家的投资，生产完全转移到发展中国家进行。

四、折中范式理论

折中范式又称国际生产折中理论，是由英国经济学家约翰·哈里·邓宁（John Harry Dunning）创立的。邓宁将所有权优势（O）、内部化优势（I）和区位优势（L）作为解释国际直接投资的原理和方向的重要因素，这就是所谓的OIL模式。所有权特定优势，是指一国企业拥有或者能获得的国外企业所没有或无法获得的特点优势，比如技术优势、规模优势、管理优势、融资优势等。内部化特定优势是为避免不完全市场给企业带来的影响，将其拥有的资产加以内部化而保持企业所拥有的优势。区位特定优势是东道国拥有的优势，企业只能适应和利用这项优势。

邓宁认为，国际企业要对外直接投资，必须同时具备所有权、内部化和区位三种优势。而出口则只需拥有所有权和内部化优势，如果企业只拥有所有权优势，那只能选择技术转让方式。

【小组讨论4-2】
外国的企业到中国来投资，中国的企业有哪些利弊呢

如果国际企业要同时拥有三种优势所带来的收益，那就必须选择国际直接投资方式；如果公司仅采用出口方式，就会丧失区位优势的收益；如果只采用技术转让的方式，那么企业就会丧失内部化和区位优势所能带来的收益。

国际直接投资理论解释了企业开展对外直接投资的原因，

那么，对外直接投资对于东道国来说到底是有利还是有弊的呢？

激进派人士认为，跨国公司是帝国主义统治的工具，一种只为资本主义和帝国主义母国剥削东道国利益的工具。按照这种极端观点，任何国家都不应该允许外国公司在本国从事国际直接投资活动，因为它们绝不会促进本国的经济发展，只能成为本国经济的主宰。如果一国已经存在跨国公司，该国就应该立即将其国有化。

自由市场观点认为，国际化的生产应该根据比较优势的原理在各国之间进行分工。各个国家应该专门生产某种它能以最高效率进行生产的产品或服务。而跨国公司的目的就是在全球范围内将产品和服务分配到最有效率的地点生产，跨国公司的这种国际直接投资提高了世界经济的整体效率。自由市场观点更加强调资源的转移有利于东道国，能够促进其经济增长。

大多数学者认为，国际直接投资有利也有弊，该观点也称实用民族主义。国际直接投资可以为东道国带来资金、技能、技术和就业机会，但是获取这些利益需要付出一定的代价。采纳实用主义观点的国家采取一套旨在使其国家利益达到最大而成本降到最低的政策，因此，只有当收益大于成本时，才能允许国际直接投资。并且，在外来直接投资对本国有利的情况下倾向于积极地吸引外来直接投资，比如以减税或补助金的形式向外国跨国公司提供补贴。

【思考题4-8】
有人说外来的企业掠夺了本土的资源，也有人说外来的企业为本国带来了资本和技术，你如何看待国际直接投资对东道国到底是好还是不好这个问题？

第三节 国际直接投资对东道国和母国的影响

拓展阅读

1996年，法国SEB集团收购国营上海红星电熨斗厂60%的股份。收购前，红星一度占据了中国电熨斗市场的半壁江山，在上海的占有率更高达87%。1993年品牌估价就高达1.3亿元。然而1995年还销售2亿元赢利2 000万元的红星，与SEB合资后，市场占有率从50%直线下降。1999年红星与SEB分手时，市场占有率下降到20%。"合了三年，亏了三年，最后双方分手了，结果渠道被占了、市场被占了，留给中方的是一大堆应收账款。"SEB"斩首"四招：控股合资、做亏、独资、鲸吞渠道，品牌差异化操作（红星定为低端，自己的好运达定为高端），转移利润。

其他国际直接投资案例：

乐百氏的一蹶不振，达能难脱干系（比如脉动）。

百事可乐与天府可乐（曾一度被作为国宴饮品），市场上消失。

上海牙膏厂（中华）与联合利华。

北京日化二厂（"熊猫"洗衣粉）和美国保洁（"汰渍"和"碧浪"）。

欧莱雅收购小护士。

【思考题4-9】
在合资的过程中，为什么我们没有得到想要的资金和技术，反而失去了唯一的资产——品牌？

所谓母国，就是指跨国企业原来最早的经营所在地。东道国，则是指跨国公司经营国外业务的所在国。跨国公司主要是以母国为基地，通过对外直接投资，在世界各地设立分支机构或子公司，从事国际化生产和经营活动的垄断企业。作为经济全球化的产物，国际直接投资成为各个国家经济增长的助推器。然而，国际直接投资就像一把双刃剑，给东道国和母国带来一定收益的同时，也带来了一定的消极影响。

一、国际直接投资对东道国的积极影响

（一）国际直接投资可以给东道国的产业发展提供大量的资本、先进的技术和丰富的管理经验

首先，外国资本的引入有助于解决东道国企业的资金短缺问题。通过吸引国际直接投资，可以引入大量的外国资本，以弥补国内建设中资本需求和资本供给之间存在的缺口。

其次，当跨国公司进入东道国市场时，一方面，东道国企业可以学到先进的技术和有效的管理经验，用这些技术和经验开发新产品；另一方面则会加剧市场竞争，从而促使东

道国企业培育自身的研发技能，进一步促进工作效率的提高和产品质量的优化。比如，中国上海大众集团利用从德国大众引进的先进技术自主开发了朗逸这款新产品，在中国市场取得巨大的成功。现在上海大众已成为中国最成功的汽车生产商之一，为中国经济的发展做出了卓越的贡献。

（二）国际直接投资可以给东道国带来就业的直接效应和间接效应

就业效应是指其能为东道国带来原先没有的就业机会。就直接效应而言，跨国公司通过在东道国建立新厂或扩大已有工厂，将创造新的工作岗位，为本国雇员提供大量就业机会。就间接效应而言，一方面，跨国公司在生产中所用的中间产品大量从东道国购买，带动东道国关联产业的发展，为当地供应商创造更多的就业机会；另一方面，跨国公司员工收入增加，扩大东道国国内需求，在当地增加消费也会带来更多的就业机会。

二十大时光：
海外建设者
带去友谊
展现中国形象

吸收外国投资还可以提高就业质量，外国企业为东道国的各类劳动力提供较好的工资待遇、工作条件和社会福利，使东道国的劳动力得到较高的收入和较好的工作环境，如果外国投资企业对东道国劳动力进行业务培训，还可提高劳动力的基本素质。

（三）国际直接投资可以带来一定的国际收支效应

国际收支账户记录了一国与其他国家之间的支付与收入，包含经常项目和资本项目。政府通常对国际收支的经常项目逆差比较关注。经常账户记录了商品和服务的出口和进口。当一国的商品和服务的进口都超过其出口时，就形成经常项目逆差，即贸易逆差。由于各国政府都不希望看到本国的资产落入外国人之手，因此希望本国的经常项目保持顺差。

对资本项目来说，国际直接投资带来的期初资本投入会直接导致国际收支资本项目的增加。对经常项目来说，国际投资对东道国的影响非常复杂，这主要体现在投资产品的流向、原材料和零部件的来源等方面。如果投资者在东道国所生产的产品原料或零部件主要来源于国内，而且产品主要销往母国或其他国家，那国际直接投资则产生了促进贸易发展的效应，就有助于改善东道国的国际收支经常项目；如果投资者将在东道国生产的产品主要在东道国销售，那很可能是贸易替代型的，也有助于改善东道国的国际收支经常项目。跨国公司的直接投资已经成为一些发展中国家和发达国家在过去10年里以出口带动经济增长的主要动力。

（四）国际直接投资可以提高东道国的经济增长速度，增加消费者经济福利

国际直接投资可以带来东道国市场企业竞争水平的提高，竞争的加剧往往能够刺激企业在工厂、设备以及研发方面加大资本投入，以求在与对手的竞争中占据优势地位，长此以往将带来劳动生产率的提高、产品和生产过程的革新以及更快的经济增长，从而降低市场价格，提高消费者的经济福利。

【思考题4-10】
竞争都是有利的吗？

二、国际直接投资对东道国的消极影响

东道国在吸引外来直接投资时也需付出一定的成本，分别是对东道国国内竞争的负面效应、对国际收支的负面效应，以及国家主权与独立性的丧失。

【思考题4-11】
当外来直接投资采取收购已有的东道国企业的方式时，是否会促进竞争？

（一）国际直接投资大量引进会导致东道国市场被垄断，进而影响东道国产业的发展

跨国公司往往选择在东道国生产标准化产品，以降低生产成本和扩大市场份额。相比于东道国的企业来说，如果跨国公司的子公司经济实力强于东道国国内公司，在长期的竞争中，母公司可能会通过向子公司提供补贴的方式将东道国本国的企业赶出市场，从而取得垄断地位。外国跨国公司一旦在该市场获得垄断地位，就会提高价格，使之高于竞争市场条件下的价格，对东道国的经济福利产生不利的影响。这种现象对于那些本国大企业较少的国家（一般是较不发达国家）来说更为严重。例如，在印度，联合利华的子公司印度斯坦利华公司兼并了当地的主要竞争对手，几乎垄断了印度的洗涤用品市场，从而导致市场竞争下降，产品价格上升，这对于印度消费者福利和经济发展都是有害的。此外，如果一国的某个特定的产业有潜在的比较优势的所谓婴幼企业，那么，允许国际直接投资进入该产业，就会剥夺本国企业的

发展机会。

(二) 国际直接投资也可以带来一定的国际收支的负面效应

首先,国际直接投资所带来的子公司向母公司的利润流出,导致东道国国际收支账户的资本项目流出。一些国家对这种流出会采取限制国外子公司流向母国的利润数额的措施。

其次,如果在东道国所产产品的原料或零部件主要来源于国外,而且该产品又主要以内销为主,那么国际直接投资会使东道国产生贸易逆差,将不利于国际收支的经常项目。

(三) 国际直接投资可能会造成东道国一定的环境污染

一般情况下,跨国公司会将高消耗、高污染的生产制造工厂迁移出本国。这些工厂在生产过程中对东道国自然资源的大量开采不仅导致了自然资源的枯竭,而且造成了严重的污染。同时,跨国公司工业废气和废水的排放也将会加速东道国环境的恶化。东道国政府不得不花大量的资金用于环境治理,这在一定程度上阻碍了东道国经济的发展。

(四) 东道国经济会随着引进外资的增加受到外国经济的影响和制约

随着东道国引进外资的增加,国内经济对于国际投资的依赖加大:一方面,外国母公司所做出的重大决策可能会对东道国经济带来很大的影响,尤其是对不发达国家来说,一旦发生集体撤资行为,将会给东道国带来致命的打击;另一方面,国际经济的动荡将会更加容易影响东道国经济的方方面面,从而一定程度上会影响东道国经济平稳快速的发展。

【思考题4-12】
中国的公司开展对外直接投资有什么收益和成本呢?

三、国际直接投资对母国的积极影响

(一) 国际直接投资可以给母国带来一定程度上的国际收支效应

首先,母国可以从国际直接投资中获取巨额利润,子公司向母公司利润的回流导致母国国际收支的资本项目得到改善。

其次,如果在国外的子公司所需要的生产设备、中间产品和辅助产品等类似产品均从母国进口,国际直接投资也能够改善母国的国际收支经常项目。例如,丰田在欧洲进行投资并建设了一些汽车制造厂,为了降低成本,这些子公司选择在母公司进口汽车零部件,这不仅提高了日本的出口额,而且为日本制造业带来了更多的商机。

(二) 国际直接投资可以给母国带来一定的间接就业效应

如果国外子公司所产产品的原料或零部件主要来源于母国,会带来母国相关产业规模扩大,进而会产生积极的就业效应。

(三) 国际直接投资可以给母国带来逆向的资源转移效应

母国公司可以利用东道国的资本市场进行当地融资,从而达到间接利用外资的目的。同时,母国公司还可以通过在发达国家的投资,学到更先进的管理技术、产品与流程工艺等有价值的技能,并将这些技能转移回母国,有利于提高母国的经济增长速度。例如,为了学习日本汽车精益生产流程,美国汽车制造商通用和福特都在日本投资建设了汽车生产公司,来自日本的技术有效地提高了通用和福特的生产效率,减少了他们的生产成本,从而促进了美国工业的再次发展。

四、国际直接投资对母国的消极影响

(一) 国际直接投资会导致母国国际收支的负面效应

在国际直接投资初期,必然有大量的资金从母国流出,母国的国际收支资本项目会受到损害。本土产业的转移也会导致该产业所生产产品出口数量下降或者进口数量的增加,从而对母国国际收支的经常项目产生消极影响。

(二) 国际直接投资会带来母国就业的负面效应

跨国公司在海外建立子公司,母公司的产出会降低,从而母公司对劳动力的需求会下降。通过生产工厂的外迁,有的跨国公司甚至直接关闭其母国的工厂,由于对外直接投资替代国内生产,母国的就业岗位也减少了。如果母国的劳动力已经非常紧俏,几乎没有失业,那么这个问题还不严重。但是,如果母国正承受着高失业率,人们就会对就业机会的外流产生忧虑。

拓展阅读

一些经济学家认为,母国对离岸生产的负面经济效应的担忧可能是没有必要的。离岸生产(offshore production)是指

满足国内市场需求的对外直接投资,也就是把企业原先设于本土的工厂整个搬到海外(如从美国搬到中国),搬去后产品和生产方式与在本土时完全相同,只是人工更低廉、赋税更低、能源价格得到补贴。这种国际直接投资不仅不会减少母国的就业,实际上会促进母国的经济增长(进而促进就业),原因在于释放了母国闲置或低效利用的资源,将其集中用于母国具有比较优势的生产活动。此外,如果国际直接投资造成某种特定商品的价格下降,母国的消费者会受益于此。同理,如果以不利于就业为由而禁止一家公司的对外投资,而它的国际竞争对手获得了低成本生产地点的好处,该国就会丧失市场份额。在这种情况下,一国面临的长期负面经济效应将可能超过与离岸生产相关的相对较小的国际收支和就业效应。

(三)国际直接投资的技术外溢会降低母公司产品的相对竞争优势

当东道国的企业掌握了先进的生产技术后,将会模仿这些技术,并在该技术的基础上创新改良,然后生产类似的产品,会节约大量的研发成本。这些类似的产品成本相对低廉且替代性强,将会对母公司产生巨大冲击,从而影响其市场地位。

当然,国际直接投资是有利还是有弊,主要取决于政府如何引导和管理。为了最大化地发挥国际直接投资的好处,东道国和母国政府需要制定一系列的法律和规章制度来管理国际直接投资。同时,政府应该强化监管,实施严格的审查制度,以确保国际直接投资行驶在正确的轨道之上。

 思政链接

中国对外直接投资的特征与挑战

2021年,新冠疫情形势依然严峻,世界经济的复苏进程还很脆弱,中国经济总体延续恢复发展态势,彰显出强劲韧性和巨大潜力,在有力维护产业链和供应链安全稳定的同时,

2021年度中国对外投资情况

为畅通世界经济运行脉络做出贡献。2021年，中国的对外直接投资（OFDI）平稳发展，与"一带一路"沿线国家和地区的务实合作稳中有进。中国跨国公司不断提升在全球价值链、供应链体系中的地位，在构建新发展格局过程中发挥出日益重要的作用。

一、中国对外直接投资现状

联合国贸易和发展会议（UNCTAD）发布的2021年《世界投资报告》显示，2020年，全球外国直接投资（FDI）流量为1万亿美元，同比下降35%，与2019年（下降40%）相比降幅有所减少。根据《2020年度中国对外直接投资统计公报》，2020年，中国对外直接投资流量为1 537.1亿美元，同比增长12.3%，首次跃居世界第一位；占全球份额为20.2%，创历史新高。2002—2020年，中国对外直接投资流量的年均增速为25.2%。2020年末，中国对外直接投资存量达到25 806.6亿美元，同比增长17.4%，规模增长至2002年末存量的86.3倍。

2022年11月7日，商务部、国家统计局和国家外汇管理局联合发布《2021年度中国对外直接投资统计公报》。公报显示，2021年度中国对外直接投资呈现以下特点：

一是对外投资大国地位稳固。2021年，中国对外直接投资流量1 788.2亿美元，比上年增长16.3%，连续十年位列全球前三。2021年末，中国对外直接投资存量2.79万亿美元，连续五年排名全球前三。2021年中国双向投资规模基本相当。

二是投资结构不断优化。2021年，中国对外直接投资涵盖国民经济的18个行业大类，其中，八成投资流向租赁和商务服务、批发零售、制造、金融、交通运输领域，流量均超过百亿美元。2021年末，租赁和商务服务、批发和零售、金融、制造等行业投资存量均超千亿美元。

三是对"一带一路"沿线国家投资持续增长。截至2021年底，中国在"一带一路"沿线国家设立企业超过1.1万家，约占中国境外企业总量的1/4。2021年，对"一带一路"沿线国家直接投资241.5亿美元，创历史新高，占中国全年对外投资流量总额的13.5%；年末存量2 138.4亿美元，占存量总额的7.7%。

四是地方企业对外投资活跃。2021年，地方企业对外非金融类投资877.3亿美元，占57.7%。2021年末，地方企业在境外设立非金融类企业数量占比达86.3%，广东、上海、浙江列前三。

五是互利共赢效果显著。2021年，对外投资带动货物出口2 142亿美元，比上年增长23.3%；带动货物进口1 280亿美元，增长44%。当年境外企业向投资所在地纳税555亿美元，比上年增长24.7%；为当地提供约3 950万个就业岗位。

二、中国对外投资的挑战与机遇

虽然面对世界百年未有之大变局，以及世纪疫情的冲击，总体来看，和平与发展的时代主题没有变，经济全球化的大方向没有变，世界多极化发展的趋势没有变。2022年，外部环境更趋复杂、严峻和不确定，中国对外直接投资面临的市场机遇与国际形势快速变化，这一切都给中国企业海外投资经营带来新的机遇与挑战。

（一）多重挑战

1. 全球经济、跨境投资保持恢复性增长动力不足

当前世界经济总体保持复苏态势，但动能有所减弱，不稳定、不确定因素增多，实现常态化增长仍需时日。2022年，世界百年未有之大变局正加速演变，新一轮科技革命和产业变革带来的激烈竞争前所未有，气候变化、疫情防控等全球性问题对人类社会带来的影响前所未有，跨境投资的国际环境日趋复杂。

2. 全球投资保护主义抬头

2020年，限制或监管性投资政策措施占投资政策措施总数的比例达到41%，创历史新高。限制或监管性措施在发达国家更为普遍，在43项出台措施中占35项（UNCTAD，2021）。部分国家甚至出台针对性政策，压缩中资企业海外的发展空间，例如，美国政府以"应对中国军工企业威胁"为由，签署行政命令，将华为、中芯国际、中国航天科技集团有限公司等59家中国企业列入投资"黑名单"；英国政府禁止中企参与该国核电项目；印度税务部门对中资企业开展大

规模调查等。

3. 西方跨国公司利用优势地位抑制中国企业

参与全球供应链重塑西方跨国公司的垄断优势已从最初资本、技术等所有权优势，向无工厂制造商主导的价值链优势演进。2021年《全球价值链发展报告》指出，无工厂制造商主导的全球价值链，以及利用国际直接投资和全球价值链向全球客户出口无形资产服务的新商业模式，正超越传统生产方式，对国际贸易、工业化和经济发展模式带来革命性变化。中国跨国公司亟需补齐专利技术、品牌、全球批发和零售网络等短板。特定国家以维护产业链安全、供应链稳定、提升经济发展韧性和危机应对能力为名，构建一系列排他性的小集团，甚至试图以意识形态划线，打造供应链"小圈子"，对华科技"脱钩"力度加大。

4. 新冠疫情、大国博弈、债务违约等风险增大

中国企业海外投资利益保护难度、疫情冲击导致对外投资中的经济和安全风险相互交织。部分国家面临企业倒闭、失业率上升、粮食短缺等问题，放大了既有矛盾，社会动荡和冲突事件明显增多，"走出去"企业的生产经营及中国籍员工的人身和财产安全面临更大威胁。纵观政治、经济、安全等方面的风险，跨国投资经营的不确定性大幅上升，"走出去"企业维护海外利益变得更加艰难。

5. 全球经贸治理对中国企业合规管理与履行

美日欧等经济体在世界贸易组织改革和多双边经贸谈判中倾向于片面强调所谓"高标准"规则，提高中资企业投资经营门槛。国际经贸规则呈现高水平特征，竞争中立、绿色发展、数字经济、劳工标准、知识产权保护等新老议题成为各方关注焦点。中国企业的合规能力面临新挑战，合规风险和成本不断上升。

(二) 重要机遇

1. 中国对"一带一路"沿线国家的直接投资继续增长

截至2020年底，中国对"一带一路"沿线国家直接投资存量已突破2 000亿美元。中资企业将深化资金融通，吸引多边开发机构、发达国家金融机构参与，健全多元化投融资体

系。截至2020年底,人民币跨境13支付系统(CIPS)业务范围已覆盖"一带一路"沿线国家的1 000多家法人银行机构;亚洲基础设施投资银行(AIIB)成员已达到103个。"一带一路"健康、绿色、数字合作空间非常广阔。

2. 新一轮技术革命与产业变革加速推进

字节跳动、华为等中国本土公司在数字经济、人工智能等新领域、新业态有突出先发优势和国际竞争力,可抓住机遇鼓励跨境投资新业态和新模式发展,提升全球供应链的灵活度和效能。例如,中国快时尚跨境电商希音公司(Shein)凭借完善的供应链,整合国内制造能力和移动互联网"网红"营销创新,2016年以来在全球实现几百亿美元的销售业绩。

3. 风险投资行业不断扩大规模和转型升级

全球规模最大的10家公司中,有7家都有风投支持。风投资金资助了搜索引擎、苹果手机、电动汽车和mRNA疫苗等产品背后的众多公司。2021年12月,中国人民银行宣布第二次上调外汇存款准备金率。预计2022年人民币保持稳定略有升值,有利于中国企业扩大对外投资。中国企业可采用风险投资等多种更易被对方接受的对外投资方式,利用宝贵的窗口期,加大对技术、营销渠道的投资并购,推动提升企业所有权优势、国际竞争力和价值链地位。

4. 中国引领全球经贸治理的能力增强

近年来,中国加快推进制度型开放,推动共建"一带一路"高质量发展,在二十国集团(G20)、世界贸易组织中提出有关制定全球投资规则、促进投资便利化的主张,主动引领和参与较高水平的国际贸易投资规则制定。2021年12月,共112个世界贸易组织成员共同联署《投资便利化联合声明》,目标是在2022年底前结束文本谈判。RCEP的生效实施将极大促进各成员工商界扩大经贸合作,各成员对非服务业投资采用负面清单方式做出高质量承诺,清单之外不得新增限制,同时加强了投资保护水平,有利于区域内各国企业相互扩大投资,也有利于中国企业"走出去"。

5. 高质量发展成为对外投资的战略引擎

从"中国制造"到超越生产的"中国创造""中国品

牌",中国跨国公司在新发展理念、新发展格局的指引下,产业转型升级和新旧动能转换速度加快,提升国际竞争力和全球布局能力的需求进一步增强(隆国强,2021)。凯度(Kentar)2021年中国全球化品牌50强排行榜显示,发达市场消费者对顶级中国品牌的认知度逐年上升。中国在基础设施建设领域处于世界领先水平,为未来创新发展提供了有力支撑。创新是下一阶段带动中国全要素生产率(TFP)提高、拉动经济增长的关键动力,高质量的对外投资能为提升创新能力、增强中国在全球创新链中的影响力提供有力支撑。

三、中国国出台的有利于吸引外资的政策

近年来,我国出台了一系列举措,形成了"组合拳",包括实行"准入前国民待遇加负面清单"管理制度,大幅放宽市场准入,制定了全新的以开放、服务和保护外资为主基调的外资基础性法律,连续出台4份国务院文件,不断完善了外资政策体系和进一步巩固了我国吸引外资的优势。

2019年起,商务部按照党中央、国务院"稳外资"工作的部署要求,主要牵头或协同推进了六方面工作。

一是着力完善外资法律体系。推动出台了《外商投资法》和加快配套条例的制定,并牵头开展相关法规规章"立改废"工作,配合推动出台《优化营商环境条例》,建立健全外商投资信息报告等制度,努力打造法治化营商环境。

二是着力推出稳外资政策措施。国务院公布了《关于进一步做好利用外资工作的意见》。

三是着力推进对外开放。发布了2019年版全国和自贸试验区外商投资负面清单,全面清理负面清单以外外资准入限制措施,印发了《国务院关于全面推进北京市服务业扩大开放综合试点工作方案的批复》。

四是着力引导外资投向。发布2019年版《鼓励外商投资产业目录》,引导外资投向现代农业、先进制造、现代服务业等领域,以及中西部地区。

五是着力强化投资平台功能。报请国务院批复山东等6个省区设立自贸试验区,增设上海自贸试验区临港新片区,报请国务院印发了《关于推进国家级经济技术开发区创新提

升打造改革开放新高地的意见》。

六是着力提升投资促进水平。指导各地完善外商投资促进服务体系,建立外商投资企业跟踪服务机制,开展"跨国公司西部行"活动,开展多双边投资促进活动等。特别是我国连续两届成功举办了中国国际进口博览会,对于引进外资产生了明显的投资溢出效应。

四、关于中国利用外资政策的展望

通常情况下,一个国家或一个地区利用外资政策的取向取决于其内部经济发展的需要,即利用外资政策应服从于国内基本经济结构,产业结构和区域结构调整的基本取向。改革开放之初,中国经济发展刚刚起步,外资的流入可以弥补中国经济发展过程中资金缺口和部分生产要素的不足;而且外资通过特殊的加工贸易和出口可以带动我国外贸出口的扩大,从而推动中国国民经济的发展。因此,20世纪70年代末以来,利用国外资金来促进本国经济发展是我国的一种重要的战略思路。为了吸引更多外资,20世纪80年代至90年代末,我国利用外资政策体现在对外商的各种优惠政策方面。20世纪90年代末以来,我国的经济结构和区域结构已经发生变化,外资政策也要根据中国经济需求做出相应调整。国际经验表明,高端外资更加看重投资地区的经济发展水平、政治的稳定性、产业结构的合理性、市场环境的公平性与规范性、法制体系的完备性。随着我国经济发展水平的提高以及全球竞争的加剧,利用外资需求发生了很大变化,外资政策必须进行调整。总的思路是由初期改革开放单纯依靠税收优惠、来者不拒,调整为税收优惠和良好的投资环境相结合,有选择地加以引进,即从自身发展战略尤其是产业发展战略出发,加强对外商投资产业领域的引导,并对外商的投资规模与技术含量提出了更高要求。与此同时,完善政策法规,为外商营造公平竞争的市场环境;优化外商投资服务体系,提高服务效率,降低外资企业运作成本。

(资料来源:杨挺、陈兆源、李彦彬《关于我国外商投资政策的发展与参考》,中国产业海外发展协会(ciodpa.org.cn))

复习思考题

一、判断题

1. 如果外国直接投资是货物或服务进口的替代品,其效果可能是改善东道国国际收支的经常账户。(　　)

2. 对外直接投资给东道国带来的直接就业效应包含跨国公司员工在当地增加消费所创造的就业机会。(　　)

3. 在一定时期内进行的国际直接投资额称为国际直接投资流量。(　　)

4. 离岸生产是指为东道国市场服务的国际直接投资。(　　)

5. 外国直接投资的最大来源是中国。(　　)

6. 技术授权涉及在国外建立新的业务。(　　)

7. 对于本国而言,如果国际直接投资的目的是从低成本生产地点服务于本国市场,则国际收支的经常账户会有所改善。(　　)

8. 自由市场观点认为,国际直接投资对母国和东道国都有利。(　　)

9. 尼克博克的理论解释了为什么寡头垄断中的第一家公司决定进行国际直接投资而不是出口或技术授权。(　　)

10. 一家日本汽车制造商收购了意大利汽车轮胎生产商。这是新建(绿地)投资的一个例子。(　　)

二、选择题

1. 当一个国家进口的商品和服务多于出口时,会出现以下哪种情况?(　　)
   A. 经常账户盈余　　　　　　B. 贸易逆差
   C. 贸易顺差　　　　　　　　D. 贸易平衡

2. 为服务本国市场而进行的国际直接投资被称为(　　)。
   A. 外包
   B. 外国直接投资替代
   C. 离岸生产
   D. 国内市场外国直接投资

3. 根据(　　)对外国直接投资的看法,跨国公司从东道国获取利润并将其带到本国,作为交换,对东道国没有任何价值。

A. 帝国主义 　　　　B. 实用民族主义

C. 自由市场 　　　　D. 激进主义

4. 以下哪一项是新建投资的例子（　　）。

A. 一家中国制糖商在古巴新建糖粉碎厂

B. 一家塞尔维亚汽车公司，购买克罗地亚零部件制造商

C. 一家芬兰手机制造商，扩大其在芬兰的生产设施

D. 一家印度石油勘探公司收购一家炼油公司

5. 当两个或两个以上的企业在不同的区域市场、国家市场或行业中相遇时，就会出现（　　）。

A. 横向整合 　　　　B. 多点竞争

C. 寡头垄断 　　　　D. 纵向一体化

6. 哪种政治观点认为，只要利益大于成本就允许国际直接投资？（　　）

A. 传统观点 　　　　B. 实用民族主义观点

C. 激进的观点 　　　D. 自由市场观点

7. 以下哪项是使用产品生命周期理论解释 FDI 的主要缺点（　　）。

A. 它忽略了当该国的需求将支持当地生产时公司在外国投资的事实。

B. 它没有解释为什么企业在成本压力激增时会投资于发展中国家。

C. 它无法确定何时在海外投资是有利可图的。

D. 它忽略了技术授权作为进入战略有其局限性的事实

8. 国际直接投资发生在一家公司（　　）。

A. 将其产品从一个国家运送到另一个国家

B. 直接投资于在国外生产产品的设施

C. 投资在同一国家经营的另一家公司的股份

D. 允许其他国家/地区的其他公司使用其品牌名称

9. 内部化理论建议在下列哪种情况下采用国际直接投资而不是技术授权？（　　）

A. 当公司拥有可以通过许可合同充分保护的专有技术时

B. 当公司生产具有低价值重量比的产品时

C. 当公司的技巧和专业知识适合许可时

D. 当公司需要严格控制外国实体时

10. 外国直接投资存量是（　　）。

　　A. 在一段时间内进行的外国直接投资的数量

　　B. 特定时间国际直接投资的累计总值

　　C. 外国直接投资流出一个国家的总值

　　D. 国内公司在一定时期内的外国直接投资额

11. 法国一家风力发电公司以印度尼西亚公司提供生产和销售风力涡轮机的权利，换取每个销售单位的特许权使用费。这是一个（　　）商业实践的例子。

　　A. 并购　　　　　　　　B. 技术授权

　　C. 出口　　　　　　　　D. 新建投资

三、名词解释

1. 收购　　　　　　　　2. 新设投资

3. 技术授权　　　　　　4. 离岸生产

四、简答题

1. 简述绿地投资与跨国并购的利弊。
2. 简述国际直接投资理论中的内部化理论的主要内容。
3. 东道国鼓励或限制对外直接投资的措施有哪些？
4. 什么是对等贸易？为什么一个公司要开展对等贸易？

五、分析题

1. 向外国竞争对手许可转让专利技术是丢失企业竞争优势的最可能方式。请分析这一说法。

2. 结合案例分析。

2005年，中国进出口总额达到了1.42万亿美元，然而由于缺乏品牌价值和创新内涵，加工贸易的附加值较低，赚的都是"辛苦钱"。加工贸易占据中国贸易方式半壁江山的情况却影响了整体利润水平，降低了中国贸易竞争力。

发展中国家片面崇拜比较优势理论，在国际分工中过于偏重劳动密集型产品，虽然依旧能获得些许利益，但长此以往却会面临贸易结构不稳定的问题，陷入总是落后于人的"比较陷阱"。这一陷阱以两种方式出现：一是发展中国家由于长期在国际分工中处于低附加值环节，使得贸易利润下降，缺乏改善贸易结构的物质基础，并形成了对劳动型产品生产的路径依赖；二是发展中国家在发展高新技术产业贸易时过于依赖发达国家的技术引入，进而缺乏创新能力，以至于长期陷于技术跟进状态，被迫受制于人。

问题：

（1）根据以上材料并结合所学理论，请分析中国应采取什么方法才能免陷于"比较优势陷阱"？

（2）国际直接投资给中国带来了哪些收益和成本？

第五章
外汇市场和全球资本市场

学习目标

通过学习,你应该可以了解外汇的基本知识;理解全球外汇市场的特征和运作机制;掌握简单的汇率预测的方法;认识全球货币市场,尤其是欧洲货币市场;了解全球股票和债券等全球资本市场;培养利用外汇市场和资本市场进行投资和规避风险的理念。

开篇案例

延期到货 30 天损失 30 万美金案

某年 10 月,我国某进出口公司代理客户进口比利时纺织机械设备一台,合同约定:总价为 99 248 540.00 比利时法郎,价格条件为 FOB 安特卫普,支付方式为 100%信用证,最迟装运期为第二年 4 月 25 日。

第二年元月,我方开出 100%合同金额的不可撤销信用证(开证日汇率美元对比利时法郎为 1∶36)。信用证有效期到该年 5 月 5 日。

3 月初,卖方提出延期交货请求,我方用户口头同意卖方请求,延期 31 天交货。我进出口公司对此默认,但未做书面合同修改文件。

3 月底,我进出口公司根据用户要求对信用证做了相应修改:最迟装运期改为 5 月 26 日,信用证有效期展至 6 月 21 日。

时至 4 月下旬，比利时法郎汇率发生波动，4 月 25 日为 1∶35（USD/BFR），随后一路上扬。

5 月 21 日货物装运，5 月 26 日卖方交单议付，同日汇率涨为 1∶32（USD/BFR）。在此期间，我进出口公司多次建议用户做套期保值，并与银行联系做好了相应准备。但用户却一直抱侥幸心理，期望比利时法郎能够下跌。故未接受进出口公司的建议。

卖方交单后，经我方审核无误，单证严格相符，无拒付理由，于是我进出口公司于 6 月 3 日通知银行承付并告用户准备接货，用户却通知银行止付。因该笔货款是开证行贷款，开证时作为押金划入用户的外汇押金账户。故我进出口公司承付不能兑现。

后议付行及卖方不断向我方催付。7 月中旬，卖方派员与我方洽谈。经反复协商我方不得不同意承付了信用证金额，支出美金 310 余万元。同时我进出口公司根据合同向卖方提出延迟交货罚金要求 BFRl 984 970.00（按每 7 天罚金 0.5% 合同额计），约合 62 000.00 美元（汇率为 1∶32）。最终卖方仅同意提供价值 3 万美元的零配件作为补偿。此合同我方直接经济损失约 31 万美元，我银行及进出口公司的信誉也受到严重损害。

思考：该案例给你什么启示？

（资料来源：道客巴巴）

在全球经济中的企业不得不受到外汇市场上货币汇率变化的影响。外汇市场发生的变化对企业的销售、利润和战略具有根本性的影响。因此，了解外汇市场的运行以及汇率变动对企业的影响是非常重要的。通过这一章的学习，我们可以回答以下问题：

- 外汇市场有哪些作用？
- 如何运用外汇市场规避外汇风险？
- 什么是欧洲货币市场？
- 欧洲债券和外国债券的区别是什么？

第一节　外汇市场

外汇,看似与普通大众很遥远,但却与全世界每个人息息相关。外汇交易也是很多人投资或理财的一种重要形式。以前,一般人对外汇的了解仅是一个外币的概念,然而历经几个时期的演进,它已较能为一般人了解,而且已应用外汇交易为理财工具。外汇的概念有静态和动态之分。动态外汇,是指把一国货币兑换成为另一国货币以清偿国与国间债务的金融活动。从这个意义上来说,动态外汇等同于国际结算。静态的外汇又有广义和狭义之分。广义的外汇是外国外汇管理法令所称的外汇,泛指一切对外金融资产。现行的《中华人民共和国外汇管理条例》第三条规定,外汇是指以外币表示的可以用作国际清偿的支付手段和资产。狭义的外汇是指以外币表示的用于国际结算的支付手段,指的是以外国货币表示的,为各国普遍接受的,可用于国际间债权债务结算的各种支付手段。

【思考题 5-1】
外汇市场是不是和菜市场、服装市场一样的市场?

一、外汇市场的概念与分类

(一)外汇市场的概念

国际上因贸易、投资、旅游等经济往来,不免会产生货币收支关系。但各国货币制度不同,要想在国外支付,必须先以本国货币购买外币,从国外收到外币支付凭证也必须兑换成本国货币才能在国内流通,这样就发生了本国货币与外国货币的兑换问题。外汇市场是指在国际间从事外汇买卖、调剂外汇供求的交易场所,包括本币与外币之间的买卖、不同币种的外汇之间的买卖。它的职能是经营货币商品,即将一个国家的货币转换成另一个国家的货币。

西方国家和我国的中央银行为执行外汇政策、影响外汇汇率、经常买卖外汇的机构。所有买卖外汇的商业银行、专营外汇业务的银行、外汇经纪人、进出口商,以及外汇市场供求者都经营各种现汇交易及期汇交易。这一切外汇业务组成了一国的外汇市场。

汇率则纯粹是一种货币转换成另一种货币的比率。它有两种标价方法：一种是直接标价法；另一种是间接标价法。直接标价法，又叫应付标价法，是以一定单位的外国货币为标准来计算应付出多少单位本国货币，相当于计算购买一定单位外币所应付多少本币。包括中国在内的世界上绝大多数国家目前都采用直接标价法。在国际外汇市场上，日元、瑞士法郎、加元等均为直接标价法。在直接标价法下，一定单位的外国货币折算的本国货币的数额增大，说明外国货币币值上升，或本国货币币值下降，称为外币升值或者本币贬值。在直接标价法下，外币币值的上升或下跌的方向和汇率值的增加或减少的方向正好相同。

例如，我国人民币市场汇率从 USD 1 = CNY 6.765 3 调整为 USD 1 = CNY 6.924 7，说明美元币值上升，人民币币值下跌。

间接标价法又称应收标价法，它是以一定单位的本国货币为标准来计算应收若干单位的外国货币。在国际外汇市场上，欧元、英镑、澳元等均为间接标价法。例如，欧元对美元汇率为 1.137 7，即 1 欧元兑 1.137 7 美元。

在间接标价法中，本国货币的数额保持不变，外国货币的数额随着本国货币币值的对比变化而变动。若一定数额的本币能兑换的外币数额比前期少，这表明外币币值上升，本币币值下降，即外汇汇率下降；反之，如果一定数额的本币能兑换的外币数额比前期多，则说明外币币值下降，本币币值上升，也就是外汇汇率上升，即外币的价值和汇率的升跌成反比。

例如，德国外汇市场上汇率从 EUR 1 = USD 1.125 6 调整为 EUR 1 = USD 1.132 8，说明美元币值下跌，欧元币值上升。

进入20世纪80年代以来，由于世界经济发展不平衡加剧以及国际资本流动进一步趋向自由化，世界外汇市场上各国货币汇率更加涨落不定，动荡剧烈。外汇市场发生的变化对企业的销售、利润和战略具有根本性的影响。因此，了解外汇市场的运行以及汇率变动对企业的潜在影响是非常重要的。

（二）外汇市场的分类

1. 无形外汇市场和有形外汇市场

按外汇市场的外部形态进行分类，外汇市场可以分为无形外汇市场和有形外汇市场。无形外汇市场，也称为抽象的外汇市场，是指没有固定、具体场所的外汇市场。这种市场最初流行于英国和美国，故其组织形式被称为英美方式。这种组织形式不仅扩展到加拿大、东京等其他地区，而且也渗入到欧洲大陆。无形外汇市场的主要特点是：第一，没有确定的开盘与收盘时间；第二，外汇买卖双方无需进行面对面的交易，外汇供给者和需求者凭借电传、电报和电话等通信设备进行与外汇机构的联系；第三，各主体之间有较好的信任关系，否则这种交易难以完成。除了个别欧洲大陆国家的一部分银行与顾客之间的外汇交易还在外汇交易所进行外，世界各国的外汇交易均通过现代通信网络进行。无形外汇市场已成为今日外汇市场的主导形式。也正是外汇市场以无形化为主要形式，才可以通过先进的通信手段将全球的外汇市场连接在一起，形成一个24小时运作的市场。

有形外汇市场，也称为具体的外汇市场，是指有具体的固定场所的外汇市场。这种市场最初流行于欧洲大陆，故其组织形式被称为大陆方式。有形外汇市场的主要特点是：第一，固定场所一般指外汇交易所，通常位于世界各国金融中心；第二，从事外汇业务经营的双方在每个交易日的规定时间内进行外汇交易。在自由竞争时期，西方各国的外汇买卖主要集中在外汇交易所。但进入垄断阶段后，银行垄断了外汇交易，致使外汇交易所日渐衰落。

2. 自由外汇市场、外汇黑市和官方市场

按外汇所受管制的程度进行分类，外汇市场可以分为自由外汇市场、外汇黑市和官方市场。

自由外汇市场，是指政府、机构和个人可以买卖任何币种、任何数量外汇的市场。自由外汇市场的主要特点有两个：一是买卖的外汇不受管制；二是外汇交易过程公开。例如，美国、英国、法国、瑞士的外汇市场皆属于自由外汇市场。

外汇黑市，是指非法进行外汇买卖的市场。外汇黑市的主要特点是：一是在政府限制或法律禁止外汇交易的条件下产生的；二是交易过程具有非公开性。由于发展中国家大多执行外汇管制政策，不允许自由外汇市场存在，所以这些国家的外汇黑市比较普遍。

官方市场，是指按照政府的外汇管制法令来买卖外汇的市场。这种外汇市场对参与主体、汇价和交易过程都有具体的规定。在发展中国家，官方市场较为普遍。

3. 外汇批发市场和外汇零售市场

按外汇买卖的范围进行分类，外汇市场可以分为外汇批发市场和外汇零售市场。外汇批发市场，是指银行同业之间的外汇买卖行为及其场所，其主要特点是交易规模大。外汇零售市场，是指银行与个人及公司客户之间进行的外汇买卖行为。

二、外汇市场的作用

外汇市场主要有两个作用：一是将一个国家的货币转换成另一个国家的货币；二是针对外汇风险提供一定的保障，这里的风险主要是指汇率不可预见的变化所带来的负面结果。除此之外，它也实现了购买力的国际转移，给借贷资金提供了融通，给外汇投机以及套期保值等金融活动给予便利，同时外汇市场的信息对于经贸活动有非常重要的参考价值。

（一）外汇市场是货币转换最主要的场所

对个人来说，跨境旅游、出国留学等跨境活动经常需要进行外汇买卖。然而，从外汇交易的主体来看，企业是外汇市场最主要的参与者。国际贸易、国际借贷、国际投资、国际汇兑等引起货币收支的一系列金融活动，都必然涉及外汇交易，只有通过在外汇市场上买卖外汇才能使国际金融活动顺利进行，而外汇市场上的外汇交易在很大程度上进一步带动和促进了其他金融市场的交易活动。因此，外汇市场是国际金融活动的中心。国际企业主要有四个方面需要利用外汇市场。

第一，公司出口所收回的货款。公司把国内的产品销售到国外，如果以外币进行结算，就需要把外币转换为本币。

第二，公司购买国外的商品和服务。如果公司必须用外

【思考题5-2】
谁需要货币转换？

国货币支付所购商品货款时，就需要到外汇市场把本币转换为外币。

第三，公司有多余款项想在货币市场做短期投资时，也要利用外汇市场。当其他国家资本投资回报率高于本国时，在不考虑外汇风险的情况下，公司或个人可以将本币转换为外币投资于国外市场，赚取更高的投资回报。

任何个人、企业、银行、政府机构，甚至国际金融机构都可在外汇市场买卖外汇，调剂余缺。调剂余缺还包括这种情况，即出售某种或某些多余货币，换取某种或某些短缺货币，通过外汇市场上的外汇交易，调节外汇供求。

第四，公司还可以利用外汇市场开展外汇投机。外汇投机（currency speculation）主要涉及资金的短期运作，期望将一种货币换成另一种货币时通过汇率的变动获利。

在外汇期货市场上，投机者可以利用汇价的变动牟利，产生"多头"和"空头"，对未来市场行情下赌注。"多头"是预计某种外汇的汇价将上涨，即按当时价格买进，而待远期交割时，该种外币汇价上涨，按"即期"价格立即出售，就可牟取汇价变动的差额。相反，"空头"是预计某种外币汇价将下跌，即按当时价格售出远期交割的外币，到期后，价格下降，按"即期"价买进补上。这种投机活动是利用不同时间外汇行市的波动进行的。在同一市场上，也可以在同一时间内利用不同市场上汇价的差别进行套汇活动。

近年来开始流行的一种投机交易是套息交易。套息交易是在利率较低的地方借入货币，然后在利率较高的地方进行投资。

套息交易能挽救亏损？

（二）外汇市场可以对外汇风险提供一定的保障

外汇风险是不可预见的未来汇率变化对企业产生不利影响的可能性。外汇市场的存在为外汇交易者提供了可以运用某些操作技术，如买卖远期外汇期权、掉期、套期保值等来规避或减少外汇风险的便利，使外汇买卖受行市波动的不利影响降低到最小，从而达到避险保值的目的。

公司规避外汇风险的行为称作套期保值。套期保值即保值性的期货买卖，这与投机性期货买卖的目的不同，它不是为了从价格变动中牟利,而是为了使外汇收入不会因日后汇率的变动而遭受损失。这对进出口商来说非常重要。如果出口商有一笔远期外汇收入,为了避免因汇率变化而可能导致的风险,可以将此笔外汇当做期货卖出;反之,进口商也可以在外汇市场上购入外汇期货,以应付将来支付的需要。

要解释这个市场是如何发挥作用的,我们首先必须弄清即期汇率、远期汇率和掉期的概念。

即期汇率是外汇交易商在特定日期将一种货币换成另一种货币时使用的汇率。如图5-1所示,2022年11月1日0点0分美元兑人民币的即期汇率为1美元=7.32人民币。

图5-1 美元兑人民币汇率走势图(新浪财经)

对国际企业而言,即期汇率的变动会带来一定的风险。为了避免或对冲这种风险,国际企业可以参与远期外汇交易。远期汇率(forward exchange rate)也称期汇汇率,是交易双方达成外汇买卖协议,约定在未来某一时间进行外汇实际交割所使用的汇率。图5-2为2022年10月31日英镑兑人民币中国银行远期外汇牌价,企业可以根据自身需要选择合适的交易期限买入或卖出外汇。远期合约到期时,无论即期汇率变化如何,买卖双方都要按合约规定的远期汇率执行交割。远期汇率与即期汇率的差额称为远期差价,或远期汇水,通常用升水、贴水或平价来表示。一国货币的远期汇率高于即期汇率称为升水，远期汇率低于即期汇率称为贴水，二者相同称为平价。

货币名称	货币代码	交易期限	买入价	卖出价	中间价	汇率日期
英镑	GBP	一周	835.448016	851.993916	843.720966	2022-10-31
英镑	GBP	一个月	837.424089	854.264589	845.844339	2022-10-31
英镑	GBP	二个月	836.443751	853.507451	844.975601	2022-10-31
英镑	GBP	三个月	834.870138	851.860938	843.365538	2022-10-31
英镑	GBP	四个月	832.62324	849.75714	841.19019	2022-10-31
英镑	GBP	五个月	830.690526	847.496126	839.093326	2022-10-31
英镑	GBP	六个月	828.413261	845.543241	836.978191	2022-10-31
英镑	GBP	七个月	826.060853	843.831253	834.946053	2022-10-31
英镑	GBP	八个月	823.806762	841.145762	832.476262	2022-10-31
英镑	GBP	九个月	821.449246	838.804146	830.126696	2022-10-31
英镑	GBP	十个月	818.852156	836.222756	827.537456	2022-10-31
英镑	GBP	十一个月	816.12074	833.50644	824.81359	2022-10-31
英镑	GBP	一年	814.264937	831.666237	822.965587	2022-10-31

图 5-2　中国银行 2022 年 10 月 31 日英镑兑人民币远期外汇牌价

如果在同一时间，国际公司既需要买入外汇（如需购买外国的原材料），也需要在未来某一时间卖出外汇（如把产品生产出来后销售到国外），那么公司就可以利用掉期来抵御这种外汇风险。

掉期，也称货币互换，是按两个不同的计值日期同时买进和卖出一定数量的外汇。掉期（货币互换）交易可以在国际企业同其银行之间、不同的银行之间，以及政府之间进行，以便在一个限定的时期内把一种货币换成另一种货币而不必承担外汇风险。通常一种掉期（货币互换）是即期对远期的交易。

例如，美国一家银行某日向客户按 1 美元 = 1.68 马克的汇率卖出 336 万德国马克，收入 200 万美元。为防止将来马克升值或美元贬值，该行利用掉期交易，在卖出即期马克的同时又买进 3 个月的远期马克，其汇率为 1 美元 = 1.58 马克。这样，虽然卖出了即期马克，但又补进了远期马克，使该家银行的马克和美元的结构不变。虽然在这笔远期买卖中该行要损失若干马克的贴水（需要用更多的美元得到同样多的马克），但这笔损失可以从较高的美元利率和这笔现汇交易的买卖差价中得到补偿。

案例讨论

北京房山某机械厂某年 8 月 1 日签订了一笔液压支架的出现合同，交付期在同年 10 月 31 日，金额 100 万欧元，8 月 1 日，欧元/人民币即时汇率为 10.655 9，企业担忧汇率风险。后经公司专家团队合议后，认为其交易过程十分简单，建议该企业与银行签订远期结汇业务比较合适。实际操作过程："在企业提交该笔业务相关资料后，我公司为其填写了《远期结汇/售汇申请书》并提交到合作银行。申请书约定：期限三个月，固定交割日为 10 月 31 日；远期结汇汇率为：EUR/CNY-10.442 8。到期日 10 月 31 日按约定远期结汇汇率：EUR/CNY = 10.442 8 交割。" 10 月 31 日，EUR/CNY 即期汇率为 8.725 4，如果企业没有做远期结售汇，将会以欧元/人民币 8.725 4 把欧元换成人民币。由于企业做了远期结售汇，所以企业是按与银行约定价格 10.442 8 结汇。企业实际规避汇率风险：1 000 000×（10.442 8-8.725 4）= 171.74 万元人民币。

问题：该公司采取了哪些措施来应对外汇风险？

（资料来源：百度文库）

三、外汇市场的特征和现状

（一）外汇市场的特征

第一，外汇市场并不是固定在某一地点的市场，而是一个银行、经纪商和外汇交易商之间通过电子通信系统连接起来的全球网络。它不像股票交易有集中统一的地点，但是外汇交易的网络却是全球性的，并且形成了没有组织的组织，市场是由大家认同的方式和先进的信息系统所联系，这种没有统一场地的外汇交易市场被称为"有市无场"。

【思考题 5-3】
目前外汇市场上哪种货币的交易量最大？
所有货币交易的成交量占比加起来的总和是百分之多少？

第二，外汇市场具有时间上的连续性。外汇市场是一个全球市场，世界上不同地区的外汇市场连接在一起，各个外汇市场在营业时间上相互交替，形成一种前后继起的循环作业格局。由于全球各金融中心的地理位置不同，亚洲市场、欧洲市场、美洲市场因为时间差的关系，各金融中心开盘、收盘的时间互相衔接、重叠，连成了一个全天24小时连续作业的全球外汇交易市场，只有星期六、星期日以及各国的重大节日，外汇市场才关闭。这种连续作业使投资者可以随时寻找最佳的时机进行交易。但需要说明的是，时间上的连续性并非所有外汇市场都是24小时不间断的，只不过是任何时间段都有不同地区的外汇交易中心在运行，外汇市场是一个24小时不间断的市场是从整体来说的。

第三，外汇市场具有空间上的统一性。随着互联网技术的更新和普及，大大加快了数据传输的速率，增强信息交换的即时性，加上计算机电子交易系统的完善，使投资者可以待在一个地区就能参与全球各地的市场交易，整个世界越来越连成一片，形成一个统一的世界外汇市场。因此可以说，外汇市场是一个没有时间障碍和空间障碍的市场。

【思考题5-4】
外汇市场最主要的交易中心在哪里？

第四，外汇市场价格波动日益扩大。由于世界经济不平衡的加剧、国际资本流动的自由化以及外汇市场上投机活动的活跃，外汇市场上的汇率波动更加频繁和剧烈。例如，1997年的亚洲金融危机、2001年美国的"9·11"事件、2008年的美国次贷危机等，都导致外汇市场上的汇率大幅波动。

虽然风险性大，但外汇市场其实是一个理论上资金总盈亏为零的市场，即资金总是从输家的手里流入赢家。有人形容外汇交易是"零和游戏"，更确切地说是财富的转移。近年来，投入外汇市场的资金越来越多，汇价波幅日益扩大，促使财富转移的规模也愈来愈大，速度也愈来愈快，以全球外汇每天1.5万亿美元的交易额来计算，上升或下跌1%，就是150亿美元的资金要换新的主人。任何一种货币都不会变为废纸，即使某种货币不断下跌，它也总会代表一定的价值，除非宣布废除该种货币，因此，尽管外汇汇价变化很大，人们对于外汇市场的热度依然很高。

第五，政府对市场的干预愈发频繁。由于汇率波动对一国经济的影响较大，为了稳定本国汇率，各国中央银行都积极参与外汇市场的交易，以稳定汇价。尤其是在全球经济化步伐加快、各国越来越依赖于世界经济的背景下，汇率对一国经济的杠杆作用得到强化，因此，各国政府为了保证本国货币汇率的变化不至于对本国经济产生负面影响，会更加频繁地干预外汇市场。

当然，任何国家和财团都无法直接决定汇率的走势，外汇交易相对来说是最公平的市场。虽然某个国家的某项货币政策或多个大财团的联合措施会对汇率的波动产生影响，但只是因为政策和措施的实行影响了投资者的判断选择，影响了投资者的资金走向，从而对汇率的走势产生影响。

(二) 外汇交易市场的现状

1. 主要外汇交易中心

目前，世界上大约有 30 多个主要的外汇交易中心，其中最重要的有欧洲的伦敦、法兰克福、苏黎世和巴黎，美洲的纽约和洛杉矶，大洋洲的悉尼，亚洲的东京、新加坡和中国香港等。各外汇市场虽处于不同时区，营业时间不同，但相互之间已由先进的通信设备和计算机网络连成一体，使得外汇资金流动顺畅，市场间的汇率差异极小。

2. 外汇交易方式

外汇是伴随着国际贸易产生的，是国与国间结算债权债务关系的工具，但近十几年以来，外汇交易量成倍增长，在实质上也发生了重大变化，外汇不再是国际贸易的一种工具，更成为国际上最重要的金融商品。由国际贸易而产生的外汇交易占整个外汇交易的比重日益减少。可以说，现今外汇交易的主流是投资性的，是以在外汇汇率波动中盈利为目的的。外汇交易主要可分为现钞、现货、合约现货、期货、期权、远期交易等。其中，合约现货交易又称外汇保证金交易，是指投资者与专业从事外汇买卖的金融公司（银行、交易商或经纪商）签订委托买卖外汇的合约，只要缴付一定比率的交易保证金，就可以按一定融资倍数买卖十万、几十万甚至上百万的外汇,这种合约形式的买卖只是对某个价格做出书面或口头的承诺,然后等待汇率上升或下跌到预期点位时,再按交易量做买卖的结算,从汇率的变化中体现盈利或亏损。

四、汇率决定的经济理论

汇率决定理论（exchange rate determination theory）主要分析汇率受什么因素决定和影响。汇率决定理论随经济形势和西方经济学理论的发展而发展,为一国货币局制定汇率政策提供了理论依据。汇率决定理论主要有国际借贷学说、购买力平价学说、利率平价学说、国际收支说等。

（一）国际借贷学说

国际借贷学说（theory of international indebtedness）出现和盛行于金本位制时期,该理论可追溯到14世纪,1861年,由英国学者G. I. Goschen较为完整地提出。该学说认为,汇率是由外汇市场上的供求关系决定的。这一理论的缺陷是没有说清楚哪些因素具体影响到外汇的供求。

决定汇率的因素是复杂的,多数有关汇率变动的经济理论都认为以下三个因素对一国货币汇率的未来变化有重要的影响：一国的价格水平（通货膨胀）、利率和市场心理。

（二）购买力平价学说

购买力平价学说（theory of purchasing power parity）的理论渊源可追溯到16世纪。1914年第一次世界大战爆发,金本位制崩溃,各国货币发行摆脱羁绊,导致物价飞涨,汇率出现剧烈波动。1922年,瑞典学者古斯塔夫·卡塞尔出版了《1914年以后的货币和外汇》一书,系统地阐述了购买力平价学说。

该学说认为,两种货币间的汇率取决于两国货币各自所具有的购买力之比,汇率的变动也取决于两国货币购买力的变动。例如,A国的物价水平为P_A,B国的物价水平为P_B,e为A国货币的汇率（假设采用直接标价法）,则按照购买力平价学说分析：

$$e = P_A / P_B$$

【思考题5-5】
你认为汇率是由什么决定的呢？你想通过买卖外汇赚钱吗？

【思考题5-6】
我们可以判断一种货币的供求状况吗？

【思考题5-7】
如果US/French汇率为1美元=0.78欧兑,那么一件衬衣在美国纽约卖50美元,应该在法国巴黎卖多少呢？

1. 一价定律

一价定律（law of one price）是指在没有运输费用和贸易壁垒（如关税）的竞争性市场中，同样的商品，当其价格以同样的货币表示时，在不同的国家必须以同样的价格出售。

《经济学人》杂志选择了麦当劳的汉堡包来代表"一篮子商品"，因为它是 119 个国家采用大致相同的配料制作的（可以把各国的麦当劳汉堡包看成是相同的物品）。汉堡包购买力平价是汉堡包的制作成本相同的各个国家货币之间的汇率。《经济学人》杂志认为，将一国的市场汇率和以汉堡包的相对价格为计算基础的购买力平价进行比较，可以检验一种货币是否低估。

拓展阅读

"巨无霸汉堡包指数"是由《经济学人》于 1986 年 9 月推出，此后该报每年出版一次新的指数。该指数在英语国家里衍生了 Burgernomics（汉堡包经济）一词。该杂志比较麦当劳巨无霸汉堡包（Bid Mac）在世界各地的价格，作为各国币值是否被低估或高估的指南。为什么将巨无霸作为指标？原因很简单，巨无霸是麦当劳快餐连锁店中最著名的产品，此外，在任何国家或地区，巨无霸都使用相同的成分（肉、面包、奶酪、生菜、洋葱等）。该理论的假设是相似的食品无论在哪里销售，其价格应当是相同的，价格有差别意味着币值出现异常情况。例如，一个巨无霸汉堡包在华盛顿的价格为 1 美元，而在鲁利坦尼亚（Ruritania，假想国）为 20 比索，那么，美元兑比索应是 1 美元等于 20 比索。如果汇率偏离这一水平，根据购买力平价理论，比索的币值要么偏低，要么偏高。购买力平价理论认为，汇率应变动至令相同的商品组合价格一致的水平。批评者认为，巨无霸汉堡包指数忽略了不同国家的税收、利润水平和原材料价格等因素的影响。

除"巨无霸汉堡包指数"外，《经济学人》还提出了

"星巴克指数",认为一国汇率应当使购买一杯星巴克中杯拿铁的价格与在美国购买的成本相同。根据这一指标,每一个国家货币的购买力可以用一杯拿铁的美元价格来反映。这一指数也被称为"中杯拿铁指数"。

(资料来源:威力社区,百度百科)

2. 货币供应和通货膨胀

一个国家货币供应量的增加速度高于产出增长,就会引发通货膨胀。

美元对委内瑞拉货币汇率一天大涨近12%

一个国家货币供应量增加的同时也增加了可用的货币量,于是就改变了外汇市场的相对供求状况。按照购买力平价理论,一个高通胀率的国家会出现货币汇率的下跌。例如,委内瑞拉、玻利维亚等国家。

政府的政策决定了一个国家货币供应量的增长率是否大于产出增长率。一国政府可以简单地要求该国中央银行发行更多货币来增加货币供应量,政府也可以通过增加税收来获得公共支出资金。货币供应过多的不可避免的结果就是通货膨胀。

购买力平价学说较好地解释了长期汇率变动的原因,为金本位制崩溃后各种货币的定价提供了较好的基础。但该理论是建立在一定的假设基础之上的,主要缺陷有四个:一是该学说只考虑了可贸易商品,而没有考虑不可贸易商品,也忽视了贸易成本和贸易壁垒,更没有考虑人所生活的自然环境(环保、绿化、基础设施完善程度等)以及人所生活的社会环境(制度、社会稳定程度、社会文明程度等);二是该学说没有考虑到越来越庞大的资本流动对汇率产生的冲击;三是存在一些技术性问题,一般物价水平(物价指数)很难计算,其难点在于选择何种物价指数,是居民消费价格指数(CPI),还是 GDP 平减指数,还是其他指数,即使指数选定了,如何选择样本商品也是个问题;四是过分强调物价对汇率的作用,而影响汇率的因素有很多,同时汇率变化也会影响物价。

(三) 利率和汇率

假如银行储蓄利率有 5%，某人的存款在一年后就多了 5%，是说明他富了吗？这只是理想情况下的假设。如果当年通货膨胀率为 3%，那他只富了 2% 的部分；如果是 6%，那他 2012 年 100 元能买到的东西 2013 年要 106 元了，而存了一年的钱只有 105 元了，他反而买不起这东西了。

利率反映了对可能的未来通胀率的预期。预期通胀率高的国家利率也高，因为投资者要因其货币价值的下降获得补偿。

费雪效应表明，名义利率会随着通货膨胀率的变化而变化，一国的"名义"利率（i）是所要求的"实际"利率（r）与借出资金那一段时期的预期通胀率（I）之和。更为正式的表述是：

$$i = r + I$$

根据费雪效应，假如世界各国的实际利率是相同的，那么各国间任何利率上的差异均反映了对通货膨胀率不同的预期。在某种经济制度下，实际利率往往是不变的，因为它代表的是实际购买力。于是，当通货膨胀率发生变化时，为了求得公式的平衡，名义利率，即银行挂牌利率会随之而变化。

正是基于这个原因，在 20 世纪 90 年代初物价上涨时，中国人民银行制定出较高的利率水平，甚至还有保值贴补率。

购买力平价理论告诉我们，汇率的变动会抵消通货膨胀差异的影响（至少在理论上是这样），本国通货膨胀率相对于外国通货膨胀率上升，意味着本币贬值。既然利率反映了对通货膨胀的预期，那么在利率与汇率之间也必定有联系，这一联系称为国际费雪效应。

国际费雪效应，是指在一定时间内两国货币的汇率与两国资本市场利率的差异呈现大小相等、方向相反的变化。也就是说，即期汇率变动的幅度与两国利率之差相等，方向相反。用公式表达是：

$$(S_1 - S_2)/S_1 = id - if$$

式中，id 是国内资本市场利率，if 为国外利率；S_1 为当前的即期汇率；S_2 为一定时间结束后的即期汇率，即远期汇率。

【思考题 5-8】
银行挂牌利率是名义利率还是实际利率？

近年来的研究发现，国际费雪效应在预测长期汇率变动方向上有作用，但短期内实际数据与理论有很大偏差。而且很多货币存在外汇风险溢价，各种未冲销的套汇活动扭曲了货币市场。因此，多数情况汇率的变动幅度会大于两国利率之差。

（四）投资者心理与跟风效应

一些研究表明，投资者心理和跟风效应在决定短期汇率波动上起主要作用。跟风效应，又称羊群效应，即交易商像羊群一样在同样的时间往同样的方向前进。头羊往哪里走，后面的羊就跟着往哪里走。

羊群效应最早是股票投资中的一个术语，主要是指投资者在交易过程中存在学习与模仿现象，"有样学样"，盲目效仿别人。当评论家都说黄金会涨，应该可以抢购黄金时，他们就盲目大量买入黄金；当货币市场的权威人士把本币兑换成美元，他们也会盲目买入。

拓展阅读

有一则这样的幽默故事：一位能源大亨到天堂去参加会议，一进会议室发现已经座无虚席，没有地方坐了，于是他灵机一动，喊了一声："地狱里发现宝贵能源了！"这一喊不要紧，天堂里的能源大亨们纷纷向地狱跑去，很快，天堂里就只剩下那位后来的了。这时，这位大亨心想，大家都跑了过去，莫非地狱里真的发现宝贵能源了？于是，他也急匆匆地向地狱跑去。

笑过之后，聪明的你应该很快明白什么是"羊群效应"了。这一理论最初由心理学家提出。1992年，经济学家阿比吉特·班纳吉首次给出了具体概念，他把股票市场上投资者相互模仿的行为称为"羊群效应"，虽然不同学者给出的定义有所差异，但本质都是指投资者在追求利益最大化时导致的非理性从众心理带来的跟随行为。

为避免跟风交易带来的不利结果，个人投资者应正确看待"羊群效应"，保持头脑清醒，理性投资，不偏信，不盲从。

（资料来源：中国证券网）

五、货币的可兑换性

(一) 货币可兑换性的种类

货币可兑换是指一国货币持有者可以为任何目的而将所持有的货币按市场汇率兑换成另一国货币的权利。

1. 经常项目下可兑换和资本项目下可兑换

根据货币兑换的目的,货币可兑换包括经常项目下可兑换和资本项目下可兑换。

经常项目可兑换,是指政府对私人部门因商品和服务贸易等的国际支付和转移,不进行本外币兑换限制,仅仅对私人部门交易的真实性进行检验。

资本项目可兑换,是指政府不对私人部门因投资和金融交易等需要而进行的本外币兑换进行限制。目前大多数国家都允许资本项目可兑换,但又对资本流动有一定限制。

2. 对内可兑换和对外可兑换

根据货币可兑换的对象,可以分为对内可兑换和对外可兑换。

对内可兑换是指本国私人部门可以在国内自由持有外币资产,并可自由地在国内把本国货币兑换成外币资产。

对外可兑换是指本国私人部门可以在境外自由持有外汇资产和自由对外支付,外国私人部门可以在本国无限制地用这种货币兑换外币。

若本国和外国私人部门都不允许用这种货币兑换外币,这种货币就是不可兑换。

(二) 货币可兑换限制的原因

许多国家都对本国居民将本国货币兑换成外币加以种种限制(对外可兑换政策),以实现对贸易行为和资本流动的控制。如限制进口、防止资本外逃等。各国外汇政策也会随着经济的发展而调整。一般来说,在发展中国家,外汇管制普遍比较严格,而在发达国家,则鼓励资本输出。

政府限制货币兑换的目的是保留外汇储备和担心资本外逃。作为一国国际偿付能力的重要组成部分,外汇储备的增

【思考题 5-9】
政府限制货币可兑换的原因是什么?

【思考题 5-10】
外汇储备可以做什么用？

【思考题 5-11】
对于货币不可兑换的国家，是否要开展国际商务？如果要开展货币商务，货币兑换如何解决？

对等贸易：
特朗普挑战世界贸易规则体系

【小组讨论 5-1】
当你需要钱时，你有哪些途径？那要看需要多少钱？

加既能加强宏观调控能力，又能维护国家和企业在国际上的信誉。我们可以把外汇储备理解为一国的资本，不仅可以支付外债、进口商品，还可以用来干预市场、控制汇率、平衡收支。

 **拓展阅读**

在 20 世纪 90 年代，我国经济非常落后，外汇储备也很少。1994 年外汇制度改革后，国家实行了强制结售汇制度。公司出口所获外汇收入必须出售给国家中央银行，中央银行按官方汇率向公司支付等值人民币。2012 年 4 月之前，强制性结售汇政策已经结束，从那时起，企业和个人可以自行保留外汇收入。

（三）对等贸易

公司可以通过对等贸易来应对货币不可兑换的问题。对等贸易是指一系列类似以物易物的协议，即用商品和服务来交换其他商品和服务。一般认为这是一种以货物或劳务（包括工业产权和专有技术等无形财产）作为偿付贷款手段的一种贸易方式。它把进口和出口结合起来，组成相互联系的整体交易，交易双方都有进有出，并求得各自的收支基本平衡。

拓展阅读

外汇传奇人物——索罗斯

乔治·索罗斯（George Soros）1930 年生于匈牙利布达佩斯。1947 年，他移居到英国，并从伦敦政治经济学院毕业。1956 年，索罗斯去美国，在美国通过他建立和管理的国际投资资金积累了大量财产。90 年代后期，索罗斯把目标瞄准了东南亚，掀起了一场轰动世界的亚洲金融危机。

1997 年 2 月，美元兑泰铢的汇率是 1∶25 左右，索罗斯通过美债抵押向泰国借了大量泰铢,随后逐批大量抛售,不断借入、卖出反复操作,引发市场恐慌,导致个人和机构纷纷抛售泰铢。

注意,货币本身也是一种商品,也遵循价格规律,市面上的泰铢数量突然暴增,便贬值了。泰国政府为了维持币值稳定,动用了 50 亿美元的外汇储备大量购买泰铢,减少市面上的泰铢数量。而当时泰国的外汇储备总量只有区区 372 亿。

同年 5 月,索罗斯发动了第二轮攻击,这次他不仅大量抛售之前买入的泰铢,而且大量抛售提前买进来的泰国股票,与他同时操作的还有很多国际资本大鳄,在这样双杀的猛烈攻势下,泰国政府毫无招架之力,泰铢急剧贬值、股市狂跌、楼市崩盘,外资赶紧把泰铢兑换成美元外逃,又进一步加剧了泰铢的下跌。

7 月 2 日,泰国政府耗尽全部外汇储备,不得不宣布放弃固定汇率制,实行浮动汇率制。泰铢一夜之间暴跌 17%,索罗斯成功用少量美金偿还了在泰国银行的借贷,净赚数十亿美元离场。

到 7 月 24 日,美元兑泰铢汇率已降至 1∶32.5,到次年 1 月又进一步跌至 1∶56;1997、1998 年两年,泰国实际 GDP 增长率均降至负数;人均 GDP 从 1997 年的 2 496 美元下降至 1998 年的 1 828 美元;经过这一轮洗劫,泰国中产消失 2/3,国民生活困难,十几年的奋斗几个月就灰飞烟灭了。

索罗斯在泰国的操作并不是第一次。

1992 年,他用类似的手法击垮英格兰银行,净赚 10 亿美元;

1994 年,他成功狙击墨西哥比索,使整个墨西哥金融体系倒退 5 年;

1995 年,他狙击俄罗斯,败北,亏损 20 亿美元;

1997 年,在攻击泰国的同时,他也在印尼、菲律宾、缅甸、马来西亚等市场同步操作,而且屡战屡胜。

这场扫荡东南亚的索罗斯飓风一举刮去了百亿美元之巨的财富,使这些国家几十年的经济增长化为灰烬。所有的亚洲人都记住了这个恐怖的日子,记住了这个可怕的人,人们开始叫他"金融大鳄"。

(资料来源：知乎)

第二节　全球资本市场

思考一下，当你思考一下，当你需要 100 元、需要 10 000 元、需要 10 000 000 元、需要 1 000 000 000 元、需要 1 000 000 000 000 元时分别该如何借钱呢？

一、全球资本市场的概况

（一）一般资本市场的功能

资本市场又称长期金融市场，是指以期限在一年以上的金融工具为媒介，进行长期资金交易活动的市场，包括债券市场、股票市场和融资租赁市场等。资本市场是公司筹集资金的重要渠道，是资源合理配置的有效场所。

【思考题5-12】
商业银行和投资银行有什么区别？

中国扩大金融开放，全球资本市场将迎来"头号玩家"

一般资本市场的主要功能是，将希望投资的群体和希望借款的群体连接在一起。在资本市场交易的任何债券或股票，既是筹资的工具，也是投资的工具。在经济运行过程中，既有资金盈余者，又有资金短缺者。资金盈余者为了使自己的资金价值增值，必须寻找投资对象；而资金短缺者为了发展自己的业务，就要向社会寻找资金。为了筹集资金，资金短缺者可以通过向银行贷款、发行股票或者发行债券来达到筹资的目的，资金盈余者可以通过银行存款、买入股票、买入债券实现投资。筹资和投资是资本市场基本功能不可分割的两个方面。资本市场的中长期资金提供者主要为商业银行和投资银行。

商业银行具有间接的连接功能。它们从公司和个人那里获得现金存款，以支付利息作为回报，然后以一个较高的利率为借款者提供贷款，从利息率差额（通常称为利差）中牟利。

投资银行发挥了直接的连接功能，它将投资者和借款者撮合在一起，并收取佣金。

资本市场向公司提供的资金主要包括两种：一种是股权融资；另一种是债权融资。当一家公司向投资者出售股票时，就形成了股权融资（例如，阿里巴巴2014年在纽约证券交易所首次发行股票）。债券融资要求借款公司按照固定的时间间隔偿还事先确定的一部分贷款数额（本金加上规定的利息之和），而不管公司盈利多少。债券融资包括来自银行的现金贷款和向投资者出售公司债券筹集的资金。

（二）全球资本市场的吸引力

全球资本市场，是指全球借贷资本集中的场所，也是全球资本以货币形式进行交易和流通的全球存贷活动场所。通过资金的借贷及债券发行，促进资金在全球移动和再分配。全球资本市场主要是用于筹措和运用国内、国际资金，以满足本国的生产建设和国民经济发展的需要；它由国际债券市场、国际股票市场、国际银行中长期信贷市场三部分组成。

全球资本市场既有利于借款者，也有利于投资者。

对借款者来说，全球资本市场增加了可借贷的资金供应量，能够以较低的成本吸收资本，降低了融资成本，提高了资金运作效率。

对投资者而言，则提供了更广泛的投资机会，使投资者得以建立分散投资风险的国际性投资组合。

（三）全球资本市场的发展

自20世纪初期起，全球资本市场开始在资本的国际配置中发挥积极作用。全球资本市场的发展得益于两个方面的推动，一个是信息技术的发展，一个是政府管制的放松。

1. 信息技术的发展

金融服务业是信息密集型产业，它吸收了关于市场、风险、汇率、利率、资信等大量的信息。信息技术的发展一方面促进了资本全球流动的总量增加，资本跨国流动与其经济规模的相对比例也显著提高。国际清算银行依据国际收支统计资料计算的证券跨境交易资料显示，1975—1998年，西方国家各类证券在居民和非居民之间的交易总额在GDP中的比重迅速上升，美国由4%上升到230%，德国由5%上升到334%，意大利由1%上升到640%，日本由2%上升到91%，其中，增长最快的时期集中在80年代末和90年代初。

信息技术的发展带来了金融技术的提升，金融创新的大量使用，以及各类金融衍生工具的开发和普及，大大提高了国际资本的流动速度。信息技术的发展也促使国际资本市场价格呈现趋同趋势，利率波动、股价波动具有明显的联动性，形成一体化的全球资本市场。资本流动的全球化使不同国家和地区在国际金融市场的融资条件趋于一致，不同国家的利率差距缩小。

2020年疫情导致全球股市暴跌

2020年初疫情肆虐，全球股市暴跌，全球共有120多个股票指数，其中40多个股票指数下跌幅度均超20%，进入技术性熊市。

2020年3月12日，因全球各地开盘收市时间不同，从新西兰、澳大利亚、日韩、中国，到俄罗斯、欧洲、美国依次开盘，俄罗斯RTS开盘后延续前期走势大幅下挫，截至16：30，当日跌幅已超7%，距离年内高点已经下跌近39%，位居全球各市场跌幅榜首位。紧随其后的还有希腊雅典ASE、比利时BFX等。

美国当地时间周四（2020-03-12），三大股指近乎"跌停"，截至收盘，道指跌9.99%报2 352.6点，创1987年黑色星期一以来最大单日跌幅；其他两大指数也遭遇罕见跌幅，标普500指数跌9.51%，纳指跌9.43%，三大股指均跌入技术性熊市。

（资料来源：米扑博客）

2. 政府管制的放松

许多国家在20世纪70年代开始解除资本管制，放宽了外国投资者对国内投资的限制和本国居民及公司对外投资的限制。新兴市场国家以及发展中国家进入全球资本市场的条件显著改善，参与国际资本市场活动融通资金的国家越来越多，各类资本市场进入的障碍纷纷消除。

近年来，世界政治经济格局发生深刻复杂演变，新冠疫情给全球经济复苏和金融稳定带来了重大挑战。但总体看，全球资本市场经受住了疫情的冲击，展现出强大韧性，为支持企业复工复产和经济加快恢复创造了良好条件。

全球资本市场能有今天的发展局面，主要是靠开放合作。尤其是中国资本市场经过 30 多年的发展，在市场规模、体系结构、发展质量和开放水平等方面取得了长足进步。

中国资本市场的发展

我国资本市场是计划经济向市场经济发展的产物。回顾我国资本市场的发展历程，我国资本市场经历了从无到有、从区域到全国的四个发展阶段。

第一阶段：资本市场发展的雏形（1978—1990 年）

股份制改革催生了第一只股票的出现。1978—1987 年，中国从第一支股票的发行（1980 年）到股份制在市场上的流行，股份制的需求逐步扩大，同时随着证券发行的增加和投资者队伍的不断扩大，带来了证券的交易需求。但由于没有监管、没有相应的法规和市场，出现了"有股无市"等一些问题。

第二阶段：资本市场的建立与探索阶段（1990—1998 年）

1990 年 11 月，在中国政府的支持下，上海证券交易所由中国人民银行正式批准设立，这是新中国成立以来第一家证券交易所。但绝大多数人对于股票、证券这些新生事物持怀疑态度，还存有争议。直到 1992 年邓小平南方谈话，这次讲话为资本市场的后续发展起到了重要的促进作用。1992 年之后，国内参与股票投资的市场情绪热情高涨。但之后股市的发展暴露出了中国股市的缺陷：缺乏规范管理和集中统一的监管。基于当时中国资本市场存在的问题，催生了证券监管机构的诞生。中国资本市场在监管部门的推动下，建立了一系列的规章制度。

第三阶段：资本市场规范与制度建设阶段（1998—2006年）

1998年底，《中华人民共和国证券法》（简称《证券法》）正式推出，1999年7月正式实施。《证券法》的实施以法律形式确认了资本市场的地位，标志着证券市场法制化建设进入了新阶段，资本市场进入了改革与创新的新阶段。

此后又迎来了股票市场的股权分置改革，2005年4月，经国务院批准，中国证监会发布了《关于上市公司股权分置改革试点有关问题的通知》，股权分置改革试点工作正式启动。股权分置改革任务基本完成，标志着国内资本市场由此进入了一个新阶段。

第四阶段：深化改革与创新——多层次资本市场开启新时代（2007年至今）

2006年底，股权分置改革接近尾声，创业板的推出再次提上日程，并开始筹备工作。但2008年，由美国雷曼兄弟破产引发的次贷危机席卷全球，对中国股市也带来了极大影响。随后，随着国内经济形势好转，同时开放式股票型基金重获发行，让灾后的A股市场重拾信心，开启一波反弹行情。

2009年10月，耗时10年的创业板正式开板，主要为从事新技术产业、成立时间短、规模较小但成长性好的企业提供较为宽松的上市融资机会。继创业板推出之后，国家构建多层次资本市场体系的政策措施持续不断推出。随着企业的成长和资本市场的发展，证券市场各板块在对接不同层级、不同类型高科技企业中出现缺口。不同层次证券市场功能的重叠在一定程度上加剧了各类企业在金融需求和供应方面的不平衡。为适应企业发展，国家对资本市场的改革在不断深化与创新。

（资料来源：知乎）

（四）全球资本市场的风险

资本市场放开后，在境内外资产价格存在差异的情况下，会引发大规模的资本流动。资本大规模流入可能导致本国通货膨胀、催生泡沫经济或者外债大规模攀升。资本大规模流出又称为资本外逃，将导致本国资产价格剧烈下降，银行不

【思考题5-13】

为什么国际资本流动以追求短期收益为主？

良贷款大幅攀升，债券、股票和房地产市场价格暴跌，直接导致金融危机。

有关国际投资基本状况的信息不足，可能会促进全球资本市场中投机性资金的流动。人们在国际资本决策中容易受到"晕轮效应"的影响。晕轮效应又称成见效应、光圈效应等，是指人们在交往认知中，对方的某个特别突出的特点、品质会掩盖人们对对方其他品质和特点的正确了解。比如美国"9·11"事件发生后，各国对全球经济环境的评价有所调整，对国际投资行为变得更加谨慎，从而对全球国际资本流动产生了较大的影响。

尽管存在因信息数量和质量方面的差异而引起的问题，许多投资者仍然冒险进行跨国投资，这些投资者很容易在有限的（也许是不准确的）信息基础上改变决定。

二、欧洲货币市场

（一）欧洲货币的概念

欧洲货币（eurocurrency）是指存放在发行国境外的银行的任何一种货币，概念中的"欧洲"并不是一个地理概念，而是指"境外"的含义。之所以冠以"欧洲"，是因为它起源于欧洲。例如，在美国境外存贷的美元称为欧洲美元，其中，欧洲美元约占所有欧洲货币总量的2/3。其他比较重要的欧洲货币还包括欧洲日元、欧洲英镑和欧洲欧元。

传统意义上的欧洲货币市场是指非居民间以银行为中介在某种货币发行国国境之外进行该种货币借贷活动的市场，即货币发行国境外的该国货币存贷市场，又称为离岸金融市场。如存在伦敦银行的美国美元，从德国银行贷款美元等。最早的欧洲货币市场出现在20世纪50年代。1957年，因为东西方冷战，苏联政府因为害怕美国冻结其在美国的美元储备而将它们调往欧洲，存入伦敦，由此导致了欧洲美元的产生。从事欧洲货币货币业务的银行相应地被称为欧洲银行。

对于国际商务来说，欧洲货币市场是一个重要的、成本

【思考题5-14】
欧洲货币市场是不是就是在欧洲发行的货币所形成的市场？

相对较低的资金来源。

(二) 欧洲货币市场的吸引力

1. 欧洲货币市场可以给存款者提供更高的利率,给贷款者提供更低的利率

欧洲货币市场是一个有很大吸引力的市场,这个市场与国内金融市场有很大的不同。这是一个完全自由的国际金融市场,它不受任何国家政府管制和税收限制,不需要缴纳法定的存款准备金,经营非常自由,资金的运营成本也低。因此,欧洲货币存款和贷款利率之间的差额比国内存款和贷款利率之间的差额要小。

2. 欧洲货币市场资金庞大、种类繁多

欧洲货币市场的资金来自世界各地,数额极其庞大,各种主要可兑换货币应有尽有,故能满足各种不同类型的国家及其银行、企业对于不同期限与不同用途的资金需要。

3. 欧洲货币市场资金调度灵活,手续简便

欧洲货币市场资金周转极快,调度十分灵便,因为这些资金不受任何管辖。这个市场与西方国家的国内市场及传统的国际金融市场相比,有很强的竞争力。

(三) 欧洲货币市场的缺陷

欧洲货币市场也给世界经济带来了不可低估的不稳定性。

第一,经营欧洲货币业务的银行风险增大。对银行来说,借款人除了本国客户外,还有外国客户,或虽系本国客户,但又转手再放给外国客户,所以,它具有国与国间极其复杂的连锁关系。此外,由于缺乏管制,虽然降低了银行运作成本,也带来了因缺乏存款准备金所拥有的保障。

第二,国际贷款会使一家公司暴露于外汇风险之中。对企业来说,很有可能遇到的场景是,从欧洲货币市场以较低的贷款利率获取资金,但由于本币贬值,还款时需要用更多的本币兑换外币,看似成本很低的欧洲货币变得代价更高。此外,欧洲货币市场上的资金具有很大的流动性,每当某一主要国家货币汇率出现动荡将贬值下浮时,它的流动性将进一步加剧。

三、全球债券市场

（一）全球债券的种类

债券是许多公司的一种重要的融资手段。最普通的一种债券是固定利率债券。购买固定利率债券的投资者可获得固定的现金支付。全球债券主要有以下两种形式。

1. 外国债券

外国债券（foreign bonds）是在借款者的国外发行并以发行地所在国的货币标价的债券。在美国发行的叫"扬基债券"（即非美国人在美国发行的吸收美元资金的债券）。在日本发行的外国债券叫"武士债券"（即非日本发行人在日本债券市场发行的以日元为面值的债券）。国际多边金融机构首次在华发行的人民币债券叫"熊猫债券"。

2. 欧洲债券

欧洲债券（eurobonds），又称为离岸债券，或境外货币债券，是借款人在本国境内外市场发行的、不以发行市场所在国货币为面值的国际债券。欧洲债券的特点是债券发行者、债券发行地点和债券面值所使用的货币分别属于不同的国家。

发行欧洲债券是在欧洲资本市场上筹资的另一种主要形式。特别是20世纪70年代以来，由于对长期资金需求增加，债券形式的借贷活动发展很快，形成了专门的欧洲债券市场。欧洲债券的特点是债券发行人属于一个国家，债券面值则用另一个国家的货币标示，并且在其他国家发行。例如，日本金融机构在东京证券交易所发行的美元债券，则称为"外国债券"，而不能称为"欧洲债券"。

欧洲债券往往由一家大商业银行牵头，联合几家甚至数十家不同国家的大银行代为发行，大部分先由这些银行买进，然后转到销售证券的二级市场或本国市场卖出。现在，欧洲债券在资本市场借贷总额中的比例已超过中、长期银行信贷。欧洲债券主要分为以下三种：第一种是普通固定利率债券，即在发行时，利率和到期日均有明确规定，不再改变；第二种是浮动利率债券，即利率按约定时间调整，多数为半年调整一次，以6个月期的伦敦银行同业拆放利率或美国商业银行优惠放款利率为基础，再加上一定的附加利率计算；第三种是可转换为股票的债券，购买者可以按照发行时规定的兑换价格，换成相应数量的股票。

(二) 欧洲债券市场的吸引力

欧洲债券市场的三个主要特征使其与大多数主要的国内债券市场相比，是一个极具吸引力的选择。欧洲债券市场与欧洲货币市场类似，它没有法规干预，与大多数国内债券市场相比，信息披露要求较为宽松，税收也很优惠。

(三) 欧洲债券市场与外国债券市场的比较

1. 发行市场和投资者不同。

欧洲债券的资本市场所在国与标价债券的货币的发行国是不一致的，欧洲债券可以同时在多个国家发行；而外国债券的资本市场所在国与标价债券的货币的发行国往往是一致的，外国债券的性质决定了它只能在一个国家发行。

2. 受到的监管和约束程度不同。

欧洲债券市场是一个完全自由的市场，债券发行较为自由灵活，既不需要向任何监督机关登记注册，又无利率管制和发行数额限制，因而可以最大限度地避开各种严苛的监督和管制；外国债券则不同，由于外国债券是在筹资国内发行的，因而往往要受到其发行地各种规章制度的监管和约束。

3. 对利息收入是否纳税的规定及筹集资金使用期限不同。

欧洲债券的利息收入通常免交所得税；外国债券则往往要按照其发行地的税率缴纳利息收入所得税。

四、全球股票市场

全球股票市场亦称全球证券市场，是一天24小时不停地买进或卖出跨国公司股票、债券所形成的全球性证券交易市场。在这个市场里，地理位置已不再成为障碍。

全球性金融机构的建立促进了全球股票市场的发展，许多大公司，甚至一些中型公司，都放眼本国边境以外，想在外国出售股票和债券。同时还有更多的证券公司和投资银行在海外开设办事处，使股票、债券等各项金融活动走向全球，形成了当今的全球股票市场。全球股票市场的形成和发展极大地促进世界各国经济之间的相互联系和跨国公司的发展。

严格来讲,并不存在全球外汇市场和全球债券市场那样的全球股票市场。国际股票投资的趋势带来的一个后果是公司所有权的国际化。股票市场第二个国际化的发展结果是,历史上植根于一国的公司正通过在其他国家的股票市场上市,拓宽了股票所有者的范围。这主要是由于融资方面的原因所致。

拓展阅读

全球几大主要证券交易所简介

1. 纽约证券交易所

纽约证券交易所是世界上最大的有价证券交易市场,最早成立于1792年5月17日,当时24名经纪人在纽约华尔街西北角一家咖啡馆门前的一棵梧桐树下签订了"梧桐树协议",开启了原始的票据交易,这就是纽交所的前身。到1817年,股票交易开始活跃,于是市场参与者又成立了"纽约证券交易管理处",1863年更名为"纽约证券交易所"。

2006年6月1日,纽约证券交易所与泛欧证券交易所宣布合并,2007年4月4日,纽约—泛欧证券交易所成立,由5个国家的6家货币股权交易所以及6家衍生产品交易所共同组成,截至2007年5月,其上市公司超过4 000家。

2. 纳斯达克证券市场

纳斯达克证券市场1968年为场外交割交易,1971交易系统才正式启动。纳斯达克证券市场分三个层次:精选市场,有1 200家上市公司;全球市场,有1 450家上市公司;资本市场,有450家上市公司,合计约3 100家。2007年5月,纳斯达克以37亿美元收购了北欧证券市场。

3. 伦敦证券交易所

伦敦证券交易所的前身是300多年前17世纪末的露天市场,当时只是买卖政府债券的"皇家交易所",半个世纪后,1761年由150名交易商自发组建了交易俱乐部,1773年迁入室内,由"皇家交易所"更名为伦敦证券交易所。债券、外汇交易规模超过纽约证券交易所,居全球第一,受理2/3的国际股票承销业务。截至2007年5月,上市公司1 585家,其中外国公司占总市值的56%。

4. 东京证券交易所

东京证券交易所的前身是1879年5月成立的东京证券交易所株式会社。该交易所于1946年在美军占领下解散,1949年重新开张,1983—1990年,东京证券交易所得到了飞速发展。1990年,东京证券交易所在最火爆时吸引了全世界60%的流动资本,成为全世界最大的资本市场。1989年,日经指数最高38 915点,市盈率达70.6倍,当时完全处于疯狂与非理性之中,大部分分析认为还可上涨一万点,1990年第二季度,随着房价的下跌,泡沫破灭,2003年4月最低跌至7 607点,跌幅高达80%。

5. 香港证券交易所

1970年前后,由于香港上市公司增加,相继成立了远东证券交易所、金银证券交易所、九龙证券交易所,再加上香港证券交易所,因"四所"恶性竞争,证券交易下降,最终出现了"假股票案",导致1973年3月至1974年12月的香港证券交易危机及信用危机,1980年"四所"合并成香港证券联交所。现在的香港证券交易所于2000年3月由香港联交所、香港期货交易所和香港中央结算公司合并而成。

思政链接

两部门发布规定,统一境外机构投资者资金跨境管理,提升债市便利化水平

中国人民银行、国家外汇管理局于2022年11月18日联合发布《境外机构投资者投资中国债券市场资金管理规定》(以下简称《规定》),进一步对境外机构进入国内债券市场的信息登记、结售汇交易、资金汇出入进行规则上的优化。

国家外汇管理局指出，《规定》的出台有利于进一步便利境外机构投资者投资中国债券市场，增强中国债券市场对境外机构投资者的吸引力，自2023年1月1日起正式实施。

其中，《规定》不仅对境外机构投资者投资中国债券市场所涉及的资金账户、资金收付和汇兑、统计监测等管理规则进行了统一规范，还允许境外机构投资者通过结算代理人以外的第三方金融机构办理，进一步扩大了境外机构投资者外汇套保渠道，取消柜台交易的对手方数量限制，优化汇出入币种匹配管理，并鼓励长期投资中国债券市场。

中国债券市场
稳步开放

国家外汇管理局有关部门负责人表示，下一阶段，外汇局将持续优化和完善境外投资者投资我国债券市场资金管理相关政策措施，在有效防控风险的前提下，不断提升境外投资者投资境内金融市场的便利化水平。

一、遵从"一套制度规则、一个中国债券市场"的基本思路

近年来，在各方的共同努力下，中国债券市场对外开放取得积极进展。2022年8月末，中国债券市场各类债券余额142.3万亿元，年均增速15%，规模位居全球第二。债券净融资规模占社会融资总规模的31%，较2017年同期上升10个百分点。

2017年以来，进入银行间市场的境外机构数量从407家扩大至1 057家，涵盖包括主要发达国家在内的60多个国家和地区。在银行间市场发行债券的境外机构数量从24家扩大至67家。

2022年5月，为加强我国债券市场对外开放的系统性、整体性、协同性，人民银行、证监会、外汇局发布了联合公告——《关于进一步便利境外机构投资者投资中国债券市场有关事宜》（以下简称《公告》），在现行制度框架下，进一步便利境外机构投资者投资中国债券市场，统一资金跨境管理。

本次《规定》作为《公告》的配套法规，遵从《公告》"一套制度、一个中国债券市场"的基本思路，在多方面进一步便利了境外投资者投资中国债券市场所涉资金管理政策。

二、扩大外汇套保渠道,鼓励长期投资中国债券市场

《规定》对境外机构投资者投资中国债券市场所涉及的资金账户、资金收付和汇兑、统计监测等管理规则进行了统一规范,尤其完善优化了业务登记、资金汇兑等管理。

前述负责人告诉记者,《规定》以登记管理为核心,实现在银行间和交易所两个债券市场统一"入口"(统一备案)基础上的资金业务登记。境外投资者入市备案后,由境内托管人(或结算代理人)通过外汇局相关系统直接办理登记,不设行政许可。

《规定》完善了即期结售汇管理,正式在法规层面明确允许境外投资者通过结算代理人以外的第三方金融机构办理即期结售汇。

《规定》进一步提出,如需在托管人或结算代理人以外的其他境内金融机构开立专用外汇账户,可凭业务登记凭证办理。该专用外汇账户专项用于办理即期结售汇和外汇衍生产品交易项下的资金交割、损益处理、保证金管理等,跨境资金收付应统一通过债券市场资金专户办理。

而在减少境外投资者投资限制方面,《规定》还对外汇套保进行了优化。在优化外汇风险管理政策方面,《规定》取消了柜台交易的对手方数量限制。

2017年开始,境外投资者可以在结算代理行开展外汇衍生品交易对冲债券投资项下外汇风险敞口,本次《规定》在整体沿用和吸收了现有政策的基础上,取消柜台交易的对手方数量限制,进一步赋予市场主体更多选择权,也彰显了对外开放的态度。

在进一步优化汇出汇入币种匹配管理方面,《规定》在保留本外币基本匹配原则的要求下,明确汇入"人民币+外币"进行投资的,累计汇出外币金额不得超过累计汇入外币金额的1.2倍(投资清盘汇出除外)。长期投资中国债券市场的,上述比例可适当放宽。

此外,《规定》还明确了主权类机构外汇管理要求,通过托管人或结算代理人(商业银行)投资的主权类机构投资者,

应在银行办理登记。

三、不断提升债市便利化水平

国家外汇管理局副局长、新闻发言人王春英在上半年外汇收支数据新闻发布会上曾指出，我国债券市场总规模21万亿美元，外资在中国债券市场中占比在3%左右，所以我国债券市场吸收外资有提升空间。她还提到，债券市场进一步开放有助于提升外汇市场的韧性。

中银证券全球首席经济学家管涛表示，债券市场的进一步开放与人民币国际化相辅相成。稳步推进金融市场开放有助于满足境内外投资者的资产配置需求，同时推动人民币由贸易货币向投融资货币和储备货币的转变，提升人民币国际货币的地位。

在下一阶段，外汇局将持续优化和完善境外投资者投资我国债券市场资金管理相关政策措施，在有效防控风险的前提下，不断提升境外投资者投资境内金融市场的便利化水平，稳步推进我国金融市场高水平对外开放，助力提高我国金融市场的国际竞争力。

仲量联行大中华区首席经济学家兼研究部总监庞溟对记者表示，后续可考虑进一步完善外汇、税收、信用评级、会计、审计、信息披露等方面的政策支持、制度配套和规则细化，简化境外投资者进入中国市场投资流程，进一步丰富可投资的境内金融资产种类和人民币资产种类，进一步提高人民币金融资产的流动性。

中信证券首席经济学家明明表示，随着我国资本市场开放程度的不断提高，境外投资者在我国债券市场的参与度逐渐提升，境外机构增持有利于增强我国国债市场的流动性、定价的合理性和交易的活跃性，同时资本市场开放是丰富我国市场投资者结构、提高市场有效性的必经之路，从长远角度来看，我国仍将继续积极稳妥推进资本市场开放，人民币资产的吸引力也将稳步提升。

(资料来源：腾讯网，新浪财经)

复习思考题

一、判断题

1. 如果1美元在即期交易中买入的日元比30天远期交易多,这意味着美元在未来30天内将对日元贬值。当这种情况发生时,我们说,美元在30天远期市场上正在以溢价抛售。(   )

2. 一种货币的价值取决于该货币的供求与其他货币的供求之间的相互作用。(   )

3. 当游客到外国的银行将钱兑换成当地货币时,使用的汇率是远期汇率。(   )

4. 货币投机通常涉及资金从一种货币向另一种货币的长期流动,希望从汇率的变化中获利。(   )

5. 欧洲货币可以在世界任何地方发行。(   )

6. 全球资本市场往往缺乏有关外国投资基本质量的信息。(   )

7. 外国债券在借款国销售,并以发行国的货币计价。(   )

8. 投资者可以通过在国际上的多元化投资组合来降低风险水平。(   )

二、选择题

1. 下列哪一项是指在两个不同的记值日期同时买卖一定数量的外汇?(   )
   A. 货币配对   B. 套利交易
   C. 货币兑换   D. 货币互换

2. 国际企业利用外汇市场的原因哪一项是不正确的?(   )
   A. 接受外国投资可能以外币支付的款项
   B. 以外国货币支付外国公司的产品或服务费
   C. 在手头有现金时,短期投资于货币市场
   D. 保护自己免受货币投机的一切风险

3. 外汇市场的两个主要功能是什么?(   )
   A. 外国公司股票交易和货币兑换
   B. 减少货币波动和设定利率
   C. 为公司投保利率风险,并使进口和出口成为可能
   D. 货币兑换和提供一些外汇风险保障

4. 以下哪一项是全球资本市场的劣势?(　　)
   A. 外国投资可能受到市场投机的影响
   B. 真正的全球市场降低了投资的流动性
   C. 全球资本市场的可用性很低
   D. 资本成本在全球市场上比在国内市场上更多
5. 欧洲美元是(　　)。
   A. 参考美元与欧元的交换价值
   B. 用于支付从欧洲进口的货物
   C. 是在美国境外存入的美元
   D. 参考欧元对美元的兑换缓冲区
6. 股权融资是在(　　)时进行的。
   A. 公司抵押借入资金的股票或其他资产
   B. 公司利用个人的现金贷款
   C. 公司向投资者出售股票
   D. 公司向个人投资者发行债券
7. 使欧洲货币市场对存款人和借款人都具有吸引力的主要原因是(　　)。
   A. 与外汇市场分开　　B. 缺乏政府监管
   C. 与低风险相关　　　D. 给予高水平的投资者保护

三、简答题

1. 外汇市场的作用有哪些?
2. 外汇市场在哪里?该市场有什么特征?
3. 如何规避外汇风险?
4. 试分析欧洲货币与欧洲美元的区别。
5. 什么是全球资本市场?
6. 全球资本市场的好处有哪些?

四、计算题

1. 香港外汇市场,某日美元与港元的汇价是 1 美元 = 7.772 3~7.778 0 港元,问 1 港元等于多少美元?
2. 已知,1 欧元 = 1.322 5 美元,1 英镑 = 1.898 0 美元,1 英镑 = 14.567 8 港元,求:①欧元/英镑;②美元/港元。
3. 假设纽约市场上的年利率是 8%,通货膨胀率为 5%,中国市场上年利率是 5%,通货膨胀率为 2%,目前美元兑人民币的即期汇率为 1 美元=6 元人民币。试预测今日起一年后的即期汇率，同时说明你的答案的逻辑合理性（用国际费雪效应来解释）。（计算保留 2 位小数）

4. 中国和韩国两个国家都生产同一种产品：大米。假定中国大米的价格为每公斤 8 元人民币，韩国大米的价格为每公斤 1 200 韩元。

（1）什么是购买力平价理论？按照购买力平价理论，人民币和韩元的即期汇率应该是多少？

（2）假定预期中国大米的价格会涨到每斤 5 元人民币，韩国大米的价格上涨到每公斤 1 600 韩元，人民币兑韩元的一年期的远期汇率应该是多少？

（3）什么是国际费雪效应？根据国际费雪效应以及（1）和（2）的回答，假定目前中国的利率是 4%，你估计韩国的利率会是多少？

5. 假定你是一家中国牛仔裤的制造商。6 月中旬，你接到来自日本的 1 万条牛仔裤的订单，40 万日元的付款在 12 月中旬到期。你估计到 12 月日元的汇率将会从目前的 1 元人民币=16 日元上升到 1 元人民币=15 日元。你可以按 6% 的年利率借到日元。你应该怎么做？

6. 大华公司想通过债券融资筹集 1 000 万元人民币，该企业将在一年之内还本付息。大华公司的财务总监考虑以下四个选择：①以 7% 的利率从中国银行借入人民币；②以 5% 的利率从日本银行借入日元；③以 9% 的利率从美国银行借入美元；④以 8% 的利率从英国银行借入英镑。大华公司如果借入外币，它将不考虑抵补外汇风险的措施。大华公司预测下一年中，英镑对人民币的汇率将下跌 3%，美元对人民币的汇率将升水 2%，日元对人民币的汇率将贴水 4%。大华公司从哪家银行借款成本最低？

第六章 国际货币体系

学习目标

通过学习，你应该可以了解现代国际货币体系中的相关定义及其历史演变；知晓世界银行和国际货币基金组织在国际货币体系的作用；掌握固定汇率制度和浮动汇率制度的差异；体会当今世界的汇率制度以及各国采用不同汇率制度的原因。

开篇案例

香港联系汇率制度

香港在1983年开始实施联系汇率制度，这是一种货币发行局制度。根据货币发行局制度的规定，货币基础的流量和存量都必须得到外汇储备的十足支持。换言之，货币基础的任何变动必须与外汇储备的相应变动一致。

联系汇率是与港币的发行机制高度一致的。香港没有中央银行，是世界上由商业银行发行钞票的少数地区之一。港币则是以外汇基金为发行机制的。外汇基金是香港外汇储备的唯一场所，因此是港币发行的准备金。3家发钞银行为汇丰银行、渣打银行、中国银行，各自分别的发钞比例为80%、15%和5%。

3家发钞银行在发行钞票时，必须以百分之百的外汇资产向外汇基金交纳保证，换取无息的"负债证明书"，以作为发行钞票的依据。联系汇率制度规定，汇丰、渣打和中银三家发钞银行增发港币时，须按7.8港元等于1美元的汇价以百分之百的美元向外汇基金换取发钞负债证明书，而回笼港币时，发钞银行可将港币的负债证明书交回外汇基金换取等值的美元。

这一机制又被引入了同业现钞市场，即当180家持牌银行向发钞银行取得港币现钞时，也要以百分之百的美元向发钞银行进行兑换，而其他持牌银行把港元现钞存入发钞银行时，发钞银行也要以等值的美元付给它们。这两个联系方式对港币的币值和汇率起到了重要的稳定作用，这是联系汇率制的另一特点。香港历史上，无论以何种资产换取负债证明书，都必须是十足的，这是港币发行机制的一大特点，联系汇率制依然沿袭。

联系汇率制度自1983年正式实施，迅速地稳定了港币对内价值，十多年来更接受过多次挑战，香港1997年、1998年击退金融炒家、成功捍卫联系汇率依赖以下几大因素：庞大的外汇储备；坚守货币发行局制度；拥有丰厚的财政盈余；良好的理财纪律以及中央政府的全力支持。

思考：香港采取联系汇率制度的原因是什么？采取这种汇率制度有什么好处？

（资料来源：《国际商务：结合中国企业的案件分析》）

国际货币体系对整个国际金融领域有着至关重要的影响，了解国际货币体系及其在汇率方面的决定作用是企业从事国际业务必不可少的内容。通过本章的学习，我们可以回答以下问题：

- 什么是国际货币体系？
- 国际货币体系的演变历程是怎么样的？
- 固定汇率制度为什么崩溃？
- 国际货币体系是如何运作的？

第一节　国际货币体系概述

本节我们需要学习什么是国际货币体系，明确其定义，了解国际货币的内容、目的以及作用。同时，我们也需要知道国际货币体系是如何划分的、评价标准如何。

一、国际货币体系的概念、内容、目标及作用

(一) 国际货币体系的概念

国际货币体系是用以管理汇率制度安排,在国际经济关系中,为满足国与国间各类交易的需要,各国政府对货币在国际上的职能作用及其他有关国际货币金融问题所制定的协定、规则和建立的相关组织机构的总称。

(二) 国际货币体系的内容

国际货币体系确定了世界及各国货币的汇率制度、有关国际货币金融事务的协调机制或建立有关协调和监督机构、资金融通机制、主导货币或国际储备货币、国际货币发行国的国际收支及履约机制。主要包含以下三个方面的内容。

【思考题6-1】
你知道国际货币体系包含了哪些内容吗?

1. 各国货币比价的确定

国际货币体系负责协调和管理在一定时期内各国货币之间的比价、货币比价确定的依据、货币比价波动的界限以及货币比价的调整与维持所采取的措施等。

2. 国际收支的调整及其方式

一国的国际收支情况从总体上反映了该国对外经济交易的状况。随着世界经济的发展,各个国家之间的联系也愈发紧密,任何一个国家的国际收支调整都会在一定程度上影响到与其他国家的经济关系。因此,国际货币体系要对各国国际收支调整的方式进行协调和约束。

3. 国际储备资产的确定

为了满足国际经济交易和支付的需要,任何国家都需要保持一定量的国际储备资产。一国政府应使用何种货币作为国际支付手段,持有何种国际储备资产以确保国际支付顺利进行及满足调节国际支付的需要等,仍需要国际货币体系的管理和协调。

(三) 国际货币体系的目标与作用

由国际货币体系的内容可知,国际货币体系的目标在于保障国家贸易和世界经济的稳定、有序的发展,使各国的资源得到有效的开发利用。

国际货币体系的作用是建立汇率机制，防止循环的恶性贬值，为国际收支不平衡的调节提供有力手段和解决途径，促进各国经济政策的协调。

二、国际货币体系的评价标准

评价一种国际货币体系是否立项的标准应该是能够促进国际贸易发展和国际资本的流动，主要体现在保证国际收支的失衡能够得到有效而稳定的调整，提供充足的国际清偿能力以及对国际储备资产的信心。

第一，国际收支调节机制。在良好的国际货币体系下，国际收支失衡能在最短时间内以最小成本加以调节，并且各国能公平合理地承担调节责任。

第二，国际清偿能力，即国际储备总额。适当的国际储备水平能弥补国际收支短期失衡所需要的国际储备量。

第三，信心（confidence）。信心是指各种储备资产的持有者愿意继续持有，而不会匆忙转向。

良好的国际货币体系能使人们确信调节机制可以顺利发挥作用，国际储备的相对值和绝对值能保持稳定。国际货币体系是一种国际性安排，是协调的结果，在内容和形式上并无十分严格的界定，具有松散性和灵活性的特征。国际货币体系的规则和措施对各国只有一定的约束力而不具备法律的强制性，其执行在很大程度上是以相关国家的自觉性和责任感来保证的。

【思考题6-2】
你知道国际货币体系是如何划分的吗？

三、国际货币体系的类型

本位货币和汇率安排是划分国际货币体系类型的重要标准。本位货币涉及储备资产的性质，是国际货币体系的基础。从本位货币的角度出发，国际货币体系可以分为三类：商品本位，如金本位；信用本位，如不兑换纸币本位；混合本位，如金汇兑本位。

汇率在国际货币体系中占据着中心位置，可以根据汇率的弹性大小来划分各种不同类型的国际货币体系。汇率变动的两个极端是固定汇率制度和浮动汇率制度，介于两者之间的有钉住汇率制度、管理浮动汇率制度等。

从国际货币体系的历史演进过程来看，国际货币体系可分为国际金本位制度、布雷顿森林体系以及牙买加体系。

第二节 国际货币体系的演变

关于什么类型的汇率制度最适合当今世界的争论仍在进行。一些经济学家提倡一种允许主要货币相互浮动的制度；另一些经济学家则提出要回归到类似于布雷顿森林体系的固定汇率制度。

国际货币体系发展变迁的历史表明，推动国际货币体系发展演变的基本力量是汇率稳定和国际清偿能力的矛盾发展。成功的国际货币体系必须能够同时满足清偿力和稳定性要求，至少能够在可以接受的范围内维持二者的平衡。一旦这种平衡遭到破坏，旧的国际货币体系就需要被新的国际货币体系替代，这就是一百多年来国际货币体系发展演变的基本规律。

一、金本位制度

（一）金本位制度的起源

金本位制度起源于使用金币作为交换媒介、记账单位和价值贮藏手段。工业革命之后国际贸易数额增长，将大量的黄金或白银运往世界各地为国际贸易融资不再具有可行性。国际贸易需要一种更加便利的融资手段。解决方案就是使用纸币支付，政府则承诺这种纸币可按固定的比率兑换成黄金。

金本位的起源

（二）金本位制度的主要内容

第一，用黄金规定货币所代表的价值，每一货币单位都有法定的含金量，各国货币的比价由其含金量决定。

第二，金币可以自由铸造，任何人都可自由地将黄金交给国家铸币局铸造成金币。

第三，金币是无限法偿的货币，具有无限制的支付手段的权利。

图解金本位

第四，各国的货币储备是黄金，国与国间的结算也使用黄金，黄金可以自由输出入。

由此可见，金本位制具有三个特点：自由铸造、自由兑换和自由输出输入。由于金币可以自由铸造，金币的面值与其所含黄金的价值就可保持一致，金币数量就能自发地满足流通中的需要；由于金币可以自由兑换，各种价值符号（金属辅币和银行券）就能稳定地代表一定数量的黄金进行流通，从而保持币值的稳定，不致发生通货膨胀；由于黄金可以在各国间自由移动，这就保证了外汇市场的相对稳定与国际金融市场的统一。金本位制是一种比较稳定的、健全的货币制度。

（三）金本位制度的机理

金本位制度就是货币钉住黄金，以保证货币与黄金的兑换性。购买一盎司黄金所需要的一种货币的数量就被称作黄金平价。

（四）金本位制度的优势

金本位制度的巨大优势在于它具有强有力的机制，能够使所有国家都实现贸易收支平衡。一国的贸易收支平衡是指该国居民从出口中获得的收入等于其因进口须支付给其他国家居民的资金（即国际收支中经常项目处于平衡）。

假设有 A、B 两国开展自由贸易，在金本位制度下，当 A 国有贸易顺差时，黄金就从 B 国流向 A 国，自动减少了 B 国的货币供应量，增加了 A 国的货币供应量。货币供应量增长和通货膨胀有密切的联系。货币供应量的增加会提高 A 国的价格，而货币供应量的减少将降低 B 国的价格。这使 B 国商品在国际市场上比 A 国商品更具吸引力。因此，A 国将开始从 B 国购买更多的商品，而 B 国对 A 国商品的购买则减少，直至达到贸易收支平衡。

（五）两次世界大战期间金本位制度的变化

从 19 世纪 70 年代起，金本位制度的运作相当出色；1914 年第一次世界大战爆发，金本位制度被放弃；第一次世界大战结束后，美国、英国和法国相继重新采用金本位制度；1939 年第二次世界大战爆发，金本位制度终于消亡。

二、布雷顿森林体系

(一) 产生的背景

由于金本位制度的崩溃和 20 世纪 30 年代的大萧条，国际社会迫切希望建立一种持久的经济秩序，以促进战后的经济增长，因此在固定汇率制度问题上取得了广泛的一致意见。1944 年 7 月，西方主要国家的代表在联合国国际货币金融会议上确立了该体系，因为此次会议是在美国新罕布什尔州布雷顿森林举行的，所以称之为"布雷顿森林体系"。关贸总协定作为 1944 年布雷顿森林会议的补充，连同布雷顿森林会议通过的各项协定，统称为"布雷顿森林体系"，即以外汇自由化、资本自由化和贸易自由化为主要内容的多边经济制度，构成了资本主义集团的核心内容。

【思考题 6-3】
金本位制度为什么会崩溃？

布雷顿森林体系的由来和变迁

(二) 布雷顿森林体系的主要内容

在布雷顿森林召开的会议通过了《国际货币基金组织协定》和《国际复兴开发银行协定》，从而确立了新的国际货币制度的基本内容。

根据布雷顿森林协议建立了两个多边组织——国际货币基金组织和世界银行。国际货币基金组织的任务是维持国际货币体系的秩序，而世界银行的任务则是促进整体的经济发展。

1. 国际货币基金组织

布雷顿森林协议要求建立一个由国际货币基金组织监管的固定汇率制度。

根据这个协议，所有的国家都必须确定它们本国货币的黄金价格，但并不要求将该国货币兑换成黄金。只有美元保持对黄金的可兑换性价格是每盎司 35 美元，其他各国可自行决定本国货币与美元的兑换比率，然后在选好的美元汇率基础上计算该货币的黄金平价。所有的参加国同意在需要的时候买进或卖出货币（或黄金），以努力维持本国货币的价值，使其波动幅度限制在平价的 1% 之内。例如，如果外汇交易商卖出的一国货币超过市场需求，则该国政府将干预外汇市场，买进这种货币以增加需求，维持货币的黄金平价。

布雷顿森林协议承诺不以货币贬值作为贸易竞争政策的工具。如果一种货币过于疲软而无法维持其汇率，该国可以在10%的范围内予以贬值而不必获得国际货币基金组织的正式批准。但更大幅度的贬值则需要国际货币基金组织的批准。

【思考题6-4】
国际货币基金组织有什么作用？

国际货币基金组织作为主要的监管机构，其主要任务是通过约束和灵活性这两方面的结合来努力避免战后国际货币体系混乱局面的重现。一是约束体现在维持固定汇率制度，为竞相贬值配备一个"刹车装置"，稳定了世界贸易环境；向各个国家施加货币约束，从而抑制了通货膨胀。二是为避免高失业率，布雷顿森林体系中加入了一些有限的灵活性。《国际货币基金组织协定》的两个主要特征形成了这一灵活性：基金组织贷款机制和可调整的平价。

【思考题6-5】
世界银行与国际货币基金组织的作用有什么区别？

当一国激进的紧缩性货币政策或财政政策损害到该国的就业时，国际货币基金组织将向其成员国出借外币，帮助这些国家克服短期国际收支逆差。各国可以从国际货币基金组织那里借到一定数量的资金而无须事先达成任何特定的协定。然而，若需大量提款，就需要接受国际货币基金组织对该国宏观经济政策实行日趋严厉的监管。

可调整的平价制度允许一国在国际收支处于"根本性不平衡"时，可以实施幅度超过10%的货币贬值。

2. 世界银行

世界银行又称国际复兴开发银行，其任务是促进世界整体经济的发展，并向第三世界国家提供贷款。世界银行根据以下两种安排来提供贷款：

一是通过国际复兴开发银行在国际资本市场上发行债券筹集资金。根据这种安排，世界银行向那些信用等级较差的有风险的客户，如欠发达国家的政府提供低息贷款。

二是由国际开发协会（IDA）管理贷款安排。国际开发协会贷款资金的来源是经济较发达的成员国的认缴款项。国际开发协会的贷款只面向最贫穷的国家。最贫穷国家可以获得补贴和无息贷款。

(三) 布雷顿森林体系的主要特点及作用

1. 主要特点

布雷顿森林货币体系实际上是一种国际金汇兑本位制，但与第二次世界大战前不同，其主要特点是：

（1）国际储备中黄金和美元并重。

（2）第二次世界大战前处于统治地位的储备货币有英镑、美元和法国法郎，依附于这些通货的货币，主要是英美法三国各自势力范围内的货币，而第二次世界大战后以美元为中心的国际货币体系几乎包括资本主义世界所有国家的货币，美元是唯一的主要储备资产。

（3）第二次世界大战前，英美法三国都允许居民兑换黄金，而实行金汇兑本位制的国家也允许居民用外汇（英镑、法郎或美元）向英美法三国兑换黄金，第二次世界大战后美国只同意外国政府在一定条件下用美元向美国兑换黄金，而不允许外国居民用美元向美国兑换，所以这是一种大大削弱了的金汇兑本位制。

（4）虽然英国在第二次世界大战前国际货币关系中占有统治地位，但没有一个国际机构维持着国际货币秩序，而第二次世界大战后却有国际货币基金组织成为国际货币体系正常运转的中心机构。布雷顿森林体系的建立和运转对战后国际贸易和世界经济的发展具有一定的积极作用。

2. 作用

布雷顿森林体系的积极作用有：

（1）布雷顿森林体系确立了美元与黄金、各国货币与美元的"双挂钩"原则，结束了战前国际货币金融领域的动荡混乱状态，使得国际金融关系进入了相对稳定时期。这为第二次世界大战后五六十年代世界经济的稳定发展创造了良好的条件。

（2）美元成为最主要的国际储备货币，弥补了国际清算能力的不足，这在一定程度上解决了因黄金供应不足带来的国际储备短缺的问题。

（3）布雷顿森林体系实行可调整的钉住汇率制，汇率的波动受到严格的约束，货币汇率保持相对的稳定，这对于国际商品流通和国际资本流动非常有利。

（4）国际货币基金组织对一些工业国家，尤其是一些发展中国家的国际收支不平衡，提供各种类型的短期贷款和中长期贷款，在一定程度上缓和了会员国的国际收支困难，使它们的对外贸易和经济发展得以正常进行，从而有利于世界经济的稳定增长。

布雷顿森林体系的消极作用是：确立了美国在二战后相当长时间内左右世界经济的霸主地位。

简言之，布雷顿森林体系的建立促进了战后资本主义世界经济的恢复和发展。因美元危机与美国经济危机的频繁爆发，以及制度本身不可解脱的矛盾性，该体系于1971年8月15日被尼克松政府宣告结束。

（四）布雷顿森林体系的崩溃

布雷顿森林货币体系过分强调汇率的稳定，各国不能利用汇率的变动来达到调节国际收支平衡的目的，而只能消极地实行外汇管制，或放弃稳定国内经济的政策目标。前者必然阻碍贸易的发展，后者则违反了稳定和发展本国经济的原则，这两者都是不可取的。缺乏弹性的汇率机制不利于各国经济的稳定发展。

美元与黄金挂钩、各国货币与美元挂钩是布雷顿森林体系赖以存在的两大支柱。自20世纪50年代始，上述种种缺陷不断地动摇了布雷顿森林体系的基础，从而终于在20世纪70年代陷入崩溃的境地。

为了回应戴高乐推动法国将其持有的美元兑换成黄金，尼克松总统在1971年宣布，美国将不再支持外国央行将其持有的美元纸币兑换成黄金。他有效地"关闭了黄金窗口"，美元不再承担黄金代理和国际货币体系稳定者的角色。这一冲击导致外汇市场关闭数天，当其重新打开时，他们开始开发一种只有少量规则的新系统。货币价值开始浮动，每盎司黄金35美元规定的价值现在毫无意义，因为美国不再进行任何美元兑换黄金的业务。

美元停兑黄金以后，引起了国际金融市场的极度混乱，西方各国对美国的做法表示强烈的不满，经过长期的磋商，"十国集团"于1971年2月通过了"史密森协议"。其主要内容是，美元贬值7.89%，黄金官价升至每盎司38美元，西方主要通货的汇率也做了相应的调整，并规定汇率的波动幅度为不超过货币平价上下各2.25%。此后，美国的国际收支状况并未好转。1973年1月下旬，国际金融市场又爆发了新的美元危机，美元被迫再次贬值，幅度为10%，黄金官价升至42.22美元。

美元第二次贬值后，外汇市场重新开放。抛售美元的风潮再度发生。为维持本国的经济利益，西方各国纷纷放弃固定汇率，实行浮动汇率。欧共体做出决定，不再与美元保持固定比价，实行联合浮动。1973年，各国开始纷纷实行浮动汇率制，使美元完全丧失了中心货币的地位，这标志着以美元为中心的布雷顿森林体系彻底瓦解。

三、牙买加协议

布雷顿森林体系崩溃后，国际金融形势更加动荡不安，各国都在探寻货币制度改革的新方案。

1973年3月，在外汇市场中，主要货币开始自由浮动，浮动货币汇率（floating currency exchange rates）制度仍然存在。基于这一事实，建立浮动制度规则的协定在1976年于牙买加召开的会议中被国际货币基金组织成员方所接受，这被称为《牙买加协议》（Jamaica Agreement），它允许IMF成员国之间实行灵活的汇率机制，中央银行可在货币市场自由操作以顺利度过动荡时期。《牙买加协议》还废除了黄金条款，黄金不再作为储备货币。

（一）牙买加协议的主要内容

一是增加会员国的基金份额。根据该协定，会员国的基金份额从原来的292亿特别提款权增至390亿特别提款权，即增长33.6%，各会员国的基金份额也有所调整。

二是汇率浮动合法化。会员国可以自行选择汇率制度，承认固定汇率制与浮动汇率制并存。但会员国的汇率政策应同基金组织协商，并接受监督。在条件具备时，国际货币基金组织可以实行稳定但可调整的固定汇率制度。

三是降低了黄金在国际货币体系中的作用。新的条款废除了原协定中所有的黄金条款，并规定黄金不再作为各国货币定值的标准；废除黄金官价，会员国之间可以在市场上买卖黄金；会员国间及其与基金组织间取消以黄金清算债权债务的义务；基金组织持有的黄金部分出售，部分按官价退还原缴纳的会员国，剩下的酌情处理。

四是规定特别提款权作为主要的国际储备资产。新协定规定，特别提款权可以作为各国货币定值的标准，也可以供有关国家用来清偿对基金组织的债务，还可以用作借贷。

五是扩大对发展中国家的资金融通。用按市价出售的黄金超过官价的收益部分设立一笔信托基金，向最不发达的发展中国家以优惠条件提供援助，帮助解决国际收支问题；扩大基金组织信用贷款的额度；增加基金组织"出口补偿贷款"的数量。

拓展阅读

SDR 新货币篮子生效
人民币在 SDR 权重提升 1.36 个百分点

2022 年 8 月 1 日，新的特别提款权（SDR）货币篮子正式生效，人民币权重由 10.92% 上调至 12.28%。业内人士认为，人民币在 SDR 货币篮子中的权重进一步提升，反映了过去 5 年中国金融市场发展和开放取得的积极进展，也反映了国际社会对中国经济和金融市场发展的认可和信心，将有助于提升人民币资产对全球资金的吸引力。

一、人民币权重由 10.92% 上调至 12.28%

SDR 是国际货币基金组织（IMF）创设的一种储备资产和记账单位，亦称"纸黄金"。它是 IMF 分配给会员国的一种使用资金的权利。会员国在发生国际收支逆差时，可用它向基金组织指定的其他会员国换取外汇，以偿付国际收支逆差或偿还基金组织的贷款，还可与黄金、自由兑换货币一样充当国际储备。但由于其只是一种记账单位，不是真正的货币，使用时必须先换成其他货币，不能直接用于贸易或非贸易的

人民币在 SDR 中权重上调至 12.28% 意味什么？

支付。

2015年11月30日，时任IMF总裁拉加德在华盛顿宣布，人民币符合SDR的所有标准，批准人民币进入SDR，于2016年10月1日起生效，人民币在SDR篮子中的比重为10.92%。人民币就此成为第一个被纳入SDR篮子的新兴市场国家货币，成为继美元、欧元、日元和英镑后，特别提款权中的第五种货币。

2022年5月11日，IMF执董会完成了五年一次的SDR定值审查。这是2016年人民币成为SDR篮子货币以来的首次审查。执董会一致决定，维持现有SDR篮子货币构成不变，即仍由美元、欧元、人民币、日元和英镑构成，并将人民币权重由10.92%上调至12.28%（升幅1.36个百分点），将美元权重由41.73%上调至43.38%，同时将欧元、日元和英镑权重分别由30.93%、8.33%和8.09%下调至29.31%、7.59%和7.44%，人民币权重仍保持第三位。执董会决定，新的SDR货币篮子在今年8月1日正式生效，并于2027年开展下一次SDR定值审查。

二、人民币资产具有较强吸引力，外资增持还有很大提升空间

根据中国人民大学国际货币研究所近日发布的《人民币国际化报告2022》，从2010年初到2021年底，美元国际化指数从49.52升至51.80，欧元从29.84降到23.13，英镑从4.00变为4.06，日元从3.34变为4.20。同一时期，人民币国际化指数从0.02显著提高到5.05。

这期间，人民币的国际贸易计价结算职能、国际金融计价交易职能以及国际储备职能均明显加强。比如，2021年人民币直接投资规模达到5.8万亿元，同比增长52.23%，再创近五年内最快增速。与此同时，全球已有超过75个国家和地区的货币当局将人民币纳入官方外汇储备。截至2022年第一季度，人民币官方外汇储备占比提高到2.88%。

环球银行间金融通信协会（SWIFT）最新发布的人民币月度报告和统计数据显示，6月，在基于金额统计的全球支付货币排名中，人民币保持全球第五大最活跃货币的排名，占比 2.17%。与 2022 年 5 月相比，人民币支付金额总体增加了 6.61%，同时所有货币支付金额总体增加了 5.30%。

国家外汇管理局副局长、新闻发言人王春英 2022 年 6 月在新闻发布会上表示，人民币资产在很多方面仍具有较强吸引力。一是投资回报稳定。我国经济高质量发展，国际收支结构比较稳健，人民币币值相对稳定；二是人民币资产具有相对独立的行情走势，是分散投资风险非常好的选择；三是人民币资产能够较好地满足投资者资产配置需求，近年来，境外央行和追踪国际指数的相关资金对人民币资产的配置明显上升，IMF 将特别提款权中人民币的权重提高到 12.28%，充分反映了国际社会对中国经济和金融市场发展的认可和信心。此外，无论从人民币在全球外汇储备中 2.79% 的占比来看，还是从国内股票市场和债券市场中外资 3%~5% 的占比来看，境外投资者进一步增持人民币资产还有很大提升空间。

2022 年 5 月在 IMF 执董会完成 SDR 定值审查时，中国央行表示，中国改革开放的信心和意志不会动摇，将始终坚持扩大高水平对外开放。下一阶段，央行将和各金融管理部门一道，继续坚定不移地推动中国金融市场改革开放，进一步简化境外投资者进入中国市场投资的程序，丰富可投资的资产种类，完善数据披露，持续改善营商环境，延长银行间外汇市场的交易时间，不断提升投资中国市场的便利性，为境外投资者和国际机构投资中国市场创造更有利的环境。

（资料来源：北京青年报）

（二）牙买加协议后国际货币制度的运行

我国浮动汇率管理制度三大要点

牙买加协议后的国际货币制度实际上是以美元为中心的多元化国际储备和浮动汇率的货币体系。在这个体系中，黄金的国际货币地位趋于消失，美元在诸多储备货币中仍居主导地位，但它的地位在不断削弱，而德国马克、日元的地位则不断提高。此外，还有特别提款权和欧洲货币单位的储备货币地位也在提高。在这个体系中，各国所采取的汇率制度可以自由安排。主要发达国家货币的汇率实行单独或联合浮动。多数发展中国家采取钉住汇率制，把本国货币钉住美元、法国法郎或特别提款权和欧洲货币单位等篮子货币，还有的国家采取其他多种形式的管理浮动汇率制度。目前，欧元取代了德国马克、法国法郎在国际货币体系中的地位和作用。另外，在这个体系中，国际收支的不平衡是通过多种渠道进行调节。除了汇率机制以外，国际金融市场和国际金融机构也发挥着重大作用。

四、实际实施的汇率制度

（一）钉住汇率

在钉住汇率制度下，一国将其货币的汇率钉在一种主要货币上，例如美元，当美元升值时，该国货币的价值也会随之上升。钉住汇率制度在世界上许多小国中比较盛行。

实行钉住汇率，向一国施加了货币约束，导致较低的通货膨胀率。然而，许多国家采用的仅仅是名义钉住，实际上却宁愿本国货币贬值而不愿采用紧缩性的货币政策。对于一个小国来说，如果出现资本外流，外汇交易商投机性地抛售该国货币，那么，要维持钉住另一国货币的汇率制度就十分困难。

（二）货币局制度

采用货币局制度的国家（或地区）有责任满足将本国货币以固定的汇率兑换成另一国货币的要求。为使这种承诺得到信任，货币局持有的外汇储备应该等于按固定汇率折算成至少100%的本国货币发行数量。这并不是真正的固定汇率制度，但是它的确具有一些固定汇率制度的特征。

货币局只有在得到外汇储备支持的情况下才能够增发本国货币，这限制了政府印制钞票从而导致通货膨胀压力的能力；在严格的货币局制度下，利率是自动调整的。

如果本国的通货膨胀率比货币钉住国的通货膨胀率高，采用货币局制度的各国货币就会缺乏竞争力，并且出现汇率高估。在货币局制度下，政府缺乏确定利率的能力。

（三）浮动汇率制度

浮动汇率制度是指汇率完全由市场的供求决定，政府不加任何干预的汇率制度。鉴于各国对浮动汇率的管理方式和宽松程度不一样，该制度又有诸多分类。

【思考题6-6】
目前实际实施的汇率制度有哪些？

【思考题6-7】
货币局制度有什么优缺点？

第一，按政府是否干预，可以分为自由浮动及管理浮动。

自由浮动是指政府任凭外汇市场供求状况决定本国货币同外国货币的兑换比率，不采取任何措施。美国采用的就是这种汇率方式。世界上主要的交易货币——美元、欧元、日元和英镑相互之间是完全自由浮动的。其汇率是由市场力量决定的，相互间汇率每分钟都在波动。

管理浮动是指政府采取有限的干预措施，引导市场汇率向有利于本国利益的方向浮动。目前绝大多数国家采用的是这种制度，中国现行的汇率制度就属于管理浮动汇率制度。

第二，按浮动形式，可分为单独浮动和联合浮动。

第三，按被钉住的货币不同，可分为钉住单一货币浮动以及钉住组合货币浮动。

（四）管理浮动制度

很多国家虽然不采取正式的钉住汇率，但试图将其货币钉对某种重要的相关货币，例如美元或"一篮子"货币的汇率控制在某个范围之内，这常常称作管理浮动制度（dirty float）。理论上管理浮动货币的价值取决于市场力量，是浮动汇率的一种。但相对于自由浮动，如果其本国货币对某种重要的相关货币的汇率出现过快下跌，则该国中央银行会干预外汇市场，试图维持其货币的价值。中国自2005年7月起就采取这种政策。中国的货币——人民币的价值与一篮子其他货币，包括美元、日元和欧元相联系，人民币的价值允许对单个货币发生变动，但幅度很小。

（五）固定汇率

还有一些国家采取固定汇率（fixed exchange rate）制度，即一组货币的价值相互之间按某种共同认可的汇率固定下来。欧盟的一些成员国在1999年采用欧元之前，曾在欧洲货币体系（European Monetary System，EMS）的框架下实行固定汇率。第二次世界大战以后的25年时间里，世界上主要的工业国加入一个固定汇率体系。虽然这个体系在1973年崩溃，但有人依然认为应该恢复这一体系。

布雷顿森林体系的崩溃并没能终止关于固定汇率制度与浮动汇率制度之间孰优孰劣的争论。最近几年对于浮动汇率

人民币实行有管理的浮动汇率制度

人民币汇率制度改革

【思考题6-8】

如何区分浮动汇率制度与钉住汇率制度？

【思考题6-9】

实行浮动汇率制度和固定汇率制度各有什么优缺点？

制度的失望又引起了关于固定汇率制度优点的新一轮的论战。

实行浮动汇率制度的优点有：①浮动汇率制度可以保证货币政策的独立性。浮动汇率制消除了各国政府维持汇率平价的义务，面对高失业，一国政府可以通过增加货币供应量以刺激国内需求和减少失业，而无须顾忌维持汇率的要求。虽然货币扩张可能导致通货膨胀，但也可以引起一国货币汇率下跌，外汇市场上货币汇率下跌的效应就能够抵消通货膨胀的效应。②汇率由市场决定，更具有透明性，政府干预减少。如果一国出现贸易逆差，该国货币在外汇市场上的供求不平衡（供应超过需求）会引起其汇率的下跌，进而引起该国出口商品国际价格下降而进口商品价格上升，最终纠正了贸易逆差。③汇率调整有助于一国应对经济危机。当一国面临严重的经济危机时，其货币在外汇市场通常会贬值，从而促进该国的出口，刺激经济复苏，帮助该国走出经济危机。④一国由于无义务维持汇率的稳定，因而就不需像在固定汇率制下保留那么多的外汇储备，可节约外汇资金。⑤由于各国的国际收支能够自我调整，因而可避免巨大的国际金融恐慌，在一定程度上保证了外汇市场的稳定。

实施浮动汇率制度的缺点有：①由于汇率的不稳定性，增加了国际贸易的风险，加大了成本计算及国际结算的困难，从而阻碍了国际贸易的正常发展。②导致各国的国际清偿能力不足和商品价格不稳。③汇率自由波动未必能隔绝国外经济对本国经济的干扰。④助长了外汇市场上的投机活动。⑤"以邻为壑"政策盛行，即各国均以货币贬值为手段，输出本国失业或以他国经济利益为代价扩大本国就业和产出。

实施固定汇率制度的优点：①汇率稳定，减少风险，使国际债权债务的清偿以及国际贸易的成本计算 均有可靠的依据，从而减少了进出口贸易及资本输出输入所面临的汇率大幅度变动的风险。②使国际清偿能力稳定，进出口商品价格也稳定。固定汇率可以消除货币汇率变化的不确定性，促进国际贸易和投资的增长。③汇率的稳定在一定程度上抑制了外汇市场的投机活动。不稳定性的投机会加大汇率的波动幅度，这可能导致一国进出口价格的扭曲，损害该国的经济，而固定汇率制度可限制投机对汇率稳定的破坏。

实施固定汇率制度的缺点：①在固定汇率制度下，国内经济目标服从于国际收支目标。当一国国际收支失衡时，就需要采取紧缩性或扩张性财政货币政策，从而给国内经济带来失业增加或物价上涨的后果。②在固定汇率制下，易发生通货膨胀，结果物价上涨使出口商品的成本增加，导致出口减少，国际收支出现逆差，本币币值更加不稳。为了稳定汇率，该国货币当局只能动用黄金与外汇储备，投放到外汇市场中，使大量的黄金与外汇储备流失。③在固定汇率制下，由于各国有维持汇率稳定的义务，削弱了国内货币政策的自主性。

思政链接

新冠疫情冲击下的国际货币体系与人民币国际化

一、新冠疫情暴发前国际货币体系的特征与新变化

当前的国际货币体系被称为牙买加体系或者美元本位制。虽然美元已经与黄金彻底脱钩，但受到布雷顿森林体系的制度惯性影响，美元依然在国际货币体系中扮演着本位货币角色。美国长期保持着经常账户逆差与金融账户顺差，即通过经常账户逆差输出美元，而通过金融账户顺差回流美元。例如，1982年至2019年这38年间，美国有37年面临经常账户逆差（除1991年外）。2006年次贷危机爆发前，美国经常账户逆差占GDP的比率达到5.8%的历史性峰值。经常账户逆差意味着美国从全球借钱，而长期经常账户逆差的结果是美国成为一个规模庞大的全球净债务人。从1989年起，美国开始由一个全球净债权人转变为全球净债务人。截至2019年底，美国的全球净债务达到11.05万亿美元，全球净债务占GDP的比率也达到51.6%的历史性峰值。

与处于国际货币体系中心的美国相比，处于国际货币体系外围的国家大多保持着经常账户顺差与金融账户逆差。换言之，这些国家主要是通过商品净出口来获得美元。然而，为了应对未来的进口需求、保持足够的外债偿付能力以及维持本国金融市场与汇率稳定，这些国家通常不会花掉全部美元，而是选择把一部分美元以外汇储备的方式来持有。而这些外汇储备的很大一部分，则投资于美国国债为代表的美元计价金融产品。这意味着，外围国家通过商品进出口获得的美元，其中很大一部分又以外汇储备投资的方式流回了美国。根据 IMF 的统计，截至 2019 年底，全球外汇储备达到 11.73 万亿美元，其中美元资产占比高达 62.0%。

一个令人惊讶的特征事实是，尽管美国是一个全球净债务人，但每年美国海外投资收益却持续为正。这好比美国每年从其他国家借钱，但还从其他国家收取利息。例如，尽管美国 2019 年底的全球净债务高达 11.05 万亿美元，但 2019 年美国的海外投资净收益仍然达到了 2 704.8 亿美元。这种全球净债务、海外投资净收益为正的格局，与美国海外资产与海外负债的结构有关。外国投资者对美国的投资，以国债等债券类资产为主，而美国投资者对全球的投资，以股票、股权等权益类资产为主。由于长期来看权益类资产的收益率显著高于债权类资产，这就能够解释美国作为全球净债务人却依然享受海外投资净收益。有研究者将美国的这种角色称为"全球风险投资者"。作为美国的镜像之一，中国虽然是一个全球净债权人，但海外投资净收益却持续为负。

在美国次贷危机爆发前，全球范围内出现了显著的经常账户失衡。例如，美国保持着较高的经常账户逆差，而中国等国家保持着较高的经常账户顺差。到那时，包括中国在内的债权国的核心担忧，是随着美国经常账户逆差与国际净债务的累积，总有一天美元会因为不堪重负而贬值，这会给持有大量以美元计价的外汇储备的债权国造成巨大的财富损失。但有趣的是，尽管次贷危机爆发在美国，且美国实施了零利率与三轮量化宽松政策，但美元汇率在 2008 年至今却不降反升。

次贷危机爆发后至今，外围国家更加关注的风险则变成了美国货币政策的负面外溢效应。例如，当美联储降息与实施量化宽松时，为了避免本国货币对美元的过快升值，其他国家也不得不跟着美联储实施较为宽松的货币政策，这可能给这些国家带来资产价格泡沫与通货膨胀。而当美联储转为加息与收紧量宽时（如2013与2014年），为了避免短期资本持续外流与本币对美元过快贬值，其他国家也不得不跟着美联储被动收缩货币政策，这可能导致这些国家的资产价格下跌与通货紧缩。法国学者Rey把这种格局概括为"二元悖论"，即对一个国家而言，它只能在资本账户管制与独立货币政策这二者之间择其一，无论该国实施浮动汇率制还是固定汇率制，均是如此。

二、人民币国际化：周期波动与进展

在美国次贷危机爆发后，中国政府一方面意识到在国际贸易与投资中过度依赖美元可能面临的风险与问题，另一方面也担忧美联储极度宽松货币政策可能导致美元大幅贬值进而给中国外汇储备造成显著损失。因此，中国央行从2009年起开始大力推动人民币国际化。初期的人民币国际化策略可以用"三位一体"来形容，即大力鼓励在跨境贸易与直接投资中使用人民币进行结算、大力发展以香港为代表的离岸人民币金融中心、中国央行与其他央行签署双边本币互换。

在中国政府推进人民币国际化的前十年，人民币国际化进程恰好经历了一个完整的周期。2010年至2015年上半年是周期的上升期，人民币国际化快速推进。到2015年年中，中国跨境贸易结算有近三分之一是用人民币进行结算的。香港人民币存款规模在2014年底达到1万亿的峰值。中国央行与其他央行签署的双边互换的规模在2015年年中超过3万亿元人民币。然而，2015年下半年至2018年底，人民币国际化的速度显著下降，很多指标甚至出现了逆转。人民币跨境结算占跨境贸易结算的比重下降至15%左右，香港人民币存款规模下降至5 000多亿元，中国央行与其他央行签署的双边本币互换规模也没有继续快速扩张。

造成人民币国际化进程在2015年下半年至2018年期间步入下行周期的原因，既有经济金融层面的原因，也有更深层次的原因。从经济金融层面来看，人民币兑美元汇率在2015年811汇改之后由升值趋势转为贬值趋势、中美货币政策操作的不对称使得中美利差从2015年起显著收缩、中国央行为了遏制人民币兑美元贬值而显著收紧了对人民币资金外流的管制、中国金融风险的上升与显性化导致人民币金融资产风险暴露增加与风险溢价上升，这些均是造成人民币国际化速度放缓的很重要原因。从更深层次来看，过度重视人民币作为结算货币的功能而相对忽视了计价货币功能、过度重视发展离岸人民币金融中心而相对忽视了培育对于人民币的真实需求、中国央行在人民币汇率与利率形成机制尚未充分市场化之前就大力推进人民币国际化，从而造成套利交易大行其道，这些因素也制约了人民币国际化的进一步快速发展。

不过总体来看，过去10余年人民币国际化取得了重要进展。截至2019年底，人民币已经成为全球第五大结算货币（占比1.9%）、全球第八大外汇交易货币（占比2.0%）、全球第五大外汇储备货币（占比2.0%）。人民币国际化最重要的里程碑式事件，当属在2016年10月，人民币被正式纳入IMF特别提款权货币篮，占比达到10.9%，权重在美元、欧元之后位列第三，超过英镑与日元。这反映了国际社会对人民币国际化相关进展的客观认可。

三、新冠疫情对国际货币体系的潜在冲击

为了应对新冠疫情下的经济下行与市场动荡，美国政府实施了前所未有的逆周期宏观政策。财政政策方面，美联储将联邦基金利率调低150个基点至零利率，实施了无上限量化宽松政策，并且出台了多项创新性、流动性供给举措来缓解金融市场上的流动性危机。作为极度宽松货币政策的结果，美联储资产负债表总规模已经由年初的4万亿美元左右飙升至目前的超过7万亿美元。财政政策方面，美国政府出台了规模达到2.25万亿美元的财政刺激方案，相当于GDP的10.5%。美元指数今年前升后降，由年初的96~97一度上升至102~103，后再度回落至96~97。

当前，市场上再度出现了美元指数可能大幅贬值的担心，理由一是疫情冲击下美国经济严重衰退，二是美联储实施了极其宽松的财政政策。但正如10多年前的美国次贷危机一样，未来一段时间内美元指数本身未必会显著贬值。首先，疫情在重创了美国的同时，也重创了其他发达经济体。例如，

根据 IMF 的最新预测，2020 年欧元区、英国与日本经济分别将会萎缩 10.2%、10.2% 与 5.8%。其次，其他发达经济体同样实施了非常宽松的货币政策。目前，欧元区与日本的短期政策性利率与 10 年期国债利率均为负利率。再次，2020 年上半年的全球金融动荡事实上强化而非削弱了美元与美国国债作为全球最重要避险资产的地位。最后，未来一段时间内全球经济政策不确定性很可能继续上升，例如，中美博弈可能全面加剧、中东地缘政治冲突可能再度上升、美国国内大选扑朔迷离、英国脱欧进程可能再生变局等。不确定性的上升可能再度强化投资者的避险情绪，从而推升美元指数。换言之，未来一段时间内，主要发达国家货币都将面临负面冲击，而美元很可能将是这些货币中相对表现更好的那一个。

换言之，在新冠疫情冲击下，从经济金融基本面来看，美元的国际货币地位未必会被显著削弱。不过，如果未来美国政府必须沿用特朗普政府的单边主义政策基调，继续拒绝为全球政治、经济、金融秩序稳定提供公共产品的话，这就可能使得美元的全球储备货币地位在中期内逐渐弱化。例如，特朗普政府试图用更加碎片化的双边贸易协定来取代全球性多边贸易协定，因为美国可以在前者的谈判中更容易向谈判对象施压，以实现美国国家利益最大化。又如，在很多问题上，特朗普政府过于斤斤计较，不愿意继续提供全球公共产品，例如，最近美国正式宣布退出世界卫生组织。如果储备货币的提供国拒绝扮演一个负责任的公共产品提供者，那么美元与美国金融体系的国际吸引力终将逐渐下降，其他国家将不得不去寻求美元与美国金融体系的替代者。

值得一提的是，本次新冠疫情的暴发进一步加剧了世界经济面临的长期性停滞格局。全球经济增长乏力、发达国家政府债务攀升至历史顶峰水平、发达国家央行持续实施极度宽松的货币政策，这些因素都在加剧全球负利率的格局。当前的全球发达国家政府债券中，已经有四分之一左右变为负利率债券。不难预测，在未来一段时间内，负利率状况将会进一步加深，这是全球金融体系从未经历过的状态。负利率将对商业银行、保险公司、养老基金等长期机构投资者的资产负债管理造成巨大挑战，很可能会迫使这些机构未来不得不加大对风险资产的投资，而这种新的风险追逐行为是否会带来新的金融不稳定，甚至酿成下一轮全球金融危机？迄今为止，美联储都拒绝把负利率作为一种政策选项，这至少表明了美联储认为负利率可能会损害美元的国际储备货币地位。但谁也不知道，未来美国短长期利率是否也会进入负利率区间，全球负利率时代将会如何改变全球货币竞争的格局呢。让我们拭目以待。

四、疫情后人民币国际化之路何去何从

总体来看，新冠疫情的暴发对人民币国际化既是机遇也是挑战，且机遇大于挑战。

从机遇来看，一方面，由于疫情防控有力、宏观政策得当，2020年，中国成为全球大型经济体中唯一一个正增长的经济体。全球向下、中国向上，这就使得2020年底中国经济占全球经济的比重将显著提升。另一方面，中国也是全球大国中依然保持着货币政策正利率空间的国家。在其他国家普遍出现零利率或者负利率的情况下，正利率将会提高人民币金融资产（尤其是固定收益率资产）相对于其他币种资产的吸引力，从而吸引外国投资者持续增配人民币资产。

从挑战来看，疫情暴发至今，中美经贸摩擦明显加剧。尤其是特朗普政府遭遇疫情与弗洛伊德事件双重打击、国内民意支持率显著下降，为了赢得11月的大选，特朗普政府很可能会继续拿中国做文章。近期中美就香港问题的博弈、南海问题博弈、新疆西藏问题博弈都在加深。美国威胁要对中国金融机构进行制裁，也威胁要将中资金融机构挤出SWIFT体系。虽然这些威胁能够在多大程度上变为现实，目前尚不可知，但无论如何，未来一段时间中国的外部环境将会变得更加复杂，这自然会影响到人民币国际化进程。

根据观察，从2018年起，中国政府似乎已经改变了推进人民币国际化的策略。新的策略可以被概括为新的"三位一体"，即大力促进人民币计价大宗商品期货市场的发展、对境外机构投资者加快开放在岸金融市场、在中国周边以及"一带一路"国家着力培养对于人民币的真实需求。

2018年3月，人民币计价原油期货市场在上海建立。这个市场在过去两年内取得重大进展：截至2020年3月，原油期货日盘成交量突破20万手，持仓总量突破10万手，两年累计成交金额近30万亿元，总开户数突破10万，境外客户分布五大洲19个国家和地区。目前上海原油期货已成长为规模仅次于WTI和Brent原油期货的第三大原油期货。未来，中国政府将会把人民币计价功能从原油向天然气、铁矿石、大豆、玉米等其他中国大量进口的大宗商品扩展，逐渐增强中国作为主要进口商的大宗商品定价能力，同时强化人民币的计价货币功能。

近几年来，在国内金融市场对外开放方面，中国政府已经取得了一系列进展。一方面，中国股票与债券被纳入越来越多的国际金融指数，这意味着全球机构投资者未来将会显著增配人民币计价的股票与债券。另一方面，中国国内金融市场对境外合格机构投资者逐渐放开了投资额度，有些市场甚至不再设置投资额度。针对外国机构投资者开放国内金融市场，有助于向外国投资者提供更大规模、更多品种、更高流动性的人民币计价资产，从而增强人民币作为国际储备货币的功能。未来，中国政府尤其应该对"一带一路"沿线国家的机构投资者加快开放国内金融市场。这样既有助于促进国内金融市场发展，又能够方便通过货物与服务贸易、直接投资、跨境信贷等方式输出的人民币通过金融市场投资回流国内。这与当年"石油美元"的发展有异曲同工之处。

如前所述，在人民币国际化的前十年，中国政府一直在大力发展以中国香港为代表的离岸人民币金融中心。离岸金融市场上的投资者是否愿意持有人民币资产，关键是看人民币资产的收益率与人民币汇率的升值预期，他们对人民币的黏性并不强。相反，通过鼓励人民币在周边邻国以及"一带一路"沿线国家的使用，以培养境外居民与企业对人民币的真实需求，这有助于培养黏性更高的境外人民币用户。因此，通过在周边邻国与"一带一路"沿线国家的跨境交往中使用人民币进行计价与结算，并通过输出人民币计价金融产品鼓励人民币境外使用者增持人民币计价金融资产，这才是推动人民币国际化的更加真实、更可持续的途径。

考虑到国际储备货币的演进受到制度惯性与网络正外部性等因素的影响，具有缓慢变迁的特征。因此，如果人民币能够在10年之后的2030年，在国际支付、外汇交易、储备货币这三个维度上全面超过英镑与日本，成长为仅次于美元与欧元的全球第三大国际货币，这就意味着人民币国际化达到了新的里程碑。这个目标更为现实、更加可能达到，因此应该成为未来10年中国政府推进人民币国际化的中期目标。

（资料来源：张明，《新财富》，2020年7月28日）

复习思考题

一、判断题

1. 国际货币体系是管理外国直接投资的体制安排。（　）
2. 当一个国家使用钉住汇率来估价其货币时，就会出现管理浮动。（　）
3. 当一种货币的相对价值由外汇市场决定时，这个国家实行的是钉住汇率。（　）
4. 固定汇率指的是将一组货币的价值相互之间按某种共同认可的汇率固定下来。（　）
5. 购买一盎司黄金所需的货币量称为金本位制下的黄金面值。（　）
6. 世界银行向信用评级通常很差的高风险客户提供低息贷款。（　）
7. 在《牙买加的协议》中汇率浮动合法化。（　）
8. 投资者对一个国家的银行系统失去信心时，就会发生货币危机。（　）
9. 2008年的亚洲经济危机是由高通货膨胀率造成的。（　）
10. 20世纪80年代，国际货币基金组织将墨西哥比索与美元挂钩作为向墨西哥政府贷款的条件。（　）
11. 如果本国的通货膨胀率低于货币钉住国的通货膨胀率，拥有货币发行局的国家的货币就会失去竞争力且被高估。（　）

12. 现行的外汇制度是政府干预和投机活动的混合制度。（　　）

二、选择题

1. 国际货币体系是指管理（　　）的体制安排。
   A. 微观经济参数　　　　　　B. 汇率
   C. 国内生产总值　　　　　　D. 外国直接投资

2. 当一个国家的贸易平衡是顺差时，会出现以下哪种情况（　　）。
   A. 其出口大于进口
   B. 该国居民将减少对本国商品的需求
   C. 其出口等于进口
   D. 该国商品价格低

3. 第二次世界大战后，世界上主要的工业国家按照相互商定的汇率安排各自的货币。这是（　　）系统的例子。
   A. 固定汇率　　　　　　　　B. 管理浮动
   C. 钉住汇率　　　　　　　　D. 浮动汇率

4. 关于金本位制度，以下哪一项陈述是正确的（　　）。
   A. 黄金标准只被世界上较小的国家采用
   B. 货币在黄金标准下与黄金挂钩
   C. 黄金标准下不能保证黄金的可兑换性
   D. 黄金标准无助于维持贸易平衡

5. 在布雷顿森林达成的协议建立了（　　）。
   A. 国际货币基金组织和联合国
   B. 世界经济论坛和世界银行
   C. 联合国和世界经济论坛
   D. 世界银行和国际货币基金组织

6. 当（　　）时，一个国家被称为处于贸易平衡状态。
   A. 它有可能生产其居民想要的所有商品，而无须从事对外贸易
   B. 居民从出口中获得的收入等于居民支付的进口收入
   C. 国家通过对外贸易进口其居民所需的所有商品
   D. 它有可能平衡自身所需要的基本设施的生产和采购

7. 下列哪项是使用固定汇率的刚性政策的缺点？（　　）

A. 在某些情况下，它可能会造成高失业率
B. 它将导致全球经济通胀
C. 它可能会引发国与国之间的贸易战
D. 它将煽动竞争性贬值和激烈竞争

8. 以下哪项因素造成了固定汇率制度的崩溃？（　　）
    A. 英国贸易平衡恶化
    B. 第三世界国家的经济衰退
    C. 欧洲物价上涨
    D. 美国外贸地位恶化

9. 在《牙买加协定》中，国际货币基金组织的协定条款做了下列哪项修改？（　　）
    A. 国际货币基金组织成员被允许使用美元作为可兑换货币
    B. IMF 成员国宣布黄金是正式储备资产
    C. 允许货币基金组织成员国以市场价格出售其黄金储备
    D. 货币基金组织成员被禁止进入外汇市场。

10. 1980—1985 年，美国的贸易赤字巨大且不断增长。尽管如此，在此期间美元的价值还是上升了。下列哪一项导致这种情况发生？（　　）
    A. 在此期间，美国吸引了大量外国投资者的资本流入
    B. 在此期间，美国的银行向投资者提供低利率
    C. 在此期间，全球市场见证了强劲的经济
    D. 欧洲发达国家保持贸易平衡并向不发达国家提供商品

11. 目前的外汇制度有时被认为是管理浮动制度，以下哪项因素是造成这种情况的原因？（　　）
    A. 货币的汇率由市场力量决定
    B. 各国政府经常干预外汇市场
    C. 主要货币可以自由浮动
    D. 各国使用参考货币估计其货币的价值

三、名词解释
1. 国际货币体系　　　2. 浮动汇率
3. 固定汇率　　　　　4. 外债危机

5. 货币危机

四、简答题

1. 请简述金本位制的优势。
2. 请简述国际货币基金组织的作用。
3. 是否有理由恢复某种形式的金本位制度？请简述理由。
4. 请简述货币局制度的优点。
5. 请简述主张固定汇率制度的依据。

五、分析题

1. 请分析布雷顿森林体系与金汇兑本位制的异同。
2. 请评论：欧洲主权债务危机的本质原因是欧元区有单一的货币政策，而没有单一的财政政策。
3. 现行的国际货币基金组织对发展中国家的贷款政策可能为国际商务创造什么机遇？这些政策又会形成哪些挑战？

第七章 国际企业的战略

学习目标

通过本章的学习，你应该可以掌握国际企业在处理国际战略时所需要考虑的各种度量因素，以及可以采用的不同的国际战略选择和进入市场的方法；深入了解企业需要在国际上面对的不同问题；培养参与国际业务时的处理观念。

开篇案例

华为的国际化

华为国际市场开拓仍沿用国内市场所采用的"农村包围城市"的先易后难策略，首先瞄准的是深圳的近邻——中国香港。

1996年，华为与长江实业旗下的和记电信合作，提供以窄带交换机为核心产品的"商业网"产品。与国际同类产品相比，华为除价格优势外，可以比较灵活地提供新的电信业务生成环境，从而帮助和记电信在与香港电信的竞争中取得差异化优势。这次合作中华为取得了国际市场运作经验，和记电信在产品质量、服务等方面近乎"苛刻"的要求也促使华为的产品和服务更加接近国际标准。

随后，华为开始考虑重点开拓市场规模相对较大的俄罗斯和南美地区。以俄罗斯为例，1997年4月，华为就在当地建立了合资公司（贝托—华为，由俄罗斯贝托康采恩、俄罗斯电信公司和华为三家合资成立），以本地化模式开拓市场。

2001年，华为在俄罗斯市场销售额超过1亿美元，2003年在独联体国家的销售额超过3亿美元，位居独联体市场国际大型设备供应商的前列。南美市场的开拓并不顺利，1997年就在巴西建立了合资企业，但由于南美地区经济环境的持续恶化以及北美电信巨头长期形成的稳定市场地位，一直到2003年，华为在南美地区的销售额还不到1亿美元。

2000年之后，华为开始在其他地区全面拓展，包括泰国、新加坡、马来西亚等东南亚市场，以及中东等区域市场。特别是在华人比较集中的泰国市场，华为连续获得较大的移动智能网订单。此外，在相对比较发达的地区，如沙特、南非等也取得了良好的销售业绩。

此后，华为开始在觊觎已久的发达国家市场有所动作。在西欧市场，从2001年开始，以10G SDH光网络产品进入德国为起点，通过与当地著名代理商合作，华为产品成功进入德国、法国、西班牙、英国等发达国家，2003年销售额为3 000万美元。就北美市场而言，它既是全球最大的电信设备市场，也是华为最难攻克的堡垒，仅销售了少量电源等低端产品，主流产品至今仍难以打入。

为配合市场国际化的进展，华为也在不断推进产品研发的国际化。1999年，在印度班加罗尔成立了华为印度研究所，目前已有700人的规模，迅速提升了自己的软件开发水平，成为国际国内唯一一家达到CMM5级认证的企业。2000年之后，华为又在美国、瑞典、俄罗斯建立了自己的研究所，通过这些技术前沿的触角，将国际先进的人才、技术以各种形式引入，为华为总部的产品开发提供支持与服务。

思考：华为企业是如何一步步进入东道国市场的？其具体措施包括了哪些内容？

（资料来源：百度文库）

在国际业务中，企业面对不同的整合压力和适应压力需要一定的应对能力和正确的战略，以此来帮助企业走入东道国市场，实现企业的正常运营及盈利。因此，学习国际企业的战略内容是不可或缺的。通过这一章的学习，我们可以回答以下问题：

- 企业在进入国际市场（东道国市场）时会受到哪些因素的影响？
- 对国际企业而言，国际战略可以分为哪些大类？
- 企业进入国际市场有哪些具体办法？
- 企业先后进入国际市场的差距如何？

第一节 国际企业战略概述

"战略"（strategy）一词最早来源于军事术语，意思是指导战争的谋略。企业战略作为企业组织的长期方向与目标，是企业为谋求生存和发展而做出的长远性、全局性的谋划或方案。企业战略管理的开创者伊戈尔·安索夫（Igor Ansoff）认为，企业战略的核心是：弄清你所处的位置，界定你的目标，明确为实现这些目标而必须采取的行动。安索夫认为，战略管理（strategic management）是企业在宏观层次充分利用本企业的人、财、物等资源，为实现战略目标，制定战略决策、实施战略方案、控制战略绩效的一个动态管理过程。

【思考题 7-1】
开展跨国业务后，可能会在哪些方面对盈利能力产生正（负）面影响？

一、国际企业战略的概念

国际企业战略是指国际企业在面对激烈变化的国际经营环境和国际市场环境的严峻竞争，为谋求生存和发展而做出的总体性的、长远的投资谋划和方略。其目的在于，企业能够在正确分析和估量国际外部环境和企业内部条件的基础上，求得企业在国际上的经营目标、经营结构和资源配置上与外部环境提供的机会之间的动态平衡，从而在激烈的国际市场竞争中，求得企业的生存和不断地发展。

二、国际企业在全球竞争中面临的压力

国际企业在全球竞争中面临着降低成本的压力和地区调试的压力。降低成本的压力，要求企业尽可能降低单位成本；地区调试的压力，要求企业对不同国家提供差异化的产品和营销策略，以满足各国不同的消费者兴趣与偏好、分销渠道、竞争条件以及政府政策所产生的多样化需求。由于满足不同

国家多样化的需求可能涉及大量的重复性劳动,产品缺少标准化,其结果将会提高成本。如图7-1所示,可口可乐公司面临着高的降低成本的压力与低的地区调适的压力;宝洁公司面临着高的地区调试的压力和较高的降低成本的压力;宝马公司面临着较高的地区调试的压力和较低的降低成本的压力;微软公司面临着较低的降低成本的压力和较低的地区调试的压力。对企业来说,做出地区调试往往会增加成本,要应付这些冲突与矛盾的压力,对企业来说是一个巨大的挑战。

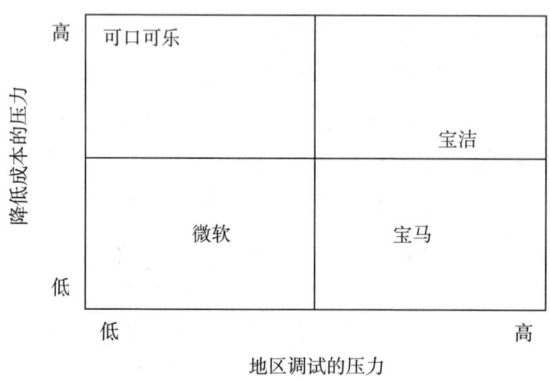

图 7-1　降低成本与地区调适的压力

（一）降低成本的压力

在竞争激烈的全球市场,国际企业常常面临降低成本的压力。应对这一压力要求公司努力降低其价值创造的成本。诸如大宗化学品、石油、钢铁等一些传统货品,个人电脑、液晶显示屏、家用电器等消费品,都面临着高的降低成本的压力。还有一些行业,其主要竞争对手的基地设在低成本的区位,而那里始终有多余的生产能力,消费者强而有力,并且转换（卖方）成本较低,也会有强大的降低成本的压力。

国际企业可以通过选择世界上的最佳区位,大批量生产一种标准化的产品,以实现规模经济、学习效应和区位经济来降低成本。

此外,企业也可以将一些不擅长的业务外包给低成本的国外供应商来降低成本。比如,耐克公司把他们的制造外包

成本压力倒压
高耗能产业
绿色转型

给东南亚一些国家，以利用当地廉价的劳动力。一些航空公司和银行这样的服务性企业可能会把售后服务、信息处理等部分职能转移到工资水平更低的发展中国家，从而对成本压力做出反应。

很多企业也通过一些技术或者生产流程改造，提高效率，节约支出，有时只需改动一点点。绿源集团的董事长倪捷最近迷恋于一项"工业工程"，他和工程师们把工人的作业场景用摄像机拍下来，然后逐格破解，讨论哪些细节可以被简化。

"举个例子，我们看工人的分解动作，提出一些简化方案，比如把材料放在他们伸手就能够到的地方，可以少走几步路；有些环节稍微改良一下，可以节省包装材料；有些物料经过科学堆放，能省去挑选时间等，都可以降低成本。"

在温州奥康，工人生产鞋帮时，削掉七毫米的里皮。这样的细节处理，不仅更便于点合，每双鞋还可节省成本 0.35 元，据说一年能"抠"出上千万元的效益。

还有红蜻蜓集团，经过 500 多次试验，用水性胶替代了有毒的传统胶水。这样，5 000 多名员工生产不仅可以不戴口罩作业，原来用来排毒的高耗电排风扇也可以"下岗"了，仅原料成本和电费，一年就能节省 250 万元。

（二）地区调适的压力

地区调适压力可能来自消费者在兴趣与偏好上的差异、基础设施与传统实践的差异、分销渠道的差异、东道国政府的要求等方面。对地区调适的压力做出反应要求企业对不同的国家提供差异化的产品和营销策略，以满足这些因素，最终改善企业的成本结构。

【思考题7-2】

以上提及的地区调试压力具体会体现在哪些方面？

 拓展阅读

在20世纪70年代，花王并购了西班牙与墨西哥的几家工业化学品公司，并且与高露洁和欧洲的拜尔斯多夫合资建厂。但这些措施并没有向公司提供它所需要的当地市场的灵敏度及其对市场的认识，或者说，花王领导者的才能不足以将这种认识转化为合适的"产品-市场"策略。

花王最致命的问题并非它的产品或营销策略有何不妥,而是它不能认识到市场之间的差异并采取恰当的措施以适应这种差异。

(资料来源:豆丁网)

第二节 国际企业的战略选择

降低成本的压力和地区调适的压力之间的强度差异如何影响企业的战略选择?企业国际化经营的战略基本上有4种类型,即国际战略、多国本土化战略、全球化战略与跨国战略。这4种战略可以通过"全球协作"的程度和"本土独立性和适应能力"的程度所构成的两维坐标上体现出来。图7-2说明了在每种不同的条件下最适合的战略选择。

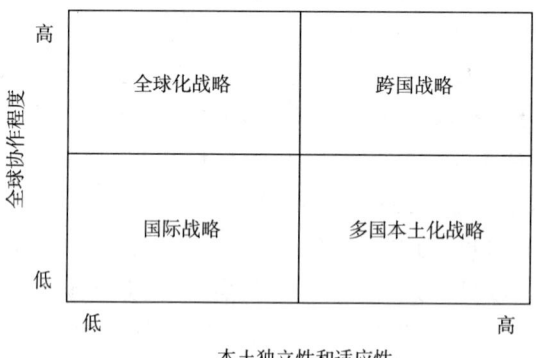

图7-2 国际企业四种战略选择

汽车制造商发现日本、美国和欧洲的消费者所要求的汽车类型是不同的,这就需要将生产的产品按各地方市场进行改制。为了做出响应,本田、福特以及丰田等公司正自上而下在上述地区建立设计和生产场所,以便能更好地满足各地区的需求。这种合乎地方消费者需求的做法在带来利益的同

时,也限制了公司实现更大的规模经济和区位经济的能力。

(资料来源:希尔. 国际商务 [M]. 北京:中国人民大学出版社,2009.)

【思考题 7-3】
国际企业如何通过规模经济、学习效应和区位经济来实现成本的降低?

一、全球标准化战略

全球标准化战略(global standardization strategy)是向全世界的市场推销标准化的产品和服务,并在较有利的国家集中进行生产经营活动,由此形成经验曲线、规模经济效益及区位经济,以实现成本的降低,获得高额利润。企业采取这种战略主要是为了实施成本领先战略。与定制化以满足顾客差异化需求不同,实施"全球化战略"的跨国公司往往不随地区条件而改变其供应的产品和营销策略,因为这样会提高成本(涉及缩小生产批量和职能上的重复);相反,采用该战略的企业喜欢在全世界销售标准化的产品,以便基于规模经济和学习曲线获取更大的效益。它们也往往利用其成本优势在世界市场上使用其进攻型的定价策略。

这种战略适合全球整合压力很大而当地响应压力不大的企业(即当成本降低的压力强烈而地区调适的压力低时,这一战略最为有效)。这些条件在许多工业品行业中越来越普遍,它们的产品往往满足普遍需要。例如,在半导体工业中,全球标准已经出现,并且为标准化的产品创造了巨大的需求。因此,像英特尔、得州仪器和摩托罗拉等公司都采取全球标准化战略。但是这些条件在许多消费品市场中尚不存在,在这些市场中,对地区调适的要求仍然很高。当地区调适要求高的时候,此战略是不合适的。

全球战略的核心内容有:确定什么样的产品是全球产品;怎样在全球范围内合理配置有限生产资源,实现全球产品的大规模生产经营;如何通过集权管理和决策,有效协调和控制全球范围内的生产活动,从而提高全球性经营效率。实行全球战略,前提是存在全球市场,并能开发和生产出满足全球性市场需求的全球产品。比如,甲公司是一家中国知名的无人机生产销售公司,后在美国、日本、韩国等开子公司,中国负责技术研发，日本负责所需镜头的生产，韩国负责其他零部件的生产，美国负责无人机的组装等，全球各分公司的通力合作才能完成一件产品从生产到销售的全过程。

全球战略的优点在于能集中力量建立规模经济优势和效率，其缺点是难以适应各东道国的不同特点。另外，对企业管理水平要求高，管理资金投入大。

案例讨论

2002年，世界最大的无线电话服务供应商——英国沃达丰集团做出了一个大举动，以140亿美元收购了J-Phone——在日本飞速发展的无线通信服务业中排名第三的企业。当时J-Phone市场火热，刚刚开发了日本首批内置摄像头的手机，获得了很多年轻人的青睐，因为这些年轻人想要发送照片给朋友。四年后，在市场份额输给了当地竞争者之后，沃达丰卖掉了J-Phone公司，要价86亿美元。到底是哪里出了错？

分析家表示，沃达丰错在过于关注建立全球品牌，而没有充分依据日本当地的市场条件来做调整。21世纪初，沃达丰的观点是为消费者在不同国家提供相同的技术，消费者可以带着他们的手机跨越国界。然而问题是，日本最活跃的手机用户是年轻人，他们不会经常出国，对手机跨国使用的性能需求不如游戏和其他附加功能。

沃达丰强调全球服务意味着它推迟了在日本推出3G手机，这种手机能够使用户在他们的手机上观看视频剪辑和进行电话会议。在希望成为全球品牌的驱动下，公司决定推出在日本国内外都能使用的3G手机，这种延误代价惨重。日本竞争者比沃达丰早一年推出了3G手机。这些手机只能在日本使用，但是因为消费者喜欢接受领先设备，所以产品很快就占据了市场。当沃达丰最终引入3G手机时，手机全球化使用的设计问题意味着供应的手机有局限性，由于很多消费者买不起，因此这款手机虽然获得了很高的评价，但是其推出后仍以失败告终。

思考：结合材料，分析当全球标准化战略不符合市场现实时会发生什么？

二、多国本土化战略

多国本土化战略（localization strategy）是指根据不同国家的不同市场，提供更能满足当地市场需要的产品和服务。当各国消费者的兴趣和偏好差异较大，而且降低成本的压力不太高时，本土化是最合适的战略。本土化应该理解成是一个过程而不是一个目的。一个事物为了适应当前所处的环境而做的变化，通俗说，就是要入乡随俗。本土化这一概念也广泛用于不同的行业。本土化是现代营销观念的反映，它的核心是：企业一切经营活动以消费者为核心，而不是以商家的喜好、习惯为准绳，企业规范必须随地区性变化引起的顾客变化而改变。

按当地的需求改变其供应的产品，企业可以在当地市场上增加其产品的价值。由于这种战略生产设施重复建设并且成本结构高，在成本压力大的产业中便不适应。然而，一旦地区客户定制服务实现的价值增加有助于更高的定价，能够让企业收回其高成本，或者说，如果它带来了地区需求的持续增加，则能够让企业通过在当地市场上获得一定程度的规模经济来减少成本。比如，甲公司是一家中国知名的无人机生产销售公司，后在美国、日本、韩国等开设子公司，每个东道国的子公司都有自己的生产、销售等职能部门，每个子公司都有较高的本土独立性和适应能力，都按照各地区的特点满足当地需求生产无人机，而不是必须生产母公司要求的标准化产品。

当然，企业仍然要注意控制成本。企业追求本土化还是高效，只要有可能，就应该通过其全球影响力获得一定的规模经济。例如，为美国消费者生产大型载货卡车，为欧洲和日本消费者生产小型节能汽车，看似好像这两种车是独立的，但各种车所需要的零部件是相同的，企业可以在最优区位统一建立销售平台和制造零件，从它们巨大的全球产量中获得一定的规模经济。通过这种方法设计产品，这些公司能够使其供应的产品本土化，同时也能够获得一定程度的规模经济、学习效应和区位经济。

📖 **案例讨论**

肯德基是一家跨国连锁餐厅，为了适应各国市场的需求，他们在不同国家采取了许多本土化策略。以下是几个肯德基国际本土化的案例。

中国市场：肯德基在中国市场非常成功，他们采取了多项本土化措施。他们开发了适应中国口味的菜单，推出了以米饭和面食为主的产品，如"劲爆鸡米饭"和"辣堡"。此外，肯德基还在中国开设了许多24小时营业的餐厅，以满足中国消费者的需求。

印度市场：肯德基在印度市场也实施了本土化策略。他们开发了适应印度人的饮食习惯和宗教信仰的菜单，如素食选项和不含牛肉的产品。此外，肯德基还与当地供应商合作，使用当地的香料和食材，以确保产品符合印度人的口味。

日本市场：肯德基在日本市场也采取了本土化措施。他们推出了许多适应日本口味的特色产品，如"唐揚げ"（日式炸鸡）和"コロネ"（角冰淇淋）。此外，肯德基还在日本开设了许多小型餐厅，以适应日本人常常在路边用餐的习惯。

这些案例展示了肯德基如何根据不同国家市场的需求进行本土化。通过适应当地的口味、文化和消费习惯，肯德基成功地在各国市场建立了强大的品牌影响力。

问题：在哪些行业中，本土化战略最有效？

三、国际战略

国际战略是企业产品与服务在本土之外的发展战略，即企业将其具有价值的产品与技能转移到国外的市场，以创造价值的举措。大部分企业采用国际战略，是转移其在母国所开发出的具有竞争优势的产品到海外市场，从而创造价值。这些企业的特点在于，其产品满足普遍需要，不同于追求全球标准化战略的公司，它们没有强大的竞争者，没有降低成本的压力。

国际战略不是很注重成本，该战略在每个东道国的子公司都设有生产、销售等职能部门,每个公司都只是做自己的事情,与其他国家的子公司没有联系;该战略子公司的生产、销售等职能都是按照母公司的要求生产销售产品,而不是根据当地客户的要求进行改进。比如,甲公司是一家中国知名的无人机生产销售公司,后在美国、日本、韩国等开设子公司,每个东道国的子公司都有自己的生产、销售等职能部门,但每个子公司都必须按照中国总部的要求生产无人机。

追求国际战略的企业多把产品开发职能留在母国,而在东道国建立制造和营销职能,企业总部一般严格地控制产品与市场战略的决策权,遵循类似的向外国市场扩张的发展模式。国际战略的优点是:集中管理可以节约大量的成本支出,缺点是产品对东道国当地市场的需求适应能力差。当企业具有核心能力,国外市场当地竞争者又缺少这种能力,并且企业面临的地区调适和降低成本的压力都相对较弱,则采取国际战略是有效的。

四、跨国战略

当企业在国际市场上同时面临巨大的降低成本的压力和很高的地区调适要求时,应该如何应对呢?跨国战略是目前为止最佳的战略选择。这种战略充分考虑到东道国的需求,同时也要保证跨国公司的核心目标和技能的实现。

跨国战略(transnational strategy)是指要在全球激烈竞争的情况下,形成以经验为基础的成本效益和区位效益,转移企业内的特殊竞争力,同时注意当地市场的需要。克里斯托弗·巴特利特(Christopher Bartlett)和休曼塔拉·戈沙尔(Sumantra Ghoshal)指出,在当今的环境下,竞争异常激烈,以至于要在全球市场生存,企业必须利用基于经验的成本节约和区位经济,它们必须在企业中转移核心竞争力,同时关注地区调适的压力。此外,他们还指出,核心竞争力不一定仅在母国才存在,在世界范围内的任何营运点有价值的技能都可以被开发出来。

为了避免外部市场的竞争压力,母公司与子公司、子公司与子公司的关系是双向的;不仅母公司向子公司提供产品与技术，子公司也可以向母公司提供产品与技术。企业采取这种战略，能够运用经验曲线效应，形成区位效益，能够满足当地市场的需求，达到全球学习的效果。

跨国战略不是侧重于某一单一方面，而是集中利用每一个目标与方法组合来同时提高效率、灵活性和学习能力。它不同于传统多国公司、国际公司、全球公司的结构，注重资产、资源和能力的复杂组合。实施跨国战略的公司必须创造一个更为精致而多样化的资源、资产和能力的组合，哪些资源和能力应集中在母国运营；哪些资源可以在母国国外集中运营；哪些资源应在某区域上分散使用。跨国战略试图兼顾全球效率、国别反应和世界性学习效果这三种战略需要，不仅实现规模经济，还要保护特定的核心竞争能力，提供对全体管理人员的必要监督。但是在实践中，地区适应性和全球化效率需要的平衡点难以确定，最优平衡是主观的、经常变动的。实现产品差异化以适应不同市场的需求将会提高成本，违背了降低成本的目标。由于有效执行的困难，跨国战略往往被看成是一种理想化而非现实的形式。诸如福特和 ABB（全球最大的工程集团之一）这样的企业试图开始使用跨国战略，却发现很难实施。

案例讨论

与低成本的竞争者——诸如日本的小松和日立等的竞争，迫使卡特彼勒寻求更大的成本节约。然而，各个国家在基础设施建设和政府管制上的不同使得卡特彼勒必须保持对地方需求做出反应。因此，卡特彼勒在降低成本与地区调适上面临着巨大的压力。

为了应对成本压力，卡特彼勒公司重新设计了产品以应用许多相同的零部件，并在有利的区位投资建造了几家上规模的零部件制造厂来满足全球需要和实现规模经济。同时，公司为其全球每一个市场的装配厂都增加了集中制造的零部件。在这些装配厂，卡特彼勒增添了地区产品的特色，根据地方的需要对最终产品做了改进。通过采取这一战略，卡特彼勒公司获得了全球制造的许多效益，同时又通过为各国市场提供差异化产品,以应对地区调适的压力。卡特彼勒从1979年开始追求这一战略,到2000年成功实现人均产出翻番,大大降低了其总成本的构成。小松与日立公司仍然紧紧抱住以日本为中心的全球战略不放,结果它们的成本优势渐渐丧失,并且不断地把市场份额拱手让给卡特彼勒公司。

问题:一个企业究竟怎样才能有效地采取跨国战略呢?

(资料来源:知乎)

值得注意的是,随着时间的推移,企业面临的环境不是一成不变的,如果管理者不采取积极的行动去适应新的环境,将很快被高效的全球竞争者超越。在今天,任何一种商业模式都面临着平衡降低成本结构和提供有价值的差异化产品之间的压力。企业为了生存,应该比竞争对手提前将他们的公司定位于全球标准化战略或者跨国战略上。

五、本土企业的战略选择

在全球激烈的竞争环境中,本土企业面对外来跨国公司的压力时,可以采用哪些战略呢?如图7-3所示,国内企业可能面临着如下四种情况。

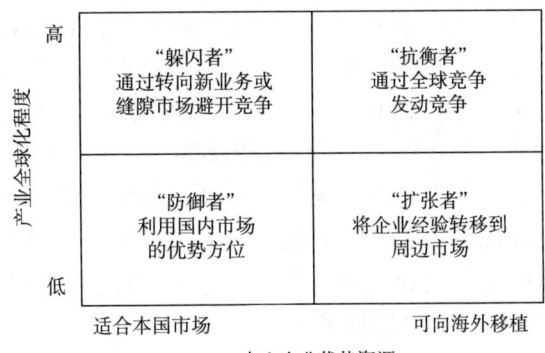

图7-3 本土企业的战略选择

(一)防御者

如果企业面临的全球化压力较小,又没有什么可转移的优势资源,那就需要集中力量保护已有的市场份额不被跨国竞争对手侵占。这种类型企业的优势资源只能用于本国市场,企业要想生存和发展,只能依托本国市场;企业所在的产业全球化程度比较低,表明这个产业内部跨国公司的数量相对较少,在本国市场经营的过程当中,肯定会面对跨国公司的竞争压力,但是压力相对缓和。面对来势汹汹且实力雄厚的外国竞争对手,"防御者"要做的就是利用本土优势进行防御。

(二)扩张者

如果企业面临的全球化压力不大,而自身的优势资源又可以被移植到海外,那么企业就可以将本土市场的成功经验推广到若干国外市场。企业通过合理运用可移植的优质资源,并以其本地市场为平台,向其他市场扩张。

(三)躲闪者

如果企业优势资源只能在本土发挥作用,且面临众多国外竞争对手时,企业就会面临更大的挑战。企业可以围绕仍有价值的本土资源,重新定义自己的核心业务,专注于适合自身的细分市场,对其价值链的某些环节进行重组,或者生产与跨国公司互补的产品,与跨国公司合作等方式以躲避外来竞争对手的冲击,保持企业的独立性。

(四)抗衡者

如果全球化压力大,而企业优势资源可以转移到其他市场,那么企业有可能与发达国家跨国公司在全球范围内展开正面竞争。企业可以找到一个定位明确又易于防守的市场,积极主动参与国际分工,发挥比较优势,实现资源配置效率,拓展海外市场,提高企业竞争力。对于那些可能成为"抗衡者"却又无法获得关键资源的企业来说,则可以加入一个发达国家跨国公司主导的战略联盟,专注于自己产业价值链中的某些特定环境来打造规模和专门技术。

第三节 国际企业进入战略决策

当一家企业决定要进入一个外国市场,就需要确定它想要进入的市场,以及以什么样的方式进入这些市场。企业进入国外市场的方法通常有出口到国外市场和在该市场制造两种，每个公司都可以在这两项活动中做出对自己有利的各种选择。

一、企业进入国际市场的模式选择

一般来说，从事国际商务的企业可以采取四种基本模式进入国际市场：出口进入模式、投资进入模式、契约进入模式和战略联盟。每一种模式各有其优缺点，国际企业管理人员应根据自身状况和面临环境选择适合自己的进入战略。

【思考题 7-4】
你能从字面来解释什么是企业进入战略吗？

（一）出口进入模式

出口分为直接出口和间接出口，是指向非居民提供他们所需的产品和服务，目的是扩大生产规模、延长产品的生命周期。直接出口是指企业直接和国外中间商签订合约实现出口；间接出口是指企业通过与国内中间商（如国内的出口管理公司、贸易公司）签订合约实现出口。

出口相对于对外直接投资来说国外市场进入成本低，适合于国际化经验较少、对国外市场了解程度要求不高、资源有限的企业，可以作为对外直接投资前对市场的试探。许多制造企业在进行全球扩张时，一般在刚开始倾向于出口的模式，之后才转向其他模式，以服务于外国市场。

拓展阅读

海关总署：2021 年我国跨境电商进出口规模达 1.98 万亿元

海关统计数据显示，2021 年，我国货物贸易进出口总值 39.1 万亿元人民币，比 2020 年增长 21.4%。其中，出口 21.73 万亿元，增长 21.2%；进口 17.37 万亿元，增长 21.5%。与 2019 年相比，我国外贸进出口、出口、进口分别增长 23.9%、26.1%、21.2%。如果以美元计价，我国进出口规模达到了 6.05 万亿美元，在 2013 年首次达到 4 万亿美元的 8 年后，年内跨过 5 万亿、6 万亿美元两大台阶，达到了历史高点。这一年的外贸增量达到了1.4万亿美元。

2021年,我国前五大贸易伙伴依次为东盟、欧盟、美国、日本和韩国,对上述贸易伙伴进出口分别为5.67万亿元、5.35万亿元、4.88万亿元、2.4万亿元和2.34万亿元,分别增长19.7%、19.1%、20.2%、9.4%和18.4%。同期,我国对"一带一路"沿线国家进出口增长23.6%,比整体增速高2.2个百分点。

2021年,我国综合保税区、自由贸易试验区、海南自由贸易港进出口分别增长了24.3%、26.4%和57.7%。在新兴贸易业态方面,我国跨境电商、市场采购规模迅速扩大,2021年我国跨境电商进出口规模达到1.98万亿元,增长15%;市场采购出口增长32.1%。

(资料来源:腾讯新闻)

2021年贸易进出口

采用出口模式,能够提高进入目标市场的速度和灵活性,也可以把生产各环节放在最适合的区域,实现区位和经验曲线效应,但出口可能会遇到运输成本高、汇率波动大和贸易壁垒多等方面的限制。

(二)投资进入模式

1. 合资经营

合资企业(joint venture)是指由两个或两个以上的独立企业共同出资而成立的企业。中外合资经营企业是由中国投资者和外国投资者共同出资、共同经营、共负盈亏、共担风险的企业。外国投资者可以是企业、其他经济组织或个人;中国投资者只限于企业、其他经济组织,不包括个人和个体企业。如雀巢中国、蒙牛乳业,均是中国企业和外企建立的合资企业。长期以来,与外国企业成立合资企业是进入一个新市场的通用模式。

2. 全资子公司

全资子公司(wholly owned subsidiary),是指只有一个法人股东的公司,是完全由唯一一家母公司所拥有或控制的子公司,企业拥有100%的股权。母公司可以通过两种方式来设立全资子公司,企业可以在东道国建立新的经营活动，创办新企业；也可以并购现有的企业，利用这家企业推销其产品。例如，荷兰国际集团（ING）进入美国市场的战略是并购已有的美国企业，而不是从无到有建立新的经营点。

（三）契约进入模式

契约进入模式，也称合同进入模式，是指本企业通过与目标市场国家的企业之间订立长期的、非投资性的无形资产转让合作合同而进入目标国家市场。契约进入模式的形式包括许可证经营、特许经营、交钥匙工程、合同制造、管理合同等。

1. 交钥匙工程

交钥匙工程（turn key project）是指跨国公司为东道国建造工厂或其他工程项目，一旦设计与建造工程完成，包括设备安装、试车及初步操作顺利运转后，即将该工厂或项目所有权和管理权的"钥匙"依合同完整地"交"给对方，由对方开始经营。承包商同意把工程所有的细节都移交给外国客户，包括对经营人员的培训，直至试运行合格后，将项目移交业主方，也就是最终是交给业主一把插入项目就能够运行的"钥匙"，业主接手后就能够直接进行正常生产，故也叫"交钥匙"。

交钥匙工程是在发达国家的跨国公司向不够开放的发展中国家投资受阻后发展起来的一种非股权投资方式。在化工、医药、炼油和金属加工行业十分普遍，所有这些行业都需采用复杂、昂贵的生产技术。在实行改革开放前的社会主义国家，除了前南斯拉夫、罗马尼亚等少数国家外，大多数国家不允许外来企业进行投资，因此，外国企业只能依赖其他方式从事投资或经营，交钥匙工程就是其中行之有效的一种。另外，当自己拥有某种市场所需的尖端技术，在希望能快速地大面积覆盖市场，所能使用的资本等要素又不足的情况下，就可以考虑采用交钥匙工程的方式。

2. 技术授权

技术授权协议（licensing agreement），即技术许可企业通过签订合同的方式，向技术受许可企业提供所必需的专利、

【小组讨论7-1】
请为百草味设计一个进入战略决策。

商标或专有技术的使用权以及产品的制造权和销售权。受许可企业应向技术许可企业支付使用费,并承担保守秘密等项义务。

例如,可口可乐公司采用技术授权的方式,允许他国生产和销售可口可乐。获得其生产许可的厂家只能得到浓缩的原浆,以及将原浆配成可口可乐成品的技术和方法,却得不到原浆的配方以及技术,从而达到配方保护。

3. 特许经营

特许经营（franchising）与技术授权很相似,是技术授权的一种特殊形式,在特许经营中,特许方不但向被特许人出售无形资产（通常为商标）,而且坚持要求被特许人同意遵守严格的有关如何经营企业的规则。特许方还将经常帮助被特许人经营业务以求不断发展。与技术授权一样,特许方通常收取特许使用费,其数额为被特许人收入的一定百分比。技术授权主要用于制造企业,而特许经营却主要被服务企业所采用。

拓展阅读

麦当劳就是利用特许经营战略而成长的公司。麦当劳兄弟1937年创办汽车餐厅起家,通过改进厨房设备与生产程序,使汉堡生产制作速度大大提高,吸引了大量顾客。20世纪20年代初,麦当劳利用特许经营形式建立自己的经营体系。一开始,他们采取的是"第一代特许经营"方式,即只在开业之初指导店铺外观和外送服务的细节,以后就两不相干了。这"大撒把"式的方式造成了危机,许多加盟商按照自己的理解改变了汉堡口味,有的甚至增加了许多复杂的品种,这是对麦当劳经营方式的"腐蚀"。看到这一点后,1955年,麦当劳在芝加哥东北部开设了第一家"样板店",并建立了一套严格的OSCV运营系统,即优质服务、质佳味美、清洁卫生、提供价值。麦当劳借助这样的经营模式推行了第二代特许经营,全世界所有麦当劳使用的调味品、肉和蔬菜的品质均由公司统一规定标准,制作工艺也完全一样，每推出一个新品种，都有一套规定，麦当劳正是依靠这样的经营方式获得迅速发展。

（资料来源：MBA 智库百科）

与出口进入模式的不同在于契约进入模式下企业输出的是技术、技能和工艺等无形资产，而不仅仅是有形的产品，因而可以克服商品贸易壁垒，克服由于运输成本过高而使某些出口产品在国际市场上缺乏竞争力的问题；同时可以避免经营风险，保持稳定的收入；也可以利用国外的资源，充分发挥技术的效用。

与投资进入模式的区别则在于由于没有投资，故不涉及股权安排，但是由此却显示出合同进入模式的不足之处，即对受让方的经营活动缺少控制权，可能会为自己树立竞争对手，有些情况下，如果采用这一模式，企业便可能就失去了以其他方式进入当地市场的机会。

（四）战略联盟

美国 DEC 公司总裁霍普兰德（Hopland）和管理学家奈杰尔（Nigel）提出了战略联盟概念。从战略联盟的各种形式来看，战略联盟（strategic alliance）是两个或两个以上的经济实体为了实现特定的战略目标而采取的任何股权（合资）或非股权形式（临时合同、长期合同）的共担风险、共享利益的长期联合与合作协议。实践经验表明，国际企业战略联盟有利于它们之间通过各种形式进行互补性的技术共享和专利交换，并在联合各种技术优势的基础上开发更高层次的新产品。

案例讨论

2006 年 3 月 29 日，在可口可乐（中国）饮料有限公司与腾讯科技有限公司联合举行的"要爽由自己，畅享 3DQQ 秀"上海主题新闻发布会上，双方宣布结成战略合作伙伴，联手打造全新的 3D 互动在线生活。可口可乐公司同时宣布，其深受年轻人喜爱的可口可乐 www.iCoke.cn 网站将在拥有逾 46 亿注册用户的在线生活平台腾讯公司的技术支持下,借助腾讯最新推出的3DQQ秀网络虚拟形象,全面升级成中国首个运用3D形象的在线社区,为年轻消费者提供革命性互动沟通体验。

可口可乐(中国)饮料有限公司副总裁兼市场战略及创新总经理苏柏梁说:"可口可乐'要爽由自己'的方式引起了用户的极大兴趣和热情,上线几个小时,用户的积极参与就使iCoke网站不堪重负了。"腾讯科技有限公司总裁刘炽平先生说:"腾讯和可口可乐虽然处于两个不同的产业,但我们有一个理念是共同的,那就是为了满足用户的需求而不断创新!"

值得一提的是,可口可乐与腾讯公司联合开展的数码营销将不仅仅局限于网络平台。为了让更多的人有机会亲身感受"要爽由自己,畅享3DQQ秀"的数码娱乐新境界,从2006年3月起,可口可乐已在全国掀起一场线上线下有机结合的数码整合营销活动。数码娱乐的拥趸们有机会从可口可乐促销包装的产品上获得特定编码,在可口可乐wwwiCoke.cn网站上换取iCoke积分,兑换为3D形象特制的物品配件,打造自己的个性3D形象。此外,他们还能够用iCoke积分享受其他数码娱乐项目,集音乐、体育、娱乐、游戏、聊天等目前年轻人热衷的潮流和文化,并有机会在可口可乐www. iCokecn网站上换取丰富的数码奖品。

问题:可口可乐与腾讯从哪些方面体现了战略联盟?

(资料来源:百度文库)

当今世界,国际战略联盟已成为企业全球化发展的一道亮丽的风景线。跨国公司普遍通过缔造战略联盟,从研究与开发到产品销售等一系列经济活动的环节广泛开展经营合作,以寻求一切对自己发展有利的知识、技术、人力资源等方面的优势和机会。战略联盟作为一种全新的现代组织形式,已被众多当代企业家视为企业发展全球战略最迅速、最经济的方法,成为现代企业提高国际竞争力的方法。据统计,世界领先的2 000家公司在战略联盟中的投资回报率接近17%,比所有公司的平均数高出50%。

二、影响企业进入模式选择的因素

(一) 目标国家因素

1. 目标国家的市场规模和竞争结构

如果目标国家的市场规模较大,或者市场潜力较大,则企业可以考虑以投资模式进入,尽可能地扩大销售额;反之,则可以考虑以出口模式和契约模式进入,以保证企业资源的有效使用。如果目标市场的竞争结构是垄断或寡头垄断型,企业应考虑以契约模式或投资模式进入,以使企业有足够的能力在当地与实力雄厚的企业竞争。

2. 目标国家的环境因素

目标国家的环境因素主要是政治和经济环境。如果目标国家政局稳定、法制健全、投资政策较为宽松、人均国民收入比较高、汇率稳定,则可以考虑采取投资模式进入,反之,则以出口模式或契约模式进入为宜;如果目标国家距离本国较远,为了省去长途运输的费用,则可以考虑契约模式或投资模式;如果目标国家的社会文化和本国文化差异较大,则最好先采取出口模式或契约模式进入,以避免因文化的冲突造成的摩擦成本;如果目标国家生产要素的价格比较低、基础设施比较完善,则比较适合采取投资进入模式,否则应采取出口模式。当然还要考虑贸易壁垒,如果贸易壁垒高,为了绕开关税壁垒,也可以采用投资或者契约型进入方式。

(二) 本国因素

国内因素主要包括本国市场的竞争结构、生产要素和环境因素三个方面。如果本国市场是垄断竞争或寡头垄断型,当其他竞争对手到海外投资经营,本企业担心失去市场和竞争优势,也会考虑以契约或投资模式进入国外市场。从生产要素来看,如果本国生产要素比较便宜且容易获得,则企业可以采取出口模式进入国际市场。本国的环境要素则是指本国政府对出口和对外投资的态度,当本国政府鼓励对外投资,企业也会努力开拓海外市场。

（三）企业因素

1. 企业产品因素

企业产品因素主要考查企业产品要素的密集度、价值高低和技术含量等。资源密集型产品主要以具有丰富自然资源的国家为生产基地，如果目标国家具备这些条件，那么可以采取投资模式，就地设厂，以节省出口的中间费用。如果企业生产的产品价值高、技术复杂，考虑到目标国市场的需求量，以及当地技术基础的配套能力，则以出口模式为宜。如果客户对产品的售后服务要求比较高，以及那些需要做出大量适应性变化以销售国外市场的产品，企业最好采取契约模式或投资模式进入。企业的主线产品、核心技术在进入目标国市场时大多采取投资方式，且以独资为主。

 拓展阅读

劳动密集型主要包括纺织品、服装、鞋类、皮革制品、家具、玩具、箱包等轻工业品；资源密集型产品，是指该种产品生产中资本投入比其他生产要素投入相对较多的产品。资本密集型产品具有投资大、容纳的劳动力较少、资本周转较慢、单位产品成本中资本消耗所占比重较大的特点。中国从美国、欧盟和日本进口的产品中有80%以上是资本密集型产品，如机器设备、计算机和电子产品等。

2. 企业的核心竞争力

企业的核心竞争力主要可以分为技术类核心竞争力和管理类核心竞争力。当企业的竞争优势建立在技术诀窍上时，应尽量避免许可协定和合资企业的经营方式，以降低技术失控的可能性。当企业的竞争优势建立在管理诀窍上时，以管理技巧为基础的大多是服务性企业（如麦当劳、希尔顿国际饭店等），这些企业宝贵的是他们的品牌，而品牌是受国际法律保护的，因此可以采取特许经营和建立子公司相结合的方法。

3. 企业资源与投入因素

企业在管理、资金、技术、工艺和销售方面的资源越充裕，在进入方式上的选择余地就越大。如果企业的资金较为充足，技术较先进，且积累了丰富的国际市场营销经验，则可以采取直接投资模式进入国外市场。反之，则以出口模式和契约模式为宜，待企业实力增强，积累了一定的国际市场营销经验后再采取直接投资模式。

三、国际企业进入时机的决策

对于欲在海外拓展业务的公司而言，市场进入的时机十分重要，因为这不仅涉及大量资金的持续投入，还涉及供应链的延伸或重整、人力资源的培养和保留、品牌的培养和推广、政府关系与供应商关系的培养和维系等。当国际企业领先于竞争对手进入一个外国市场，就有可能获得**第一进入者（先入者）优势（first mover advantages）**，或称先动优势；当国际企业相对于竞争对手较晚进入一个外国市场，也有可能获得后动优势。

企业领先于竞争对手先进入外国市场，有利于抢先获得建立声誉、品牌形象、专利和经验等无形资产以阻止竞争对手赢得需求的能力；有利于抢先开发市场，提高市场占有率，并在经验曲线上领先于竞争对手，获得成本优势；有利于创造转换成本，获得把消费者牢牢地捆绑在它们所提供的产品和服务上的能力。

我们可以认为这个因素激励通用汽车在1997年进入当时依然很小的中国市场。

由于前期投入高、风险大，因此建议小型公司避免采取直接投资型的进入方式，而尽量通过合作伙伴的帮助进行。

一般来说，先入企业比后入企业要多花费巨大的努力、时间和开支去了解和适应当地市场，由此产生开拓成本，通常称为**第一进入者（先入者）劣势（first mover disadvantages）**。后来者通过观察先入者在市场中如何着手开展工作，通过避免先入者代价昂贵的错误，通过开发先入者培训顾客所创造的市场潜力等，可能省下许多先入者在学习和顾客培训上的投资，那么其生存的可能性就会增加。例如，肯德基把美国风味的快餐引入中国，但作为后来者，麦当劳却利用了现成的中国市场。

 **拓展阅读**

对中国传统文化了解不足的中国营销策略可能适得其反，并导致负面情绪多于正面情绪。

经典的旧上海环境、传统的方桌和模特们的复古装也许是在国外代表中国的元素，但它们已经过时了，无法与中国的年轻一代建立任何有意义的联系。所有这些过时的元素，加上令人毛骨悚然的血腥红色背景以及模特的忧郁表情，使得普拉达的一部商业广告像是一部90年代的恐怖电影。"可怕的""诡异的""完美的制作恐怖电影的预告片"是多少中国人对此活动的回应。尽管该项目在整个视频中以三种红色大汉字作为新年祝福，但人们对此活动并没有感到任何祝福。

耐克的2016年CNY系列带有传统的农历新年祝福，分别为"发"（致富）和"福"（祝你好运）。但他们没有意识到"发福"成对穿着时，字面意思是"发胖"。

巴宝莉（Burberry）的2015限量版围巾带有巨大的中文字符"福"（fortune），但据中国网民说，这看起来像是当地批发市场上的仿制品。

在国际市场上推广产品时，在考虑当地最容易识别的文化元素的同时，也要注重文化的变迁以及时代背景。

（资料来源：知乎）

【小组讨论7-2】
搜集现实的事例，哪些企业实现了先入者优势？比一比，哪个小组列举的最多。

对于后入者来说也可以获得一定的优势。一是可以获得免费搭乘效应，后入者可能会在产品和工艺研究与开发、顾客教育、员工培训、政府审批、基础投资等很多方面比先动者节省大量的投资，却可以从中获益。二是可以避免先动者错误的技术或营销战略，由于市场初期，技术和顾客需求的不确定性和非连续性往往导致先动者的错误决策，而后动者可以从先动者的错误中吸取这些教训，不再犯先动者曾经犯过的错误。三是避免在位者惯性，后动者作为一个追赶者，时刻都想抓住机遇，从而取代先动者的地位，因而对企业的组织结构、技术、产品等都进行大量革新，从而在与先动者的竞争中占有优势。

四、国际企业进入规模的决策

国际企业决定进入国外市场前必须考虑的另一个问题是进入的规模。大规模进入有利于企业在国外市场树立良好的企业形象，更快地适应当地市场，获得成本优势，但由于大规模进入会涉及大量的资源投入，企业战略一旦做出，就具有不可逆性。并非所有的企业都拥有大规模进入所必需的资源，甚至有些大企业愿意以小规模进入外国市场，以后随着对市场的熟悉而慢慢发展。

"一带一路"
沿线国家
进出口

小规模进入使企业能在向市场有限暴露的情况下学习有关外国市场的知识，收集外国市场的信息，降低了大规模进入所固有的风险。但是小规模进入所带来的承诺不足也会使企业很难扩大市场份额而获取先入者优势。

总的来说，企业的选择没有对和错，只有在不同水平的风险和回报之间的抉择。

 思政链接

"一带一路"上的中国名片

共建"一带一路"倡议，目的是聚焦互联互通，深化务实合作，携手应对人类面临的各种风险挑战，实现互利共赢、共同发展。自2013年"一带一路"倡议提出以来，全球一百多个国家、地区和国际组织积极支持和参与"一带一路"建设，各方积极推进政策沟通、设施联通、贸易畅通、资金融通、民心相通，一大批造福民众的务实合作项目落地生根，"六廊六路多国多港"的互联互通架构基本形成。

央企是我国开展对外经济合作的重要市场载体，在推动"一带一路"建设从"大写意"向"工笔画"转变发展中承担着关键责任和使命。资料显示，央企参与建设"一带一路"

沿线项目超过 3 400 个，打造了蒙内铁路、匈塞铁路、巴西美丽山特高压输电项目等一批标志性工程。作为央企，中国一汽也积极与沿线国家不断深化国际产能合作内涵、深入探索海外业务多元化发展途径，持续推动"走出去"的模式转型升级，为推动共建"一带一路"走深走实，更好造福各国人民贡献力量。

把握"一带一路"机遇 实现海外市场发展新跨越

通过积极谋划布局"一带一路"沿线地区市场，开展本地化组装项目、推出海外战略车型等，中国一汽紧跟共建"一带一路"倡议实施步伐，将企业自身发展与国家宏伟构想紧密结合，在为"一带一路"建设贡献力量的同时，也将国际化、全球化发展作为企业自身快速发展、转型升级的重要途径之一。

"一带一路"建设之路越走越有信心

"一带一路"不仅是一条互联互通之路，也是一条推动装备制造的合作之路。近年来，中国一汽积极开拓海外市场，海外业务已覆盖"一带一路"沿线区域的欧洲、非洲、东南亚、中东、中亚等 50 多个国家和地区，并在德国、奥地利设立研发中心。实现对挪威、迪拜等高端市场的产品突破，并推出多款备受当地用户青睐的爆款产品。如奔腾 T99 实现在沙特上市，红旗 H9 出口沙特，红旗 E-HS9 出口挪威等。

"一带一路"不仅是一条贸易之路，更是一条友谊之路。多年来，中国一汽以国家援助项目为契机，积极开展对外援助工作，累计完成了对苏丹、秘鲁等国家的援助项目。如，2014 年，中国一汽联合中非基金建成一汽南非库哈工厂，这是一汽首座自营海外工厂，也是当时非洲规模较大、设备极先进、管理极规范的中重卡组装工厂；一汽南非库哈工厂直接创造就业岗位 240 个，间接带动就业岗位 1 500 多个，持续为当地汽车行业输送高素质人才；中国一汽在巴基斯坦探索特色产能路线，探索、实践出了一条符合当地特色并可复制的 EOP 产能转移路线，为巴方合作伙伴带来了技术开发、生产工艺、管理水平的提升，互惠双赢的实质性举措得到了当地社会及媒体的广泛赞誉。

通过由产品输出到技术、经验、标准输出，不仅能够实现中国一汽自身在海外市场由"走出去"转变为"走进去",为中国一汽提升品牌认同感和企业实现长足发展奠定了坚实基础,更带动了沿线国家汽车工业的发展,以自身的实际行动践行"一带一路"共商、共建、共享的理念。

立志成为世界著名品牌 擦亮中国汽车品牌的名片

如果问,谁最有机会成为进军世界的"The One",一汽红旗或许是最有希望的那一个。

早在 2018 年初,红旗品牌便确定了成为"中国第一、世界著名""新高尚品牌"的战略目标,同时也掀开了"新时代、新红旗"振兴的新篇章。

共建绿色"一带一路"

多年来,中国一汽在"一带一路"沿线的布局,为红旗品牌在海外市场的突破奠定了基础。2021 年,红旗品牌在海外市场发起了更大规模的产品攻势。4 月,红旗品牌及全系产品在沙特上市,上市单日成交 46 辆。6 月,为满足沙特当地消费者的购车需求,红旗再次出口 234 辆 H9、HS5 车型,同时利雅得旗舰店正式开业。这是继红旗吉达、达曼旗舰店之后,红旗品牌在沙特阿拉伯的第三家旗舰店。

沙特市场之外,今年 9 月 29 日,红旗战略车型——纯电动智能 SUV E-HS9 出口欧洲,作为中国一汽践行"一带一路"倡议和"双碳"目标,积极融入"双循环"新发展格局的重要举措,实现了在海外高端新能源汽车市场的重要突破。

挪威是全球新能源汽车渗透率极高的国家。作为一汽红旗战略性纯电动智能 SUV,红旗 E-HS9 在挪威备受关注,对一汽海外战略布局发挥了重要作用,为中国一汽的自主创新和高质量发展提供了更多动力。中国一汽还规划从西北欧地区开始,在红旗 E-HS9 出口之后,陆续推出中小型 SUV 及轿车产品,逐渐丰富红旗在欧洲的产品布局。

随着经济全球化发展趋势的不断深入,进军海外市场、参与国际竞争是实现企业持续发展的必然战略选择。对中国一汽而言,出口红旗不仅仅是为擦亮中国汽车品牌的名片,为海外用户提供专属尊享的全新驾乘体验,更希望凭借"走出去"实现自身品牌、技术、管理、人才等方面的全面提升。

从亚欧大陆到非洲、美洲、大洋洲,共建"一带一路"

为世界经济增长开辟了新空间，为国际贸易和投资搭建了新平台，为增进各国民生福祉做出了新贡献。中国企业也不断为共建"一带一路"贡献智慧和力量，向世界展现了担当、创新、共赢的企业形象。

（资料来源：人民论坛网，每日经济新闻）

复习思考题

一、判断题

1. 在企业战略的选择中，对于多数企业而言，首要的目标是最大化企业价值。（　）

2. 所有处在效率边界上的位置都是可达到的。（　）

3. 产品的定价往往要低于许多用户对该产品评估的价值。（　）

4. 企业产品的单位售价越低，企业的盈利能力越强，这是对等的。（　）

5. 组织结构必须适应环境、满足市场，随着战略变化而变化。（　）

6. 经典战略理论中的企业战略实质是一个组织对其环境的适应过程以及由此带来的组织内部结构变化的过程。（　）

7. 经典战略理论缺乏对企业内在环境的考虑，它只是从企业的外部环境（现存的、已结构化的产业市场环境）来考察企业战略问题。（　）

8. 从战略理论的内容上看，存在这样一个发展轨迹，即关注企业外部—关注企业内部—关注企业外部—关注企业内部。（　）

9. 一个经营国际化的企业可以在不同的市场上具有同一种竞争优势。（　）

10. 当各国消费者的兴趣和偏好差异较小，而且降低成本的压力不太高时，本土化是最合适的战略。（　）

11. 国际战略强调相互作用的全球学习。（　）

12. 要在全球市场生存，企业必须利用区位经济和经验效应，必须在企业中转移核心能力。（　）

13. 国际战略指向国外市场，并转让当地竞争者缺少的技能和产品。（   ）

14. 国际战略的特点仅在于没有成本压力。（   ）

15. 多国战略强调国外子公司的适应能力和自主经营灵活性，实现了高效率和交流。（   ）

16. 国际企业在外国市场所能创造的价值，要取决于它为那个市场所提供的产品的适用性以及当地竞争的性质。（   ）

17. 与早进入一个市场相关的优势通常称作先入者优势。（   ）

18. 战略承诺是指一项有着短期影响又很难逆转的决策。（   ）

19. 出口完美避免了在东道国进行制造经营活动通常所需的巨额成本。（   ）

20. 交钥匙工程是指承包商同意把工程所有的细节都移交给外国客户，其中不包括对经营人员的培训。（   ）

21. 技术授权协议是指在协议中规定，在某一特定时间内，许可方把资产授予另一个实体（接受方）。（   ）

二、选择题

1. 要实现企业价值最大化，企业战略的选择一方面要同（   ）相契合，另一方面要同外部的行业和竞争环境相契合。
   A. 企业的内部资源　　　　B. 宏观的政策环境
   C. 企业的盈利状况　　　　D. 全球的经济走向

2. 差异化战略是指重点强调（   ）的战略。
   A. 增加服务差异性　　　　B. 增加服务特色化
   C. 增加产品吸引力　　　　D. 增加产品差异性

3. 战略管理理论从发展的先后顺序看，大体经过了（   ）三个阶段的演变。
   A. 竞争战略理论、经典战略管理理论、核心竞争理论
   B. 竞争战略理论、核心竞争理论、经典战略管理理论
   C. 经典战略管理理论、核心竞争理论、竞争战略理论
   D. 经典战略管理理论、竞争战略理论、核心竞争理论

4. 就战略构造问题的研究，形成了两个学派，即以哈佛

商学院的安德鲁斯为代表的（　　）和以安索夫为代表的（　　）。

A. 设计学派 统计学派　　B. 设计学派 计划学派

C. 计划学派 统计学派　　D. 管理学派 设计学派

5. 在进行战略分析之前，首先要确立（　　）。

A. 战略的构思　　　　　B. 战略的评价

C. 企业的使命　　　　　D. 战略的实施与控制

6. 小明所在公司的战略总是在高层达成一致后，再向中下层传达，这实际上体现了（　　）的动态管理过程。

A. 分解落实　　　　　　B. 自上而下

C. 决策执行　　　　　　D. 战略控制

7. （　　）适合全球整合压力很大而当地响应压力不大的企业。

A. 国际战略　　　　　　B. 全球标准化战略

C. 本土化战略　　　　　D. 跨国战略

8. 小明所在的企业实力雄厚，有着一定的规模经济，但走向国际后面临着巨大的当地响应压力。由此可以看出小明所在的企业（　　）。

A. 高 I 高 R　　　　　　B. 低 I 低 R

C. 低 I 高 R　　　　　　D. 低 I 低 R

9. 企业采取跨国战略是试图取得（　　）优势和转移核心能力。

A. 低成本产品差异化　　B. 规模经济产品差异化

C. 低成本规模经济　　　D. 成本规模经济

10. 采用多国战略的企业把重点放在最大程度地顾及（　　）的差异上，寻求地区调适最大化，以广泛地改造其提供地产品和营销策略以适应不同国别条件。

A. 地区　　　　　　　　B. 地域文化

C. 基础设施　　　　　　D. 东道国

11. 全球战略将全球视为一个统一的大市场跨国经营目标是提高全球市场的（　　）。

A. 占有率　　　　　　　B. 交易率

C. 收益率　　　　　　　D. 知名度

12. 在第一进入者优势中，先入者对后来者拥有（　　）的能力。
    A. 经验优势　　　　　　B. 市场优势
    C. 规模优势　　　　　　D. 成本优势

13. 来自大规模进入一个外国市场的承诺价值，必须和由此导致的风险及与大规模承诺相关的（　　）相平衡。
    A. 风险规避　　　　　　B. 缺乏灵活性
    C. 规模经济　　　　　　D. 大量资金

14. 合资企业是指（　　）个或（　　）以上的独立企业共同出资而成立的企业。
    A. 2　　　　B. 3　　　　C. 4　　　　D. 5

15. 从生产要素来看，如果本国生产要素比较便宜且容易获得，则企业可以采取（　　）进入国际市场。
    A. 投资模式　　　　　　B. 出口模式
    C. 契约模式　　　　　　D. 交钥匙工程

16. 战略联盟与并购有许多不同之处。战略联盟不涉及参与企业的（　　）结构的变化。
    A. 股东　　　　　　　　B. 组织
    C. 所有权　　　　　　　D. 资本

三、名词解释

1. 国际战略　　2. 降低成本压力　　3. 全球战略
4. 特许经营　　5. 战略联盟

四、简答题

1. 企业面对的当地响应压力主要来源于哪些方面？
2. 在什么样的行业中本土化战略是有意义的？
3. 技术贸易的许可证交易方式主要包括哪些类型？各类型的内容是什么？
4. 论述战略联盟的优缺点。
5. 请解释各种海外市场的进入模式。
6. 请简述交钥匙工程的优缺点。
7. 分析企业进入国际市场，采取大规模进入与小规模进入的利弊。

五、分析题

1. 想象一下，您正在与您的上级会面，讨论进入国外市场。你的老板要求你分析一个合资企业的前景。为什么你能告诉你的老板合资企业不是个好主意？

2. 结合案例分析。

Diebold 是总部位于美国俄亥俄州的具有 150 多年历史的金融设备制造商，其主要产品之一为自动柜员机（ATM 机）。该公司 20 世纪 80 年代开始走出国门，与荷兰公司 Philips 达成协议，运用后者的全球分销渠道进行销售。1990 年，该合作无疾而终，Diebold 转而与 IBM 公司成立合资公司 Interbold，该合资公司充分整合了 Diebold 的研发优势和 IBM 全球销售网络优势。随后，Diebold 海外销售稳步上升。与此同时，美国 ATM 机行业日益饱和，新兴发展中国家市场蓬勃发展。

1997 年，由于 IBM 公司对 ATM 机销售长期不重视，Diebold 回购了 Interbold 中 IBM 公司的股份，从而完全掌握了 Interbold 的全球销售渠道。同时，Diebold 意识到本土化生产的重要性，比如：亚洲消费者喜欢在 ATM 机上支付水电费；消费者希望能用 ATM 机存现金等。1999 年，Diebold 并购了巴西的 Procomp Amazenla 公司，该公司销售额为 40 亿美元，且在 ATM 机市场上实力雄厚。紧接着还收购了法国的 Groupe Bull 的和荷兰的 Getronics，这两个巨头的欧洲市场销售额达 10 亿美元。在中国，没有现成的公司可收购，Diebold 于是在上海建立了一家由其控股的公司，负责生产和销售 ATM 机、金库门、保险柜和警械柜等产品，其中 ATM 机中国市场占有率 50%。中国 ATM 机市场目前仍由舶来品主导，但是市场重心正向国产品牌倾斜。2006 年，国产品牌仅占据二成份额，到 2009 年，已经占据近四成份额。而 Diebold 在一些重点城市如天津和重庆的销售业绩并不佳。

根据案例内容回答下列问题：

（1）国际市场进入模式有哪些？Diebold 在国际化过程中采取了哪些市场进入模式？为何要采取不同模式？

（2）该公司主要采取了哪两类国际化战略，这两类战略分别适合什么情形，请结合案例谈谈 Diebold 公司的具体做法。

第八章
国际企业的组织结构与人力资源管理

学习目标

通过本章的学习,你可以了解国际企业组织结构的不同类型;理解全球人力资源管理的重要性;认识国内和国际人力资源管理的差异,能够进行国内和国际人力资源管理的对比;理解企业在面对国际复杂环境时,组织结构与人力资源管理的重要性。

开篇案例

华为组织结构的变革设计

合适的组织管理是实现企业国际竞争战略的重要保证,没有相匹配的组织机构,任何战略都只是空谈。正所谓战略决定结构,结构也在反作用于战略,华为三十余年的发展历程也非常好地诠释了这一理念。华为在进行阶段性战略调整的同时,为了支撑公司战略的实施与达成,也同步进行了一系列的组织结构变革,具体概括为以下三个阶段。

(一) 第一阶段(1987—1994年)

1987年,任正非与五位合伙人共同出资2万元成立了华为公司。在华为发展的第一阶段,其组织结构也是简单的。当初成立的时候,只有6个人,还无所谓组织结构。直到1992年,销售规模突破亿元大关,员工人数也达到了200人左右。组织结构也开始从直线性的组织结构转变为直线参谋职能制的组织结构,除了有业务流程部门,如研发、市场销售、制造,也有了支撑流程部门,如财务、行政管理等。

其组织结构大致如下:华为在这一时期,其产品聚焦于单一产品的持续开发与生产,销售上采取农村包围城市的低价策略,所以其组织结构也不需要复杂,但权力却需要集中,以便能快速统一调配资源参与市场竞争,并快速反应外部环境的变化。所以采取直线职能制的组织结构也是和公司当期的战略发展相匹配的。

这一结构有其巨大的优势,其所有的市场营销策略都可以第一时间从公司高层直接传到一线,从而使团队完成营销任务。

(二) 第二阶段(1995—2003年)

到1995年,华为公司的销售规模已经达到15亿元人民币,员工数量也达到800人,成为全国电子行业百强排名第26位的民营企业。华为也是在这一时期逐渐从集中化战略转向横向一体化战略,从单一研发生产销售程控交换机产品逐渐进入移动通信、传输等多类产品领域,战略也开始朝着多元化方向发展,从而成为一个能提供全面通信解决方案的公司。

华为在不断进行的管理变革工作中也开始进行组织结构的调整,从划小经营单位开始,建立了事业部制与地区部相结合的二维矩阵式的组织结构。事业部在公司规定的经营范围内承担开发、生产、销售和用户服务的职责;地区公司在公司规定的区域市场内有效利用公司的资源开展经营。事业部和地区公司均为利润中心,承担实际利润责任。

华为这种二维矩阵式组织结构极大促进了华为的战略转变和成功实施。由于事业部制对产品的生产和销售实行统一管理,自主经营,独立核算,极大调动了华为内部员工的积极性、主动性,并且使得子公司内部的高层领导者摆脱了日常事务,能集中精力去考虑宏观战略,同时还锻炼和培养了本事业部的综合管理人才。而华为地区公司的建立为华为开启了新的销售渠道,极大节约了华为的综合成本,也使得华为的组织结构向矩阵式跨国集团化迈进了一大步。

（三）第三阶段（2004—2012年）

这一阶段，华为在产品开发战略上采取了纵向一体化、多元化和国际化并举的战略，在市场竞争战略上采取与"合作伙伴"共赢的战略。公司也由全面通信解决方案电信设备提供商向提供端到端通信解决方案和客户或市场驱动型的电信设备服务商转型。华为这个时期的组织结构相比成长期的组织结构进行了渐进式的演变，从原来的事业部与地区部相结合的组织结构，转变成以产品线为主导的组织结构，加快决策速度，适应快速变化的市场。

（四）第四阶段（2013年至今）

华为从2014年开始进行了一次规模较大的组织调整，2018年对业务层进行了补充调整，独立出Cloud & AI产品与服务。截至目前，明确了市场与业务层（区域组织、BG、产品与解决方案部等）、业务支持层（2012实验室、供应体系、华为大学、华为内部服务等）、职能服务层（集团职能平台）、公司决策层（轮值CEO）、股东层（董事会及各委员会）这五个组织层次。

这一阶段，无论是国际环境还是国内环境都处在一个极速变化的过程中，激烈的竞争也从来就没有停止过，华为需要不断基于环境的变化而进行战略的及时调整，同时，内部组织结构以及其他的组织能力建设也必须及时跟上。

华为组织结构的变革设计，体现出对于大型企业而言，应该抓好系统规划，把每一个零部件环节放到生产效率最高的地方；对研发能力很强的中型企业而言，要抓核心环节，做到"人无我有"；而对中小微企业，应该抓住自身优势，做到"人有我优"。

思考：华为公司围绕战略开展组织结构变革的好处有哪些？

（资料来源：求是咨询）

国际企业的组织结构随着其规模的扩大、市场的延伸和竞争环境的变化而变化，在不同发展阶段采取与之相适应的组织结构。合适的组织管理是实现企业国际竞争战略的重要保证，没有相匹配的组织结构和人力资源管理体系，任何战略都只是空谈。通过这一章的学习，我们可以回答以下问题：

- 什么是组织结构？
- 企业开展国际商务可以选择哪些组织结构类型？
- 企业组织结构应如何配合自己的战略以提高自身的全球商务绩效？
- 国际人力资源管理与国内人力资源管理有哪些区别？

第一节　国际企业组织结构的基本类型

企业的组织结构是企业对下属单位与职位的安排，也是企业组织系统中各个组成部分在系统中的地位以及各部分彼此联系和作用的形式。就组织结构（organizational structure）而言，它意味着三件事：第一，把组织正式划分为各子单位，诸如产品分部、在各国的营运点以及各职能部门；第二，在组织结构中决策职责的落实（如集权和分权）；第三，建立整合机制以协调各子单位的活动，包括跨职能团队和整个地区的委员会。

拓展阅读

海尔的组织结构变革

海尔将旗下业务组成以白色家电集团（WGG）、数码及个人产品集团（DPG）为首的6大集团（BU），和以市场创新支持中心（CMI，即顾客服务）、全球运营支持中心（GO）为首的7大支持中心（FU）。张瑞敏认为，BU必须是一个利润中心，FU是成本中心。

国际企业组织结构是指为实现国际经营目标而确定的一种内部权力、责任、控制和协调关系的形式。国际企业组织结构主要经历了以下几种类型。

一、国内结构+进出口商

企业在国际化的初期很少改变其基本的组织结构,绝大多数企业最初是作为被动的出口商,只是利用在国内销售中使用的相同的结构、程序和人员来完成订单。即使是参与大量的出口活动,企业也经常避免改变基本的组织结构,而是利用进出口商和许可受让方提供的国际专门知识来管理其出口经营。

二、出口部

当出口占企业销售达到一定比重并且企业希望对其出口经营实施更大的控制时,管理者经常会建立独立的出口部。出口部负责所有产品的所有国际客户,出口部的管理者经常控制对国际市场的产品定价与促销,该部人员具备特定国家或产品的专门知识,出口部管理者有责任处理与出口管理企业、国外分销商和国外客户之间的关系。当企业采用直接出口战略时,其他国家的销售代理也可能向出口部管理部门提交报告。

三、国际业务部

随着企业国际业务范围的扩大,国外子公司数目增多,公司内部单位之间的利益矛盾日渐显露。母公司需加强对子公司的控制,出口部的组织形式已不能适应,继而许多公司采取在总部下面设立国际业务部的组织形式,如图8-1所示。

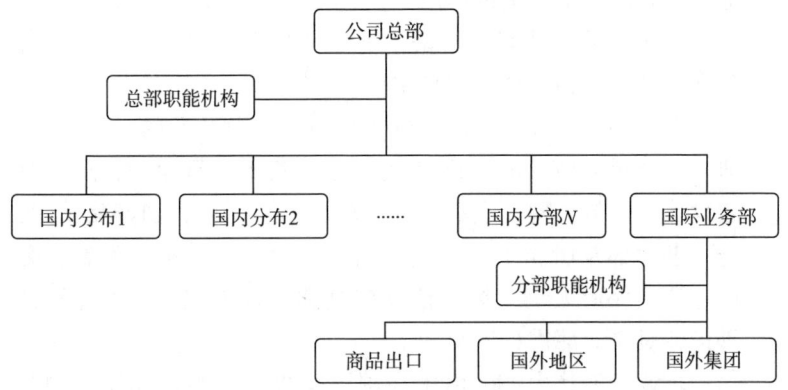

图8-1 国际业务部结构

国际业务部总管商品输出和对外投资，监督国外子公司的建立和经营活动。国际业务部的作用主要表现在以下几个方面：为跨国公司筹划国外业务的政策和战略设计；为子公司从国际市场取得低息贷款；为子公司提供情报，提供更好的合作、配合和协调；可通过转移定价政策减轻或逃避纳税负担；为子公司之间划分国外市场，以免自相竞争。国际业务部还拥有国际经验丰富的职员，这些人员应该履行比如洽谈许可贸易与合资协议、翻译促销材料或提供有关不同国家文化与社会制度专门知识等职能。对于中等规模、经营的产品和国家地区有限的公司来说，国际业务部结构是一种普遍的、潜在有效的组织结构。

但采取国际业务部结构，容易产生国内与国外经营者之间潜在的冲突与协调问题。

四、国际事业部制

事业部制最早是由美国通用汽车公司总裁斯隆于1924年提出的，故有"斯隆模型"之称，也叫"联邦分权化"，是一种高度（层）集权下的分权管理体制。它适用于规模庞大、品种繁多、技术复杂的大型企业。

20世纪60年代中期后，越来越多的国际企业采用国际事业部制代替国际业务部。事业部制结构从公司整体利益出发，克服了国际业务部将国内和国外业务相隔离的弊端，并大大加强了总部的集中决策作用。

事业部必须具有三个基本要素：相对独立的市场；相对独立的利益；相对独立的自主权。

事业部制是分级管理、分级核算、自负盈亏的一种形式，即一个公司按地区或按产品类别分成若干个事业部，从产品的设计、原料采购、成本核算、产品制造，一直到产品销售，均由事业部及所属工厂负责，实行单独核算、独立经营，公司总部只保留人事决策、预算控制和监督大权，并通过利润等指标对事业部进行控制。

【小组讨论 8-1】
请列举一些企业的事业部制具体结构。

企业发展壮大后，由于在国际销售的产品多元化或国际市场区位的数量增长时，世界地区结构和世界产品结构将是国际事业部的两种不同的替代选择。

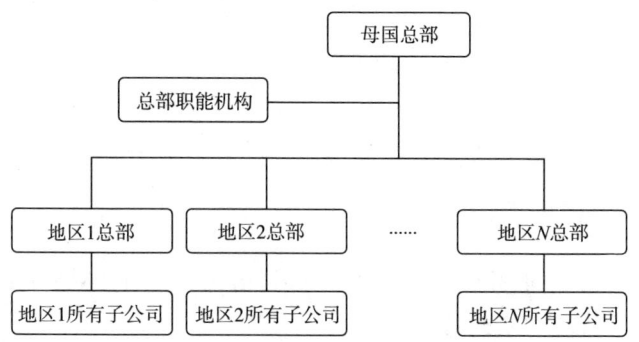

图 8-2　国际地区事业部结构

五、全球矩阵结构

国际事业部制结构加强了总部的集中控制，把国内外业务统一起来，但这种形式是一个部门负责一方面业务的专门负责制，不能解决和协调各职能、各地区和各产品之间的相互关系，不利于竞争。

20世纪90年代全球跨国公司流行的矩阵（matrix）组织结构将职能、产品和地区三者结合起来，既有按职能划分的垂直领导系统，又有按产品（项目）划分的横向领导关系的结构。如图8-3中按职能、产品和地区建立矩阵关系的组织形式。

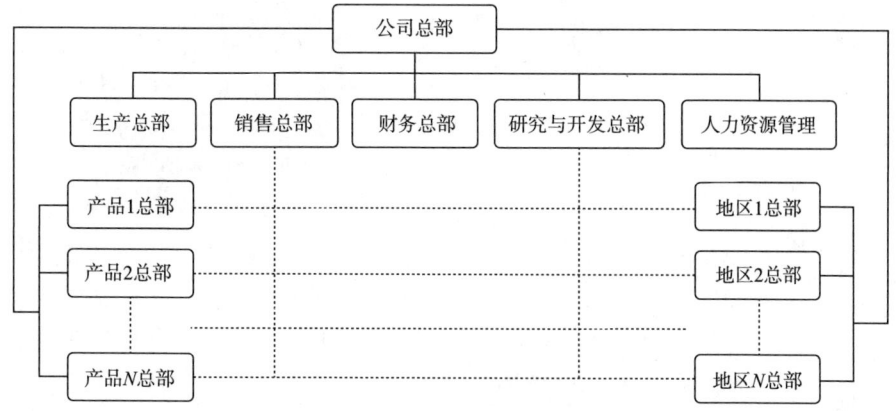

图 8-3　矩阵结构组织形式

案例讨论

1997年，当史蒂夫·乔布斯重返苹果时，苹果的规模和范围都是传统的结构。它被划分为业务部门，每个部门都有自己的损益责任。重新掌舵后，乔布斯将整个公司置于一个损益表之下，并将各业务部门的不同部门合并为一个功能性组织，将专业知识与决策权结合起来，这是苹果至今仍保留的结构。

如图 8-4 所示的两个组织结构图显示了 1998 年和 2019 年苹果的结构是如何变化的。

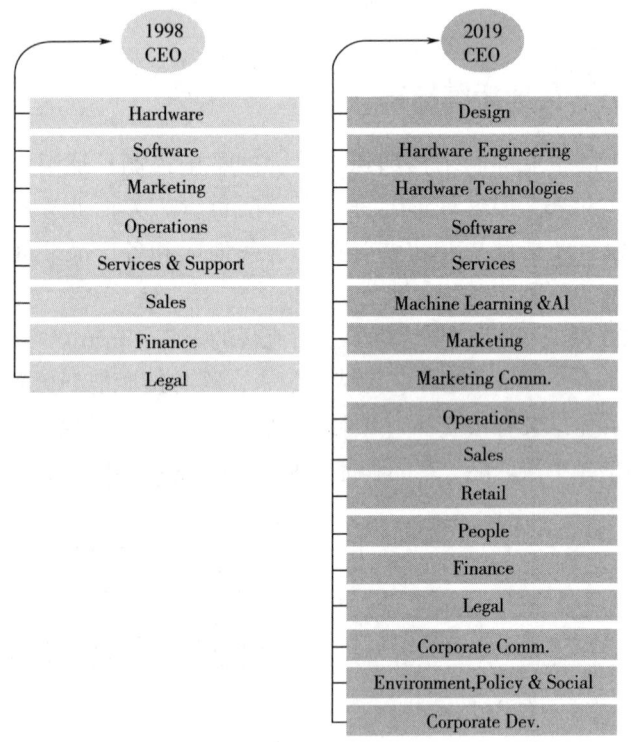

图 8-4

问题：苹果公司 1998 年和 2019 年的组织结构属于哪种或近似属于哪种组织结构？

（资料来源：腾讯网）

第二节　国际企业的人力资源管理

跨国企业长期优势的形成往往是由人力资源管理水平决定的,可以说,企业的战略性人力资源管理政策及水平将最终决定其能否真正有效实现经营突破和国际化经营目标的达成。在全球化经营的背景下,企业的人力资源管理活动多样性与复杂性大大提高,在战略意义、人员配备、薪酬管理、培训与开发等方面表现出不同于国内人力资源管理的特点。

一、国际人力资源管理的概念

国际人力资源管理（简称 IHRM）,指的是跨国公司对其全球员工的管理和开发策略,以确保员工能够充分发挥其才能和技能,并实现企业国际化和全球化发展目标。它是人力资源管理学与现代世界经济发展密切联系的结果。

国际公司在人力资源管理上与国内公司有很大的不同,通常情况下员工招聘、薪金支付、员工培训、能力提升和职员升迁等诸多方面都有很大的不同。国际公司不仅需要将公司策略与人力资源管理结合起来,还要兼顾各国在政治、经济和文化上差异。

二、国际人力资源管理的主要模块

（一）员工的招聘与选拔

招募和选拔工作是国际公司人力资源管理需要面对的首要问题,是最关键的环节,子公司所在地国家的招聘政策可能与母国有很大不同,比如说,在日本和拉丁美洲的一些地区,报纸上的招聘广告可能很清楚地列出了公司需要一名年轻男性员工,其年龄范围也被严格限制,尽管这些标准与工作要求没多大关系。而这种招聘广告如果在美国出现,就违反了公平雇佣准则法案。很多国家在招募、选拔和雇佣人员上几乎没有设置任何限制,雇主可以提出任何问题,或积极地雇佣那些有着某种特定品格的人。

国际公司对员工的招聘与选拔可以以一国为中心、以多国为中心和以全球为中心。在以一国为中心的政策下，所有关键的管理职位都由母国人员担任。以多国为中心的人员配备政策要求母国人员占据公司总部关键职位的同时，子公司管理层由东道国人员担任。以全球为中心的人员配备政策追求在组织内合理的人员配置，而不考虑国籍因素。

（二）绩效评估

绩效评估是对员工工作绩效进行评价的过程，这个过程很必要，也很重要，好的绩效评估系统能够对员工为公司所做的贡献做一个清晰的衡量，这是公司对员工工作的肯定，也为员工进一步提高工作绩效给定了标准。

对于国际公司来说，当公司存在不同国籍、不同工作习惯的员工时，要评估其海外子公司员工的绩效则显得更加复杂。合适的绩效评估既能对海外工作人员的业绩做出恰如其分的评价，并据以制定有效的激励与淘汰政策；又有利于企业制定更为有效的聘用标准与培训方案，并为企业制定战略性发展计划提供依据。子公司的绩效评估系统一般与母公司有一定继承性，但又不能全盘照搬，在设计子公司的绩效评估系统时，一定要综合考虑公司的总体运营战略和子公司所在地（国）的独特性。只有这样，才会使绩效评估系统具有公司和国别的双重适应性。

（三）薪酬管理

激励问题是关系企业健康运营的关键问题，一直以来都是管理学家的重点研究课题。随着社会发展，人们的需求也变得越来越多样化，员工在满足基本的物质层面上的需求后，更多地转向了追求精神上的愉悦，追求工作的成就，实现自我的价值。这使得公司的薪酬计划必须紧密贴近员工的实际，尽可能以效用最大化的方式去激励员工。而对跨国公司而言，其子公司的薪酬设计又必须在符合公司战略大背景的情况下，一定程度上与当地实际相结合，反映出当地的文化环境、经济水平、大众偏好等。

员工薪酬（employee compensation）包括员工因雇用关系的存在而获得的所有形式的经济性报酬。国际公司在制定薪酬方案时，要综合考虑国别差异、员工差异以及驻外期限差异等多种因素。与国内薪酬一样，国际薪酬也有两个主要构成部分：一是直接经济报酬（direct financial payments），如工资、薪金、奖金、海外任职津贴等；二是间接经济报酬（indirect financial payments），如企业支付的保险以及带薪休假等形式的经济福利。

案例讨论

让外派薪酬成为异地扩张的加速器

随着国内大大小小的企业逐步迈出异地甚至海外扩张的步伐，外派薪酬问题让越来越多的企业感到头痛。以下是三个典型案例。

案例1：国内外派。A公司是珠三角地区领先的房地产公司。该公司近年制定了开拓环渤海地区的战略，目标是成为全国房地产行业的领导者。由于环渤海地区对这家总部位于南方的公司是一个相对陌生的市场，该公司必须大量派出总部员工来建设北京、天津等分支机构。然而，员工对于外派的积极性远低于公司战略的需要，甚至出现了外派员工大量流失的现象。背后的原因在于员工普遍认为外派的补贴不足以弥补员工外派付出的牺牲，销售类员工更是纷纷抱怨外派后收入降低。

案例2：国外外派。B公司是一家成功进入全球电信市场的中国电信设备制造企业，在全球60多个国家有分支机构，员工经常会抱怨外派国家分配不公。比如，究竟外派英国还是外派肯尼亚的员工应该获得更多补贴？英国生活环境优越，然而物价很高；肯尼亚生活成本很低，但是员工必须适应比国内更加艰辛和有风险的生活。

案例3：国外派往中国。C公司是一家中外合资的人寿保险公司，外方股东是一家全球领先的寿险公司，中方股东是国内领先的金融机构。由于中国寿险行业高端管理人才匮乏，外方股东亚大区总部决定派出马来西亚、中国台湾、中国香港等地的人才到C公司担任高管职位，而中方股东派出的高管则全部来自内地。为这些外籍高管制定薪酬政策成为合资公司董事会面临的难题，因为这意味着薪酬方案一方面要有足够的吸引力，另一方面也要有足够的说服力，不会让中方高管感觉不公。

"外派"的含义是由于当地人才市场无合适的高质量人才，要求员工到非聘用地短期工作（一般不超过2年）。无论何种形式的外派，跨地域扩张的企业渴望看到的结果是，员工甘愿接受并圆满完成外派任务，相关人员认为政策公平合理，公司可以适度控制成本。而最不希望看到的结果是"赔了夫人又折兵"——付出了高昂的外派成本，然而外派的员工却怨声载道，甚至愤然离职，严重影响预期业绩。由于企业一般外派的人才都是中高层或业务骨干，如何设计一套合理的外派薪酬激励这些核心人才，对于期望快速异地扩张的企业就显得尤为重要。

问题：结合三家公司的案例，分析外派人员该如何发薪？

（资料来源：百度文库）

现实中，企业要结合自身的实际情况，制定符合自身可持续发展的薪酬制度。例如，TCL借鉴西方跨国企业的经验，将薪酬分为基本工资和海外派遣津贴两部分，同时实施"弹力薪酬模型"。基本工资为外派员工提供基本的生活保障；海外派遣津贴则包括国外服务津贴、艰苦条件津贴、安置迁移津贴、归国度假津贴等。"弹力薪酬模型"主要是在此基础上将企业战略目标和区域市场特征等因素考虑在内。区域市场特征包括该地区的经济水平、物价指数、辛苦指数等要素。战略目标考虑企业不同发展阶段的不同战略目标。

总体来说，国际人力资源管理工作是一个系统的工作，国际公司在人力资源管理的过程中，要保证公司战略和人力资源战略相统一，人力资源管理整体工作的各个具体环节之间相统一。对于国际人力资源管理工作中的一些重要环节，比如派遣、回国安排、国外职员的薪酬问题、探亲问题、资质取证问题等，要有清晰的制度和具体的操作规程，使之有章可循，加大执行力度，使之有章必依。

第八章 国际企业的组织结构与人力资源管理

> 思政链接

中国二十二冶：打造国际化人力资源体系持续强化海外市场驱动力

在席卷全球的经济寒潮渐渐褪去的今天，沙滩上最光彩夺目的"贝壳"莫过于中国企业了。这些宠儿之所以能如此耀眼，乃是它们的国际化雄心已经昭然于天下。华为在海外市场的极速狂飙，联想、TCL、CEC在国际并购市场上的几次壮举，中铝增资力拓，中海油竞购优尼科，甚至在中国人一直默默无闻的汽车市场，来自中国的吉利成功收购了欧洲高端品牌沃尔沃。

壮志凌云、大胆走出去的勇气和气魄值得嘉许。但从宏碁、华为等少数华人企业的成功实践来看，国际化道路布满荆棘、崎岖难行。现实中的失败案例比比皆是。联想收购IBM后一举"扭盈为亏"（后期渐入佳境），TCL收购汤姆逊彩电后一蹶不振（逐渐找到国际化经营的感觉），CEC收购飞利浦后举步维艰，上汽收购双龙后劳资双方剑拔弩张，中铝增资力拓失败告终，无论是收购品牌、技术，还是石油、矿山等资源，中国企业都面临着同样的命运。一方面是国际化欲望非常强烈、动作频频，一方面是折戟沙场、教训惨痛。

《中国经济论坛》：中国人力资源市场的变革与未来

一、中国企业国际化进程中面临的挑战与对策

从宏观角度来看，中国企业国际化的核心在于构建业务运营和管理平台以及培育国际化经营能力。具体来看，成功的关键要素包括管控复杂性、足够的国际化人才、激励体系整合以及规避法律政策风险。

（一）环境复杂

伴随企业的国际化进程，企业将面临日益复杂的全球化市场需求。在这种背景下，仅靠单一层级结构能满足成功企业所需的时代已经一去不复返了。公司必须采取同样复杂的组织结构，利用组织的复杂性来对抗环境的复杂性。矩阵组织的出现为处理复杂情况提供了一个蓝图。从全球最佳实践来看，企业的国际化经营程度越高，组织越会选择复杂的矩阵组织，这已经成为"战略全球化、运作本土化"所引起的组织变革浪潮。今天，有些企业已经将矩阵组织提升到空前的高度，一些企业选择的不是通常的二维矩阵，而是更复杂的三维、四维甚至五维的矩阵。可以说，能否成功掌控矩阵组织是中国企业国际化进程中必须具备的关键管理能力。但矩阵组织本身是一种复杂性的组织形式，成功的关键在于必须学会发挥该结构的优势，控制其弱势。与公司组织转型相配套，公司的人力资源管理转型也势在必行。复杂性的增加需要人力资源管理本身更加专业化、更加沉入业务以及提供更高效的人力资源服务。人力资源管理组织转型的目标是人力资源管理的三支柱模型，这是所有成功组织的最佳实践。

（二）国际化人才培养短缺

21世纪最缺的是什么？是人才！对中国企业来说，21世纪最缺的是国际化人才。国际化人才的缺乏短期解决可以靠外部招聘，但长期来看，主要应该由内部培养为好。从全球最佳实践来看，要想根本性解决人才短缺问题，关键在于"打通职业发展通道"和"建立人才培养和发展规划体系"。而这正是中国企业的两大软肋。很多企业连基本的薪酬考核问题都没有解决好，遑论人才问题的解决。

（三）激励体系整合程度不够高

激励体系是中国企业国际化过程中最敏感的问题，处理不好，将直接影响员工的积极性，势必对企业国际化形成最直接的阻力。以中国企业国际化并购扩张为例。欧美发达国家的企业一般总体薪酬水平高，固定薪酬高，变动薪酬比重较低，绩效考核兼顾定性和定量、个人和团队指标。而中国企业通常总体水平比较低，固定薪酬低，变动薪酬比重较高，绩效考核注重量化和个人指标。双方的薪酬福利水平和结构差异很大。当中国企业并购这样的企业后，中国的员工可能会觉得非常不公平：为什么同样的岗位，同样的工作内容，薪酬待遇差别会如此之大？若业务体系整合，而薪酬激励体系没有整合的话，必将造成诸多矛盾。在这种情况下，简单地提升中国企业员工薪酬福利水平或降低被收购企业员工的薪酬或改变薪酬结构都不是明智的做法，从实践来看，直接影响到关键人才的保留问题。最佳的做法是，重新制定新公司的薪酬策略和未来 3 年的薪酬福利体系整合方案，包括：对岗位价值的重新确认、不同人才的定义和薪酬定位；不同国家薪酬的标杆分析和定位。薪酬的组成反映了新公司业务策略的绩效评价改革方案等。

（四）法律政策风险大

外国法治环境对中国企业在当地直接投资的影响巨大，不了解当地的法律制度，则很可能一不小心就触碰雷区，落入陷阱。面对客观存在的风险，我们必须认真学习研究当地法律法规，了解当地国情，预先制定对公司有利的法律应对措施，入乡随俗，因势利导，一些"规范"和"不规范"的雷区就一定能够跳过，进而顺利开展业务。

二、国际化人力资源体系建设

在"一带一路"建设的战略机遇面前，国际化人力资源体系的建设尤为重要。在国际工程建设中，立足于战略性人力资源发展的高度，突破海外业务上的人才管理瓶颈，培养具有中国特色和世界水平的国际化管理人才，推动企业更快速适应国际工程建设发展环境，实现在国际舞台上的高质量发展。

（一）以战略性为根本，构建人力资源体系

战略性人力资源发展建设是实现海外市场高质量发展目标的基石。根据海外市场发展的战略目标，结合国内外政治、经济、社会发展状况，形成与之相匹配的战略性人力资源体系。一方面以工程管理的国际标准化为立足点，形成"人才优先"理念，明确人才优先发展的战略布局，建设综合实力过硬的国际工程管理团队，充分发挥人才的战略性作用；另一方面以产业板块为核心，优化国际工程管理人才结构，对不同专业、不同人力资源层级所需要的人才数量进行统筹规划，满足可持续发展的需求，增强开拓海外市场的内动力；同时以不同国别法律、制度要求等为依据，优化薪酬分配体系、绩效管理体系和任职资格评价体系，创造属地人才成长的内部环境，形成自主创新、具有国际竞争力的人才发展优势。

(二) 以领军人才为重心,强化国际人才培养

国际工程建设是由诸多环节和步骤组成的系统集合,包括国际项目跟踪、国际商务谈判、掌握所在国信息及当地施工惯例等各个方面,甚至需要经常与当地政府进行对接,需要具有国际工程管理能力的领军人才发挥主导作用。着眼于硬性管理和软性管理两方面,强化对国际工程领军人才的培养,在硬性管理上,以国际工程建设为核心,增强前瞻性市场分析能力、策划能力、商务运作能力、EPC总承包管理能力及跨国运营管理能力等,站在国际视角,推动项目稳健发展;在软性管理上,则注重管理人才在可持续发展管理能力、全产业链整合能力、跨国文化沟通能力及属地化管理能力等方面的提升,兼顾海外市场发展与项目所在国家经济发展、社会建设、环境保护等同步推进。改变人力资源简单粗放的状态,构筑有利于领军人才培养的环境和平台,培养硬性管理与软性管理兼容的国际人才,形成海外市场可持续发展的核心动能。

(三) 以国际化管控平台为依托,保障人力资源科学管控

国际化人力资源信息化管控平台的搭建有利于宏观监管海外各区域市场生产经营中人员布局、流动状态、劳务风险等级、属地人才资源等,为战略性人力资源体系建设提供科学依据。因此,要保证人力资源信息化管控平台的完整性,随着国际环境的变化和风险因素的增加,对平台建设进行升级,不断完善人员基础信息,并对岗位体系、岗位层级、人才类别等进行梳理和规范,保证国内外人力资源信息的对称和人力资源体系运行通畅。在属地人力资源管理中,不同国家具有不同要求和特点,在人力资源整体框架下,应灵活构建管控体系,克服因境内外人力资源管理环境的差异导致的信息隔离,实现平台专业价值的提升,成为国际化人力资源管理的驱动器。

面对复杂的国际环境,应全面打造国际化人力资源体系,改变传统的人力资源管理模式,建设推动战略性发展目标,与国际工程建设相匹配的管控机制,使管控组织更加高效、

管理流程更加通畅、管理人员能力更加多元化,增强海外市场高质量发展的驱动力。

(资料来源:知乎网,人民交通网)

复习思考题

一、判断题

1. 组织构架中的各组成部分是互相独立的,它们并不相互影响。(　　)

2. 全球职能式结构适合国际化的战略、全球化的战略。(　　)

3. 全球产品分布结构保证产品从信息到生产技术的统一沟通,消除了企业内各分支机构的矛盾。(　　)

4. 跨国企业长期优势的形成往往是由人力资源管理水平决定的。(　　)

5. 许多公司采取以全球为中心的人员配置政策,因为这是一种相对便宜的人员配置政策。(　　)

6. 外派经理需要语言流利,以显示沟通的意愿。(　　)

7. 外派人员的基本工资通常与本国类似职位的底薪不同。(　　)

8. 大多数外派人员认为,与非当地经理的评价相比,应更多地重视当地经理的评估。(　　)

二、选择题

1. 多国企业所用的奖励机制通常必须适应(　　)。
   A. 制度文化的差异　　B. 地区公司的经营情况
   C. 不同人员的具体要求　　D. 子单位经理之间的配合

2. (　　)的增加要求企业提高运营效率,实现源自区位经济、经验曲线效应、组织内部核心竞争力转移的经济利益。
   A. 地区响应压力　　B. 成本压力
   C. 组织变革难度　　D. 结构复杂程度

3. 组织结构的核心是(　　),可以调动员工的积极性和创造性,实现组织的战略目标。

A. 领导者 B. 组织文化
C. 奖励模式 D. 管理人员

4. 国际企业组织结构在内部的发展趋势主要表现为（ ）。
①网络化、扁平化 ②柔性化 ③战略联盟 ④全球化
A. ②③ B. ①②
C. ①②③ D. ②③④

5. 以下哪一项是以多国为中心的人员配置政策的缺点？（ ）
A. 公司可能遭受文化短视
B. 东道国国民容易受到文化误解
C. 增加了实施成本
D. 限制了东道国员工晋升高级管理职位的发展机会

6. 如果公司招募东道国国民管理子公司，而母国国民在公司总部担任关键职位，则公司采用的是（ ）
A. 以多国为中心的人员配置政策
B. 以一国为中心的人员配置政策
C. 以全球为中心的人员配置政策
D. 内部人员配置政策

三、名词解释

1. 绩效模糊 2. 国际分部 3. 国际地区分布结构
4. 国际产品分部结构 5. 国际人力资源管理
6. 人员配备政策

四、简答题

1. 讨论下面这种说法："了解绩效模糊的起因和后果是多国企业组织设计的关键问题。"
2. 跨国战略的内涵是什么？对于组织设计意味着什么？
3. 假如一家公司从国际战略改为跨国战略，在贯彻这一变革时，公司面临的最重大的挑战是什么？公司怎样才能战胜这些挑战？
4. 简述以一国为中心的人员分配政策的利弊。
5. 外派人员的薪酬应当由哪几个部分组成？

五、分析题

1. 研究显示，许多外派人员遇到了既会影响他们在国外

任职的有效性，也会限制他们回国后对公司做出贡献的问题。这些问题的主要原因是什么？后果如何？企业如何减少这类问题的发生？

2. 在全球化时代，企业的人力资源管理工作面临哪些机会和挑战？

3. 试分析以多国为中心的人员配置政策如何导致公司内部建立"联盟"。为什么这对公司不利？

第九章
全球生产和供应链管理

学习目标

通过本章的学习，你应该可以了解全球生产和供应链管理的相关概念；理解全球供应链管理的目的；解释国家、生产技术、产品特征的不同对制造地点选择的影响；理解物流和采购在全球供应链中的功能；知晓有效管理全球供应链的四个主要领域。

开篇案例

在平的世界中竞争

在平的世界中，企业的成功不再只是取决于公司本身的能力，更要靠企业结合资源的能力。香港利丰集团在本身并未拥有任何工厂的情况下，为世界知名品牌和零售商生产超过80亿美元的服饰和其他产品。

利丰的历史可以追溯到1906年的贸易中间商，后转型为以中国香港为基地的出口商，进而发展成为跨国企业。最终，利丰在平的世界中改头换面，将自身重塑为一个"网络协调员"的新角色。如今，这位"网络协调员"的网络中有8 300多家供应商，在超过40个国家和地区中有70个采购办事处。利丰间接地在其供应商网络中提供了200多万个就业机会，但利丰本身聘用的员工还不到这个数目的0.5%。在公司精益化运作结构下，每位员工的年销售额达100万美元，年股权收益率超过38%。

20世纪70年代，The Limited公司开始和利丰合作生产服装，为缩短供应链的周期，它要求将每一笔订单的完成时间限制为30天，无论是订5 000件货还是200 000件货，都要严格遵守30天的期限。为了能如期完成订单，利丰的常规做法是预先挑选多家工厂，并让它们在The Limited公司决定最终的订单数量之前就做好准备，这样，利丰就有足够的生产缓冲能力，以便快速响应。

但是当这些衣服抵达The Limited公司位于美国的分销中心时，每个货箱中装的都是单一尺码、颜色和样式的衬衫或其他产品，因此，在货物到达后，先要将衬衫从货箱中取出，按尺码分类摆放在货架上，然后，仓库员工按每个门店的要求从货架上进行挑选，贴上价格标签，再将衬衫放入新的货箱，进行分类包装。以往这一过程有时要费时两周，并按美国标准支付工资，而世界另一端的制造商们却为了能在30天内交货而分秒必争。于是，The Limited公司和利丰共同研究，改变了原有的分销链。它们不再使用分销中心为各个门店挑选、包装产品，而是安排在亚洲的工厂进行分类包装。当不同尺码和颜色的衬衫下线后，按典型类别装箱，并压上条形码（后来货箱上使用了无线射频识别标签/电子标签）。The Limited公司提供了在美国的零售价格标签，工厂的工人们在衬衫离开工厂送达美国的分销中心之前，就将这些标签贴在衬衫上。

这就意味着不再需要在分销中心花两周的时间挑货、贴标签，货箱只需从一个门搬进来又搬出去，再从另一个门搬到小货车上开往各个门店，直接被摆上货架。整个过程省掉了几周时间，这对本来对时间就很敏感的时装界来说，意义重大。分类包装和在生产工厂贴价格标签所产生的成本在亚洲远比在美国的分销中心更便宜，这是因为亚洲的工人工资更低、生产流程更简化。提供给利丰价格标签的做法创造了一个新的契机，使得各方在整个供应链中的运营效率更高。

"网络协作"（network orchestration）为整个供应链管理提供了一种新的观点。网络协调员设计整个供应链流程，使不同地区的众多工厂为某一单一产品而合作。以往的管理是在旧有的垂直一体化组织中进行，而网络协作是让公司在平面化的世界中运作。这是当今世界企业必备的一种重要能力，从虚拟网络协作企业到通过全球生产配送的耐用消费品企业都是如此。

（资料来源：冯国经，冯国纶，温德. 在平的世界中竞争 [M]. 北京：中国人民大学出版社，2009）

面对日益激烈的国际竞争环境，企业不可能单独全面性地顾及生产、营销或研发各层面，产业网络内各企业资源的流通与合作也显得越来越重要了。通过这一章的学习，我们可以回答以下问题：

- 在哪里组织生产活动？
- 公司是应该自己从事国外的生产活动还是把这些生产活动外包给独立的卖主？
- 全球供应链的职能是什么？
- 如何管理全球供应链？

第一节　全球生产管理

随着贸易壁垒下降以及全球市场的发展，很多公司越来越多地面临一系列相互关联的全球生产问题。生产应该集中在一个国家还是分散到全球各地？在哪些国家组织生产活动？公司是应该自己从事国外的生产活动还是把这些生产活动外包给其他公司？当要素成本发生变化，公司是应该放弃原有的生产国而转向另一个更有利的国家，还是维持在既定的地方生产？

一、生产与全球生产

【思考题9—1】
在日常生活中我们经常听到"生产"一词，那么，什么是生产呢？

生产是在特定的技术条件下，通过将人的劳动作用于劳动对象和劳动资料，生产人们所需要的各种物品或提供服务的过程。美国哈佛大学著名战略管理专家迈克尔·波特在《竞争优势》一书中指出，每一个企业都是在设计、生产、销售等过程中进行种种活动的集合体，每一种活动都创造价值。每一件产品都是一条完整的价值链,它由设计、生产和销售等环节共同组成。20世纪90年代中期以来,根据许多企业把生产经营的行为分布到世界范围的实践,国外有越来越多的经济学家把波特的价值链理论应用于对企业之间关系的分析上,应用于研究全球不同的企业在价值链中的分工中。这种价值链分工就是全球化生产。

所谓全球生产,指的是某一产品价值链由不同国家的不同企业共同生产完成。这时,生产的国家边界被突破,生产的企业边界也被突破,企业内部的生产经营行为延伸到其他国家企业。在生产经营分工的基础上,企业之间的关系体现在各自从事同一产品价值链不同部分的生产。如图9-1所示,某一产品的价值链由设计开发、加工制造和营销三个部分组成,其中设计开发由企业A在国家A或跨国家完成,加工制造由企业B在国家B或跨国家完成,营销则由企业C在国家C或跨国家完成,他们共同完成一条完整的价值链。近年来,美国公司不断将特定服务活动的"生产"外包给诸如印度这类广泛说英语且劳动力成本更低的发展中国家。

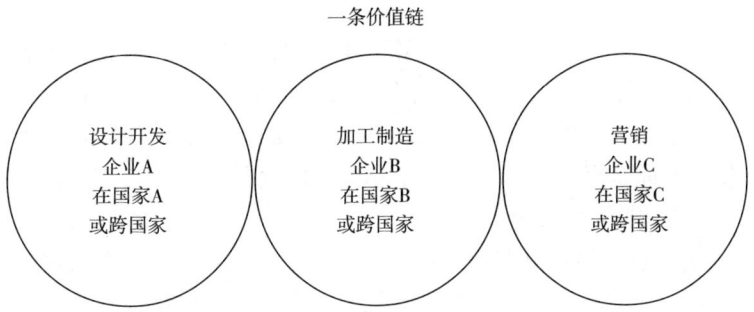

图9-1 全球生产示意图

生产外包经营模式已有近两百年的历史,但真正发展是近十多年的事情。随着经济全球化、竞争全球化,许多跨国公司纷纷将制造基地外移到包括中国在内的亚洲区域。如爱

立信将除中国以外的手机生产全部外包给新加坡的 Flextronice。宝元鞋业分别接受耐克、阿迪达斯、匡威的生产外包业务。专业部门研究表明，实施外包战略可使产品开发成本节约9%，生产能力和质量平均提高15%左右。生产外包结束了自给自足的组织模式，把非核心技术工艺的大部分外包给别人，而在核心技术上区别于竞争对手，这已成为全球成功企业的共同做法。

全球生产是国际企业优化资源配置、产业结构调整的需要，是规模经济的需要，生产在全球组织，竞争也在全球展开，经济全球化的发展为企业的跨国经营创造了条件。企业在全球范围内组织生产容易获得一定优势，比如：可以更好地接近市场，满足当地消费者的需求；获取资源优势，降低生产成本；避开东道国的贸易壁垒限制，更顺利地进入国际市场；降低运输、储存、搬运、装卸等物流费用，降低成本，提升产品的国际竞争力；获取先进的技术和管理经验；获得东道国的优惠政策等。

二、选择生产地

是什么吸引着百家跨国公司地区总部落户陆家嘴？

【思考题9-2】
你知道跨国公司在选择生产地的时候会考虑哪些因素吗？

跨国公司面临的一个基本决策是如何通过选择生产活动的地点，降低价值创造的成本，更好地满足消费者需求实现增值。从事国际化生产的公司在地点选择过程中，考虑的因素主要有国家因素、技术因素和生产因素等。

（一）国家因素

在其他条件相同的情况下，一家公司应该把生产活动置于经济、政治和文化条件对这些活动的绩效最有利的国家，以实现区位经济。具有相对低的要素成本、适当技能的劳动力资源和辅助产业的存在是企业决定去哪里从事生产活动的重要因素。此外，一个国家的关税和非关税壁垒、运输成本、对外直接投资的规则和政策、汇率的波动等都会影响生产地点的选择。

（二）技术因素

由于技术原因，企业可能只适合在一个地方生产，也可能适合在多个地方生产。因技术所产生的差异，可以从三方面来分析，即固定成本水平、最小效率规模及技术柔性。

1. 固定成本

如果建造工厂的固定成本过高，企业只能选择一个或少数几个产地生产；如果建造工厂的固定成本相对较低，在不同地点同时从事一项生产活动就会变得经济。

2. 最小效率规模

平均成本长期处于或接近其最小值的最小规模称为产出的最小效率规模，也称最小有效规模（minimum efficient scale，MES）。通过采用最小效率规模，允许公司适应当地需要或通过在几个地点生产相同的产品，从而规避汇率风险。

3. 柔性制造

所谓柔性制造技术（flexible manufacturing technology），也称为精益生产（lean production），它以工艺设计为先导，以数控技术为核心，是自动化地完成企业多品种、多批量的加工、制造、装配、检测等过程的先进生产技术，目的是通过减少复杂设备的安装次数；用更高效的时间安排提高各机器的使用率。加强制造工序各阶段的质量控制等手段，使公司能够以较低的单位成本和更高的生产效率，生产更多种类的最终产品，更大程度上满足客户的不同需要。

 拓展阅读

汽轮机也能"搭积木"快装

在高端装备制造领域，汽轮机被称为装备制造业的"皇冠"。

目前，杭汽轮已建立起一套基于互联网的供应链管理体系，涵盖所有生产信息、原材料及零部件合作伙伴，原材料采购、零部件采购、生产物料管理已全部实现互联网化。这让加工生产的前端管理和后端管理效率大大提升，与早前的手工操作方式已完全不可同日而语，原先需四五天的周转时间仅需几分钟完成。

订单式生产是汽轮机这类大型装备制造业的生产特色。在为客户实施个性化定制的过程中，能不能像搭积木一样实现撬装化快装，降低人力、物力成本？杭汽轮集团的中能汽轮

柔性制造：以需定产的制造模式

动力有限公司从用户角度出发，针对较小型汽轮机推出撬装化快装式项目，大大提升了产品的服务竞争力。2019年先后接下10台订单，实现利润增收500万元。其中一举拿下印尼镍铁冶炼项目5台订单，还首次成功承接了2个印尼棕榈油项目，在原先由日企产品统领的领域抢占一席之地，令业界刮目相看。

面对经济新常态，特别是装备制造业面临市场平台期，管理创新、控本增效就显得尤为重要。杭汽轮的智能制造改造还入选了省级示范项目，升级后，加工生产全过程实现数字化，从研发、生产、流通等环节实现电子数据传递，既使供应链管理更加精准高效，也进一步提升了质量把控能力。

（资料来源：中国财经）

【思考题9-3】
你知道大批量生产的理念对于汽车制造来说存在哪些问题吗？

（三）产品因素

产品差异化越大，价值重量比越低，企业就越倾向于分散生产。产品的差异化大，企业就必须根据当地需求的不同进行研究开发，就地生产，以求最快最好地满足市场需要。相反，如果产品的需求比较相似，企业则倾向于集中生产、通过集中生产、扩大生产规模、降低成本获得规模效益。

此外，企业还要根据生产工厂的战略地位来做出选择。

（四）国外设厂的隐性成本

隐性成本（implicit cost）是厂商自身所拥有且被用于企业生产过程的那些生产要素的总价格，是一种隐藏于企业总成本之中的成本。相对于显性成本来说，这些成本隐蔽性大，难以避免，不易量化。

在海外设厂容易出现的问题包括：员工流失率高、以次充好的做工、产品质量差以及生产率低下。因此，在决定是否将生产转移到海外前，除了以上所提到的因素外，还要对当地劳动力的状况做出判断。

 案例讨论

惠普在新加坡

20世纪60年代后期，惠普公司在亚洲四处寻找一个低成

本的地区,以劳动密集型的工序生产电子元件。该公司在亚洲考察了几个地区,最终选定新加坡,并于1970年在那里开设了第一家工厂。尽管新加坡的劳动力成本在亚洲地区不是最低的,但相对于北美仍然很低。此外,新加坡具备几项亚洲其他很多地方不具备的重要优势。那里的劳动力受教育程度较高,广泛使用英语。新加坡政府看上去稳定且致力于经济发展,这个国家在该地区有较好的基础设施,包括良好的通信、交通网络和一个迅速发展的工商业基地。惠普公司也从新加坡政府那里得到了税收、关税和补贴方面的优惠条件。刚开始,工厂仅生产基本元器件。低廉的劳动力成本和优惠的税收体制使这家工厂很快开始获利。1973年,惠普将一种基本的袖珍计算器的生产从美国转移到新加坡,目的是降低制造成本,新加坡工厂很快做到了这一点。由于对新加坡工厂生产整个产品而不是元器件的能力越来越信任,惠普管理层在接下来的几年里将其他产品的生产也转移到新加坡,包括键盘、固态显示器和集成电路。不过,所有这些产品的设计、开发和最初生产仍在美国。

这家工厂的地位在20世纪80年代初发生了转变,当时惠普在全世界发动了一场提高质量、降低成本的运动。惠普将其HP41C型袖珍计算器的生产转移到新加坡。新加坡工厂的管理层受命大幅削减制造成本。他们认为,只有允许他们重新设计产品,以更低的总成本生产,这个目标才能实现。惠普中心管理层同意了,新加坡工厂的20名工程师被调往美国一年,学习如何设计特定用途的集成电路,然后他们将这些专门技术带回新加坡,开始重新设计HP41C。结果获得了巨大成功。经过重新设计,新加坡的工程师将HP41C的制造成本降低了50%。利用这个刚刚获得的产品设计能力,新加坡工厂接着开始重新设计其他产品。惠普公司的管理层被这家工厂取得的进步所打动,于是在1983年将计算机的整条生产线转移到新加坡。随之而来的是1984年喷墨打印机的部分转移和1986年键盘的转移。在所有的情况下,工厂都重新设计产品,通常降低单位制造成本都能达30%以上。不过,所有这些产品的最初开发和设计仍然在美国进行。20世纪80年代末和90年代,新加坡工厂开始负责更多业务,尤其是喷墨打印机业务。随后该工厂接到为日本市场重新设计喷墨打印机的工作。尽管起初的重新设计在市场上遭到失败,但新加坡的管理层努力争取获得了再试一次的机会,于是要求工程师为日本市场重新设计台式505型喷墨打印机。这次成功了,在日本实现了巨大的销售额。受到这次成功的鼓舞,该工厂继续承担其他设计任务。今天,它被视为惠普工厂全球生产网络的领导者,其主要责任不仅是制造,还有为亚洲市场开发和设计一系列小型喷墨打印机。

问题:

(1)通过将大量全球生产活动转移到新加坡,惠普得到了哪些好处?

(2)在生产制造过程中,惠普承担了哪些风险?

(资料来源:百度教育)

三、自制还是外购决策

国际企业经常面临零部件的来源决策,即需要决定是由自己生产还是外包给其他企业生产后采购。外包决策不仅包括有形产品的生产,还包括提供服务。随着经济全球化的趋势越来越盛,外包也成了一种潮流。

从广义层面的战略决策角度来看,生产决策的制定受到产品的重要性、专业知识和战略契合度的影响。

从实践角度来看,自制还是外包采购的决策主要取决于成本和生产能力这两个核心要素。除此之外,还受到质量控制、专有技术、控制能力、过剩的产能、供应商有限、持续供应的保障以及行业驱动力的影响。

外包:非核心业务外包给专业公司

拓展阅读

20世纪90年代开始,外资公司纷纷转移其生产基地到中国,就是因为当时中国的劳动力成本非常低廉。当中国的人力成本逐渐走高的时候,劳动密集型企业又慢慢把工厂迁移到越南、印度等成本更低的国家。

当然,成本并不是影响企业外包的唯一因素,现在的跨国公司越来越注重业务的核心竞争力，都在战略性地剥离一些非核心的业务，同时并购一些有上升潜质的新科技公司来增强自身的竞争力，占领更多的市场份额。这些非核心竞争力的业务单元都会被外包出去，有些产品或服务的成本可能比企业自己运营更高，但是整体来说，外包以后可以为企业提供更多的价值或是更好的服务水平。比如，公司内部的 IT 服务，以前的大公司都有内部的 IT 团队，设立电话服务热线来解决员工对于 IT 使用上的问题。现在这种业务已经开始外包了，通过第三方服务团队，使用远程控制的方法来解决问题。如果是公司内部的 IT 团队，工作时间也就是朝九晚五，周末休息，而外包的服务可以提供 365×24 小时的热线服务，在这一点上，外包服务有着无法比拟的优势。

第二节　全球供应链管理

一、全球供应链管理的概念

（一）全球供应链和供应链管理

全球供应链（global supply chain）是指在全球范围内组合供应链，它要求以全球化的视野，将供应链系统延伸至整个世界范围，根据企业的需要在世界各地选取最有竞争力的合作伙伴。

全球供应链管理强调在全面、迅速地了解世界各地消费者需求的同时，对其进行计划、协调、操作、控制和优化，在供应链中的核心企业与其供应商以及供应商的供应商、核心企业与其销售商乃至最终消费者之间，依靠现代网络信息技术，实现供应链的一体化和快速反应，达到商流、物流、资金流和信息流的协调通畅，以满足全球消费者需求。简单来说，全球供应链管理是指通过跨国公司的全球网络分配商品和服务，以实现利润最大化和浪费最小化。

供应链管理：从运作到满足客户的所有过程

（二）供应链的组成部分

供应链分成采购和物流两个部分。采购是指在产品和服务的生产过程中所需的原材料、零部件和中间产品的全球采购；物流是指供应链中计划、实施和控制制造过程中使用的原材料、零部件和产品等存货及库存的有效流动。

供应链上游是指处在整个产业链的开始端的，包括重要资源和原材料的采掘、供应业以及零部件制造和生产的行业，这一行业决定着其他行业的发展速度，具有基础性、原料性、联系性强的特点。供应链下游是指从生产工厂到最终消费者的阶段，涉及包括批发商和零售商在内的各种组织。

（三）供应链管理的目标

全球供应链是实现一系列分散在全球各地的相互关联的商业活动，包括采购原料和零件、处理并得到最终产品、产品增值、对零售商和消费者的配送、在各个商业主体之间交换信息，其主要目的是降低成本、扩大收益和提高产品质量。

有效的供应链管理可以减少系统中的存货，加快存货周转速度。通过设置基于流程的质量标准，避免制造过程和供应链中出现有缺陷的原材料、零部件和成品，提高产品质量。

除了降低成本和提高质量之外，良好的供应链管理还可以缩短总周期时间，提升物流质量。

当今市场竞争不再是单个企业之间的竞争，而是供应链与供应链之间的竞争。从某种意义上说，供应链之间的竞争实质上是基于时间的竞争，如何实现快速有效的客户反应，最大限度地缩短从客户发出订单到获取满意交货的整个供应链的总周期时间，已成为企业成功的关键因素之一。

在市场经济条件下，企业产品或服务质量的好坏直接关系到企业的成败。同样，供应链管理下物流服务质量的好坏直接关系到供应链的存亡。如果在所有业务过程完成以后，发现提供给最终客户的产品或服务存在质量缺陷，就意味着所有成本的付出将不会得到任何价值补偿，供应链的所有业务活动都会变为非增值活动，从而导致无法实现整个供应链的价值。因此，达到与保持物流服务质量的高水平，也是供应链物流管理的重要目标。这一目标的实现必须从原材料、零部件供应的零缺陷开始，直至供应链管理全过程、全人员、全方位质量的最优化。

二、全球供应链职能

（一）全球物流

全球物流又称国际物流，是指在两个或两个以上的国家独立进行生产和消费时，为克服生产和消费之间的空间距离和时间距离，将货物进行物理移动，从而达到国际商品交易的最终目的。即卖方交付单证、货物并收取货款的一种国际商品交易或交换活动；而买方接受单据、支付货款和收取货物的贸易对流条件。

全球物流的核心内容包含全球配送中心、全球库存管理、包装、运输和逆向物流五个部分。其中，全球配送中心在国际物流系统中处于非常重要的地位。全球配送中心是国际物流活动中进行商品、物资等集散的场所，就范围而言，可以大到某些国家和地区，小到港口码头、保税仓库、外贸仓库等。配送中心是全球供应网络的基础，它可以将产品送到世界各地的批发商或零售商手中，也可以直接送到世界各地的消费者手中。

（二）全球采购

全球采购是指利用全球资源，在全世界范围内寻找供应商，寻找质量最好、价格合理的产品。全球采购一般不包括企业行为的"官方采购"，如联合国、各种国际组织、各国政府等机构和组织，为履行公共职能，使用公共性资金所进行的货物、工程和服务的采购。采购对象包罗万象，既有产品、设备等各种各样的物品，也有房屋、构筑物、市政及环境改造等工程，还有种种服务。

三、管理全球供应链

通过更有效率的供应链管理来降低成本的潜力是巨大的，因此，管理全球供应链是跨国公司最重要的战略之一。管理全球供应链涉及准时生产制的作用、信息技术的作用、全球供应链的协调以及全球供应链中的组织间关系这四个主要领域。

准时生产制：一种全方位的系统管理工程

(一) 准时生产制

准时生产制（JIT）系统是指借助于最先进的计算机技术，合理规划生产、供应和销售的流程，目的是降低成本、改进产品质量、提高劳动生产率。准时生产制系统是使原材料刚好而不是提前到达制造工厂参与生产过程，主要通过加速存货周转节省存货储存成本。

采取准时生产制，公司能够减少存货资本的数量，提高公司盈利能力，有助于提高产品质量。在准时生产制系统下，零部件立即进入制造程序，有缺陷的投入品可立即被发现。问题可追溯到供应源解决，避免生产出更多的零部件废品。

然而，由于控制了存货数量，导致当企业遇到类似新冠疫情这样的突发情况时，可能会因为全球供应链受阻而带来损失。缓冲存货有助于公司对增加迅速的需求做出反应，帮助公司度过供应商中断引起的存货短缺。同时，为降低依赖一个供应商生产的重要原材料所带来的风险，一些公司可向若干个不同国家的供应商购买原材料。

(二) 信息技术

通过精确地定位零部件在供应链中的位置，良好的信息系统使公司能根据预计的元件到达时间制定出最佳生产进度，并可在需要时将关键元件拉出正常的供应链使之流向工厂，以便加速生产。

拓展阅读

三一重工位于长沙的"18号工厂"，号称亚洲最大的智能化制造车间之一，各环节全部实现自动化、信息化。在这里，已实现了生产中人、设备、物料、工艺等各要素的柔性融合。

三重工拥有8条装配线，可以实现69种产品的混装柔性生产，并将此拓展到其他事业部，实现其他事业部的柔性制造。在这间总面积约10万平方米的车间里，每一条生产线都可以同时混装30多种不同型号的机械设备，开足马力工作时能支撑300亿产值。

厂房的整个生产系统包含了大量数据信息，包括用户需求、产品信息、设备信息及生产计划。依托工业互联网络将这些大数据联结起来并通过三一重工的 MES 系统处理，能制定最合适的生产方案，最优分配各种制造资源。

得益于车间采用的信息技术系统，2017 年一季度，三一重工主要产品全面实现高速增长，其中挖掘机 2 月份产量达到了去年同期的 4 倍，拖泵、泵车、搅拌车等混凝土机械也出现百分百的恢复性增长。

（资料来源：21ic 电子网）

（三）全球供应链的协调

全球供应链的协调（global supply chain coordination）是指，供应链全链条的各环节（包括上下游各企业及企业内各部门）实现协同运行的一系列活动或最终效果。即供应链全链条各节点确立共同目标，在互利共赢的基础上深入合作、风险共担、信息共享、流程互通，共同创造客户价格的过程。

（四）组织间关系

组织间关系关键在于信任和承诺。全球供应链的上游部分主要有外包商（vendor）、供应商（supplier）和合作伙伴（partner）这三个层面。

一家公司从外包商处获得原材料和零部件的交易关系是很容易改变的；一家公司通过供应商获得原材料和零部件，并基于经验和业绩保持与供应商的合作关系；一家公司可能会通过合作伙伴获得原材料和零部件，并基于信任和承诺保持与合作伙伴的关系。

全球供应链的下游部分分为买方（buyer）、顾客（customer）和客户（client）这三个层面。

一家公司向买方销售原材料和零部件的交易关系是很容易改变的；一家公司可以向顾客销售原材料和零部件，并基于经验和业绩保持与顾客的合作关系；一家公司可能会通过向客户销售原材料和零部件，并基于信任和承诺保持与客户的关系。

【思考题 9-4】
如果供应链上游的目标是为自己的生产购买以商品为导向的零部件，并且供应链下游的目标是与终端客户建立强大的伙伴关系，那么跨国公司应该考虑什么样的组织间关系？

国际商务概论

思政链接

中国成全球产业链供应链"稳定器"

《新闻1+1》：
产业供应链
如何稳定
又安全

2022年9月19日，习近平总书记向产业链供应链韧性与稳定国际论坛致贺信指出，维护全球产业链供应链韧性和稳定是推动世界经济发展的重要保障，符合世界各国人民共同利益。

接受《中国经济时报》记者采访的专家认为：当前，主要经济体均已深度融入全球分工体系，世界经济对全球产业链供应链稳定运行的依赖程度前所未有——从原材料供应到零部件生产，再到配送、组装、加工，最后到销售市场，每一个环节都需要畅通无阻。一旦某个环节出现问题，全球供应链的运行就会放缓，甚至出现断裂，由此带来的"多米诺骨牌效应"则会影响整个链条上的企业和经济体，进而冲击世界经济的安全稳定。从这个意义上来讲，维护全球产业链供应链韧性和稳定，已成为推动世界经济发展的重要基石。

一、全球产业链供应链面临巨大挑战

全球产业链供应链是经济全球化背景下国际产业分工的产物。

"长期以来，世界各国发挥比较优势，在全球产业链供应链中占据独特位置，不断深化国际经济技术联系，优化要素资源全球配置，创造投资和就业机会，享受了经济全球化和产业链供应链稳定运行带来的红利。"中国宏观经济研究院产业经济与技术经济研究所副研究员李子文在接受本报记者采访时表示。

不过，当前全球产业链供应链韧性和稳定正遭遇巨大挑战。李子文认为，百年变局叠加世纪疫情，是全球产业链供应链韧性和稳定的最大挑战。新冠疫情全球大流行，严重阻隔全球物资、人员、资本等正常流动，迫使全球产业链向多元化、本土化、区域化趋势转变；同时，少数国家推行单边主义、保护主义和霸权主义，推出各类限制贸易和投资的措施，加剧了能源、大宗商品、芯片等关键物料的供应危机，使得"卡链""断链""掉链"现象不断蔓延。

国务院发展研究中心宏观经济研究部副研究员杨光普告诉本报记者，过去一段时间，保护主义、疫情冲击、地缘冲突等多种因素对全球产业链供应链运行产生了很大的负面影响，加剧了国际社会对全球供应链安全的担忧。尤其是以大型跨国公司为代表的全球产业链供应链上的关键企业，开始反思过去单纯以效率为主导的供应链管理思路，更加重视供应链安全与稳定，并加速调整其全球范围内的生产经营，通过建立区域供应链以减少全球性冲击的影响，甚至沿着供应链的各个环节增加存货，全球产业链供应链区域化、本土化、短链化发展趋势明显，全球经济正为此付出更高的成本。

二、中国在全球供应链中发挥了"压舱石"作用

李子文表示，新冠疫情发生以来，中国全力保障本国产业链供应链安全稳定、畅通运行，多措并举解决物流运输受困、供应链上下游衔接不畅、关键节点企业复工达产受阻等问题，同时力保商品、物资对外出口贸易，在全球商品出口总额中的占比从2019年的13%增至2021年底的15%，以实际行动维护了产业链供应链的公共产品属性，在全球供应链中发挥了"稳定器""压舱石"的关键作用。

在杨光普看来，全球产业链供应链是重要的全球公共产品。关起门来自己搞，既无法保障本国产业链供应链的安全稳定，也不可能对全球产业链供应链安全稳定做出贡献。因此，"要继续坚持开放包容理念，坚定不移扩大高水平对外开放，支持企业更加积极地参与国际分工，更加深入地融入全球产业链、供应链、价值链，同时推进同各国战略、规划、机制的对接，加强政策、规则、标准联通，加强全球产业合作，在开放与合作中维护全球产业链供应链韧性和稳定。"

李子文建议，一方面，要坚持统筹抓好疫情防控和经济社会发展，激发市场主体活力，提升产业链供应链韧性，推动外贸高质量发展，大力发展数字贸易，为支撑全球产业链供应链稳定运行贡献力量；另一方面，要支持以世界贸易组织为核心的多边贸易体制，建设更高水平开放型经济新体制，积极参与和完善全球治理，深化与各国政策协调、规则衔接、标准联通，协同构建产业链供应链命运共同体。

（资料来源：李晓红，中国经济时报）

复习思考题

一、判断题

1. 精益生产的提出使制造效率的观点受到挑战。（   ）
2. 柔性制造技术不能使公司根据小客户群的需要制定产品。（   ）
3. 许多电子元件和药品有很高的价值重量比——它们价值很高但重量很轻。因此，在其他条件相同的情况下，如果需要长途运输，应在主要市场附近的多个地点生产这类产品。（   ）
4. 现代消费品，如个人电脑，可满足普遍需求。（   ）
5. 在预计的重要汇率将保持相对稳定的情况下，集中生产是不可取的。（   ）
6. 产品质量差和生产率低是国外设产的隐性成本。（   ）
7. 采购和物流均作为供应链的一部分。（   ）
8. 跨国公司参与全球供应链时，成本和生产能力只是其决定零部件是自制还是采购决策的两大主要因素。（   ）
9. 大批量包装包含一些初级包装，是由最终消费者从商店带回家的包装。（   ）
10. 将一些制造业务外包给其他国家的独立供应商将有助于公司从该国获得更多订单。（   ）
11. 全球供应链的协调指的是关键的全球供应链决策机会的共享和运营协作。（   ）
12. 准时生产制的优点是缓冲存货。（   ）

二、选择题

1. 与任何其他工厂包括国内工厂相比，（   ）在零部件和成品生产上的成本最低。
   A. 源工厂　　　　　　　　B. 离岸工厂

C. 服务型工厂　　　　D. 前哨型工厂

2. 管理国际商务的国家因素中，以下哪一项陈述是正确的？（　　）

   A. 在选择生产国时应考虑相对要素成本

   B. 集中生产是最适合做国际业务的方法

   C. 汇率不是决定一个国家选择的重要因素

   D. 分散制造是最适合从事国际业务的方法

3. 以下哪一项因素将低成本位置转变为高成本位置？（　　）

   A. 当地货币升值　　　B. 使用固定汇率

   C. 使用联系汇率　　　D. 执行自由贸易制度

4. 影响国际业务的技术因素是以下哪一项？（　　）

   A. 预期的汇率变动

   B. 生产工厂的战略位置

   C. 熟练劳动力库的可用性

   D. 建立生产工厂的固定成本

5. 根据规模经济的概念，随着产品产量的增加，（　　）。

   A. 生产力下降　　　　B. 总成本降低

   C. 单位成本降低　　　D. 资本利用率下降

6. 旨在描述公司使用灵活制造技术协调低成本和产品个性化目标的能力的是（　　）。

   A. 流水线生产　　　　B. 产品标准化

   C. 大规模定制　　　　D. 六西格玛生产

7. 灵活的制造技术也被称为（　　）。

   A. 六西格玛生产　　　B. 生产线生产

   C. 标准化　　　　　　D. 精益生产

8. 以下哪些产品最不具有价值重量比？（　　）

   A. 电子元件　　　　　B. 精致白糖

   C. 药品　　　　　　　D. 微处理器

9. 对于具有很高的价值重量比的产品，以下哪种说法是正确的？（　　）

   A. 运输费用通常占其总费用的很大比例

   B. 它们相对便宜，重量很大

   C. 它们通常在靠近主要市场的多个地点生产

D. 他们的运输费用占总费用的很小的百分比

10. 当出现以下哪个情况时，分散生产是适当的？（   ）

   A. 产品值与重量比率较高

   B. 该产品满足普遍需求

   C. 贸易壁垒高

   D. 预期重要的汇率保持相对稳定

11. 物流是一项控制（   ）的活动。

   A. 通过价值链传输物理材料

   B. 企业的客户联系点

   C. 生产产品所涉及的活动

   D. 企业与其客户之间的信息交换

12. 对于跨国公司来说，从独立供应商那里购买零部件甚至整个产品的好处是（   ）。

   A. 它可以使公司更容易规划、协调和安排相邻流程

   B. 公司可以通过情况切换订单来保持灵活性

   C. 公司将能够严格控制其专有技术

   D. 公司将获得优质原材料，并提供高品质的产品

三、名词解释

1. 全球生产   2. 最小效率规模
3. 准时生产制   4. 全球采购
5. 离岸外包

四、简答题

1. 试分析影响跨国企业在零部件的供给决策上是自己生产还是转包给独立供应商的决定因素，并分析自己生产和转包生产各自的优缺点。

2. 简述供应链管理的内容。

3. 简述自制和外包的优缺点。

4. 离岸外包和国内外包的主要区别是什么？

五、分析题

阿根廷的罗萨里奥——在这座城市的边缘，距离底特律6 000多英里（1英里＝1.6千米）的地方，推土机已经在日夜不停地铲走肥沃的耕种土层，为通用汽车公司建立新的汽车装备厂开辟道路。

第九章
全球生产和供应链管理

这个设立在汽车世界的边远地区而设备一流的工厂，是美国通用汽车公司从其发源地北美洲向发展中国家扩张转换的中心。通用汽车公司这个世界一流的汽车制造者，决定通过在世界各地建立很多实质完全一致的制造工厂来节省资金，这一计划正在阿根廷、波兰、中国和泰国同时实施。

这个"四厂策略"是通用汽车公司最大的国际性扩张策略，耗资至少 22 亿美元。公司设计的各国工厂都如此相似，以至于工程师可能会弄错它们所在的国家。装配线已经设立，因此只有昂贵的设备问题需要为每一厂的每一台机器配备一名专家，而像泰国的发动机失灵之类的小问题，打个电话到罗萨里奥或中国的上海，很快就能得到圆满解决。

通用汽车公司的新工厂有更深远的意义。它们的建设可以随发展中国家市场需求的增长而扩展；它们的布局就像一个巨大的 U 形，这样供应商可以运来种类日益增多的已经装配好的组合零件，从而减少通用汽车公司的成本。而在美国，由于工会的限制，这些事情是通用汽车公司不能做的。

这些新工厂比其他东西更能表明，随着全球市场化，跨国公司的本质正在发生变化。仅仅在几年以前，通用汽车公司在南美的工厂还在生产 Chevy Chevettes 这种在美国已多年不生产的汽车。汽车工业很大程度上把发展中世界看作它们过时的技术和车型的倾销地。

现在，这个工业正通过集中在发展中世界投资并将其作为它们最新技术和精益生产的展现舞台，以此求得未来的发展。而且通用汽车公司正在寻找比其对手更有活力的全球战略，尽管其他大的汽车制造商也看到了为即将开发的市场做准备的必要性，同时有的实际上已经进入国外市场，但没有一家企业像通用汽车公司这样在国外大规模建厂，最近它又宣称计划在巴西南部建第五个更先进的新工厂。

整个罗萨里奥的工厂被设计成精益生产。它的总成本为 35 000 万美元，是通用公司新工厂中成本最低的；一家任何规模的装配工厂一般都得花费 10 亿美元。而且，这里的投资包括要比通用公司其他的汽车压模机器都快得多的高科技压模机器、一家能向装配线传送带有空调设施的发动机工厂和已经装配好的传送器、传送带。

精益生产的关键原则是工人要负责很多工作，而且要分组独立工作。每个工人对装配运作中的全过程负责，甚至包括机器的清扫和基本维修。在日本，这种方法很普遍，但对通用公司在美国的工厂却不适用，因为工会规定，只有专门的技工才能维修和保养机器。

虽然这四家工厂被设计得尽可能相似，但他们仍然有所区别，如在泰国要努力防止机器在潮湿的气候中生锈。

根据案例回答以下问题：

（1）简要描述通用汽车公司的四厂策略。

（2）通用全球思维转换的标志是什么？

（3）列举罗萨里奥工厂精益制造的要素。

（4）在设计单个工厂时，哪些非劳力的当地因素必须予以考虑？

第十章 国际市场营销

学习目标

通过本章的学习，你应该可以了解全球化对市场营销带来的机遇与挑战；解释国际企业如何开展国际市场细分、目标市场确定和市场定位等来瞄准全球市场机会和全球购买者；描述国际营销中产品策略、价格策略、促销策略和渠道策略在国际市场中的差异性和复杂性；了解全球整合营销战略；培养营销思维，运用所学知识分析实际问题的能力。

开篇案例

小米的国际化扩张

从发布第一款手机，到超越几家老牌手机企业，跃居全球第二，并在欧洲市场登顶第一，小米仅用了10年时间。从零到1，从1到 N，再到进入世界500强并实现连续3年排名逐年上升，小米只用了9年时间。小米是如何做到的？

小米致力于提供感动人心、价格厚道的好产品，"让全球每个人都能享受科技带来的美好生活"，在小米开启于2014年的国际化历程中，仅用了7年时间，在海外业务方面的经验、人才、渠道，以及专门针对海外市场的产品研发和营销机制等，都实现了从量变到质变的跃升。

从新兴市场开始，再拓展发达市场，小米的国际化阶段和路径，与其他走出去的中国品牌相似。纵观小米国际化的历程，有两个市场是至为关键的，一个是印度市场，一个是欧洲市场。小米国际化的重要经验也得益于这两个市场的积累。

在印度培育"米粉"

许多第一次走出国门的中国企业通常会把国际化首站定位在和中国接近的其他新兴市场国家。新兴市场被认为是全球消费的未来，也是最有潜力的市场。早前一波中国制造型企业，比如家电企业，通常会将国际化的首站放在巴西等南美国家，第二波走出国门的中国企业，则通常将首站放在印度。

印度成为众多手机品牌角逐的市场。印度市场与早期国内市场相似，加之智能手机的低渗透率为小米手机以"高性价比"进入印度市场奠定了基础。印度还有一个优势，是除了当地的印地语，英语也是其官方语言，一些知名的社交软件在当地较为普及，这更有利于小米复制早前取得的在社交营销方面的成功模式。

2014年3月，小米进入印度市场，为了复制国内的"互联网手机"模式，小米需要借助第三方电商平台。小米和Flipkart合作举办了一系列闪购活动，其中10月份的一场红米1S的预售有超过40万人参与，4秒成功宣告售罄。通过在线抢购模式，小米打开了印度市场，并很快辐射到东南亚和其他新兴市场。

在欧洲完成真正的全球化

从新兴市场到发达市场的国际化，比从新兴市场平移到新兴市场要艰难得多。根据国际化的理论，只有在发达市场站稳脚跟，才能称得上是真正实现了国际化。基于在印度市场3年的经营和积累的相关经验，在印度市场的基础上，小米启动了向欧洲市场拓展的征程。

其实，小米在进入印度市场没多久，就已开始在欧洲市场做一些尝试了，但当时销售的产品仅限于移动电源、手环和耳机等，小米主力产品手机则因为专利缘故，未能同步出现在这里，这种局面直到专利问题得到解决才有所改变。

2017年11月，小米正式进军西班牙，宣布其商业模式的很多核心内容都将在西班牙落地，比如小米网上商城以及小米之家等，这也成为小米欧洲经营之旅的开端。

在欧洲市场，小米也基本上延续了"线上+线下+运营商合作"的销售模式，在进入英国等国的手机市场时，与当地电信运营商进行了深度合作，例如沃达丰、德国电信、西班牙电信等，同时与大零售商和代理商都建立了良好的合作关系。这使得小米在运营商、电商以及零售商渠道等方面实现了全面覆盖，形成三位一体的完整销售渠道。

小米进入欧洲初期，在中端机和入门机市场依靠出色的性价比打开口碑，积累了一批认可小米产品的用户，并以最酷的创新科技和出色的社区互动体验吸引了欧洲第一批米粉，建立了用户基本盘。另一方面，随着小米向高端品牌攀登，小米在欧洲也不断攻占高端市场。近两年，小米手机在欧洲的平均售价持续上升，品牌调性不断提高，用户群体也越来越大，在400欧元以上价位有多款手机广受西欧消费者欢迎。

目前，小米的业务已经进入全球超过100个市场。根据Canalys数据，2021年第二季度，小米在65个国家和地区的智能手机市场份额排名前五，在22个国家排名第一，包括西班牙、意大利、法国、俄罗斯、希腊、印度、马来西亚、泰国等，这些市场覆盖和跨越了不同地区、不同文化、不同经济发展水平和不同消费能力，反映了小米产品的品质和生命力。其中，在西班牙、印度、波兰等国，小米的销量连续多个季度稳居第一，优势明显。这或许说明小米已经在当地市场获得了非常广泛的品牌认同。

在这个全球化时代，"走出去"一直是很多中国品牌的愿望。小米的全球化或许会成为中国品牌、中国企业出海以及跨境电商企业建立国际品牌的一个不错的思路。

（资料改编自：澎湃财经，《小米国际化，离全球第一还有多远》）

全球营销不是简单地跨国营销，而是涵盖企业经营的全部内容。全球营销为企业提供了更宽阔的战略视野和市场机会，同时也对企业的营销能力提出了更高的要求。通过这一

章的学习,我们可以回答以下问题:
- 如何瞄准全球市场机会?
- 国际市场细分、目标市场确定和市场定位与国内有何不同?
- 什么是全球营销组合和整合营销战略?

第一节　全球市场和品牌全球化

【思考题 10-1】
市场全球化带来了哪些市场营销问题?

随着科技的进步,交通通信技术的发展,各国政府对外国产品进口及外国公司直接投资的限制逐渐放宽,各国之间的交往日益频繁,世界经济社会一体化趋势进一步加强,全球市场在众多方面具有越来越多的共通性,各国市场之间的需求也越来越具有相似性,国际公司在开展营销活动时,逐渐模糊了国界的概念,着眼于全球市场。

1983年,莱维特明确提出了"全球营销"这一概念。他认为,过于强调对各个当地市场的适应性,将导致生产、分销和广告等方面规模经济的损失,呼吁多国公司向全世界提供一种统一的产品,并采用统一的沟通手段。日本是开展全球营销最好的国家,他们在汽车、摩托车、手表、照相机、电视机等许多产业领域都取得了全球性的市场领先地位。

然而,与国内的市场营销相比,全球市场营销在环境和背景、组合策略、营销管理过程、资源利用、风险等方面都面临不同的任务。科特勒认为:"国际营销人员必须很好地了解外国的营销环境与营销机构,并且随时修正他们关于当地人们对营销活动的反应方式所做的最基本假设。"由于不同国家或地区市场在政治、经济、文化、法律等方面的差异,在一国非常适合的营销渠道,可能放到另一个国家或地区就会完全失效。因此,参与全球营销的企业必须有充分的准备,应对不同国家或地区可能出现的各种新问题。

拓展阅读

在《哈佛商业评论》的一篇文章中,西奥多·莱维特

(Theodore Levitt）用抒情的笔调描述了世界市场的全球化趋势。莱维特的论点在对全球化程度的激烈争论中是无懈可击的。按照他的观点：

一股强大的力量正在驱使这个世界朝着趋同的方向发展，这股力量就是技术。技术使通信、交通和旅行变得平民化。

结果就产生了这样一个新的商业现实——出现了标准化消费品的全球市场，其规模之大，以前是难以想象的。

已经习以为常的国别或地区的偏好差异从此消失。市场的全球化近在咫尺。至此，原来多国化的商业世界走到了尽头，同样，跨国公司也完成了它的使命。跨国公司在若干个国家中运作，根据每个国家的具体情况调整其产品和商业实践，这样做的成本相对较高。而全球公司把整个世界看作一个统一体，以绝对的一致性（其成本相对较低）在全球运营，并用相同的方法在各地销售相同的产品。

从商业上来看，许多产品，如麦当劳从香榭丽舍到银座都有开设，可口可乐在巴林，百事可乐在莫斯科、摇滚乐、希腊沙拉、好莱坞电影、露华浓化妆品、索尼电视机及李维斯牛仔裤在各地受到欢迎，没有比这些更能证明上述观点的了。

民族品味或商业模式上的传统差异已经消失。人们偏好的趋同不可避免地导致产品、加工和商贸制度的标准化。

思考：你如何评价莱维特的观点？

品牌全球化是企业在进行跨国生产经营的活动中立足于全球市场发展自己的品牌，并占领世界市场的过程。品牌全球化并不是指对全球市场实行统一品牌化策略或差异品牌化策略，而是企业立足于全球市场发展自己的品牌。也就是说，企业要有在全球范围内的战略眼光，凭借国内外资源和市场，努力树立自己的品牌形象，扩大影响面，成为全球性知名品牌，它可以在不同国家市场实行不同的跨国战略。

【思考题10-2】
什么是品牌全球化？

【小组讨论10-1】
尝试列举一些全球化品牌。

第二节　国际营销 STP 战略

国际市场营销（international marketing）是指组织营销其产品、服务给一个以上国家或地区的消费者和使用者，以实现该组织战略目标的一种商务活动过程。换言之，国际市场营销是一种跨国界的经营、管理过程，是企业通过计划、定价、促销和引导，创造产品和价值，并在国际市场上进行交换，以满足多国消费者的需要、获取利润的活动。

一般情况下，国际市场营销和国内市场营销相比，从原理和方法上看大体相同，企业在国内营销中所开展的这些工作，如营销调研、环境分析、营销战略的制定、目标市场选择，以及产品、定价、销售渠道、促销等方面的营销决策和实施，也适用于国际市场营销。

【思考题 10-3】
国际 STP 战略与国内有什么区别？

现代营销的核心——STP 营销战略，即市场细分、目标市场确定和市场定位，在 20 世纪 70 年代提出后对企业的营销产生了巨大影响。企业在进入国际市场前，对拟进入的潜在市场的评估也是国际营销计划过程的第一步。

一、国际市场细分

市场细分（market segmentation）就是指企业按照某种标准将市场上的顾客划分成若干个顾客群，每一个顾客群构成一个子市场，不同子市场之间，需求存在明显的差别。市场细分是选择目标市场的基础工作。企业通过细分市场选择目标市场，设计正确的产品、服务、价格、促销和分销系统"组合"，从而满足细分市场内顾客的需要和欲望。也就是说，不同的细分市场可以有不同的产品设计、定价策略、分销渠道和沟通策略。这样做的目的无非是使特定细分市场中消费者的购买行为能更好地吻合营销组合，从而实现细分市场销售的最大化。

世界上有众多的国家，企业究竟进入哪个（或哪些）市场最有利，就需要根据某种标准（如经济、文化、地理等）把整个市场分为若干子市场，每一个子市场具有基本相同的营销环境。企业可以选择某一组或某几个国家作为目标市场。宏观细分是微观细分的基础，企业首先确定进入哪个或哪些国家，然后才能进一步在某国进行一国之内的细分。

国际市场宏观细分是企业根据影响各国市场需求的宏观因素，将国际市场划分为若干个宏观环境相近进而总体市场需求相似的子市场的过程。有效的细分市场条件必须具备可区分性、可测量性、可行动性、可进入性、可营利性等特征。

对国际市场宏观细分可以采用不同的标准，比如，企业可以在人均国内生产总值或者地理位置等单一变量的基础上细分国际市场，也可以在几个变量组合的基础上来划分。具体来说，企业国际市场宏观细分的标准主要有地理因素、文化因素、经济因素和组合因素等。

（1）按地理因素细分市场，具体包含按地理位置、城市规模、地理环境、气候条件等自然条件因素来细分市场。

（2）按文化因素细分市场，文化诸因素，如语言、教育、宗教、美学、价值观等，都能构成国际市场的细分标准，文化是国际营销决策的重要影响因素之一。

（3）按经济因素细分国际市场，企业可以根据各国的国内生产总值、经济发展水平、基础设施情况等因素对国际市场进行细分。

（4）按组合因素细分国际市场，是以战略技术为标准，同时从国家潜量、竞争程度和风险大小三大因素综合分析国际市场，把国际市场划分为18类的市场细分方法。在这种组合法中，国家潜量是指企业的产品或服务在一国市场上的销售潜量。其基础包括人口、经济增长率、实际国民总产值、人均国民收入、人口分布、工业生产消费模式等数据资料。竞争程度取决于内部因素和外部因素两方面。内部因素包括企业在该国市场上所占份额、企业资源和设施以及企业适应该国特点的能力和优势。外部因素包括该行业中竞争对手的竞争力，来自替代产品行业的竞争以及国内外的行业结构。风险是指企业在该国面临的政治风险、财务风险和业务风险（如消费者偏好的转移）以及各种影响利润、资金流动和其他经营结果的因素。

【思考题10-4】
企业进行国际市场宏观细分的主要标准有哪些？

企业进入某一国外市场后,由于该国的顾客需求是千差万别的,企业不可能满足该国所有顾客的需求,而是将其细分为若干个子市场,满足一个或几个子市场的需求,这种含义上的国际市场细分叫作微观细分。微观细分类似于国内市场细分,即当企业决定进入某一海外市场后,它会发现当地市场顾客需求仍有差异,需进一步细分成若干市场,以期选择其中一个或几个子市场为目标市场。这种一国之内的细分标准即是国内市场细分标准,其中,消费者市场的细分主要包括地理细分、人口细分、心理细分和行为细分;生产者市场的细分主要包括地理位置、最终用户、用户规模、用户要求、购买方式等;中间商市场的细分变量也包括生产者市场细分中的地域、购买中心、购买标准、购买方式等。

案例讨论

麦当劳瞄准细分市场需求

麦当劳作为一家国际餐饮巨头,创始于20世纪50年代中期的美国。由于当时创始人及时抓住美国工薪阶层需要方便快捷的饮食的良机,并且瞄准细分市场需求特征,对产品进行准确定位从而一举成功。

麦当劳根据地理要素细分市场

麦当劳有美国国内和国际市场,而不管是在国内还是国外顾客,都有各自不同的饮食习惯和文化背景。麦当劳进行地理细分,主要是分析各区域的差异。如,美国东西部的人喝的咖啡口味是不一样的,通过把市场细分为不同的地理单位进行经营活动,从而做到因地制宜。

每年,麦当劳都要花费大量的资金进行认真、严格的市场调研,研究各地的人群组合、文化习俗等,再撰写详细的细分报告,以使每个国家甚至每个地区都有一种适合当地生活方式的市场策略。

例如,麦当劳刚进入中国市场时大量传播美国文化和生活理念,并以美国式产品牛肉汉堡来征服中国人。但中国人爱吃鸡，与其他洋快餐相比，鸡肉产品也更符合中国人的口味，更加容易被中国人所接受。针对这一情况，麦当劳改变了原来的策略，推出了鸡肉产品。在全世界从来只卖牛肉产品的麦当劳也开始卖鸡了。这一改变正是针对地理要素所做的，也加快了麦当劳在中国市场的发展步伐。

麦当劳根据人口要素细分市场

通常人口细分市场主要根据年龄、性别、家庭人口、生命周期、收入、职业、教育、宗教、种族、国籍等相关变量，把市场分割成若干整体。而麦当劳对人口要素细分主要是从年龄及生命周期阶段对人口市场进行细分，其中，将不到开车年龄的划定为少年市场，将20~40岁之间的年轻人界定为青年市场，还划定了年老市场。

人口市场划定以后，要分析不同市场的特征与定位。例如，麦当劳以孩子为中心，把孩子作为主要消费者，十分注重培养他们的消费忠诚度。在餐厅用餐的小朋友经常会意外获得印有麦当劳标志的气球、折纸等小礼物。在中国，还有麦当劳叔叔俱乐部，参加者为3~12岁的小朋友，定期开展活动，让小朋友更加喜爱麦当劳。这便是相当成功的人口细分，抓住了该市场的特征与定位。

麦当劳根据心理要素细分市场

根据人们生活方式划分，快餐业通常有两个潜在的细分市场：方便型和休闲型。在这两个方面，麦当劳都做得很好。

例如，针对方便型市场，麦当劳提出"59秒快速服务"，即从顾客开始点餐到拿着食品离开柜台标准时间为59秒，不得超过一分钟。

针对休闲型市场，麦当劳对餐厅店堂布置非常讲究，尽量做到让顾客觉得舒适自由。麦当劳努力使顾客把麦当劳作为一个具有独特文化的休闲好去处，以吸引休闲型市场的消费者群。

问题：试总结麦当劳市场细分的经验？

（资料来源：智库MBA）

二、国际目标市场选择

目标市场选择是指估计每个细分市场的吸引力程度,并选择进入一个或多个细分市场。国际目标市场选择,就是企业根据国外市场细分情况,选择准备进入一个或多个国际市场。

企业在进行国际市场细分后,先要在众多的国家中确定某个国家或地区作为大的目标市场,然后把这个目标市场国家进一步地依据地理、人口、行为、心理等因素进行微观细分,并从众多的子市场中选择一个或几个作为具体的目标市场。

在全世界诸多国家中,国与国之间的市场存在巨大差异,这使得选择进入某一国际市场的决策要比选择国内市场复杂得多,科学的国际目标市场选择应按一定的程序来进行。目标市场选择程序一般包括以下几个步骤:

第一,对国外市场进行初步筛选。首先应分析各个可能的进入国之间有何差异,分析各国在政治、经济、文化等宏观环境上的优劣,选择较少政治风险、较少文化障碍、较好经济政策的国家为备选进入国。然后再对各备选进入国的具体市场特点进行分析,最终确定进入国。

第二,评估产品的市场潜力。经过初步筛选后的国家或地区的市场数目已较少,对这些国家或地区市场,企业要进一步对其市场潜力做出较深入的评估,即要对某产品在该国和该地区较长时期内的最大销售量做出判断,然后选择其中的一个或多个进入。

第三,评估企业的进入能力。企业要对有可能成为目标市场的国家和地区,结合企业自身拥有的产品情况、竞争实力、财力资源、生产能力、分销渠道等方面进行再评估,从而选择最有利的目标市场。资源有限的企业或许决定只服务一个或几个特殊的细分市场。

案例讨论

有一家英国小油漆厂,访问了许多潜在消费者,调查他们的需要，并对市场做了以下细分：市场的 60% 是一个较大的普及市场，对各种油漆产品都有潜在需求，但是本厂无力参与竞争。另有四个分市场，各占 10% 的份额。第一个是家庭主妇群体，特点是不懂室内装饰需要什么油漆，但是要求质量好，希望油漆商提供设计，油漆效果美观；第二个是油漆工助手群体，顾客需要购买质量较好的油漆，替住户进行室内装饰，他们过去一向从老式金属器具店或木材厂购买油漆；一个是老油漆技工群体，他们的特点是一向不买调好的油漆，只买颜料和油料自己调配；最后是对价格敏感的青年夫妇群体，收入低，租公寓居住，按照英国的习惯，公寓住户在一定时间内必须油漆住房，以保护房屋，因此，他们购买油漆不求质量，只要比白粉刷浆稍好就行，但要价格便宜。

问题：该小油漆厂可以怎样选择目标市场？

国际目标市场选择，实际上是在竞争中选择在什么地带向竞争对手发起进攻的问题。目标市场选择得当，有助于企业迅速在市场上占有一席之地，建立向竞争对手发起进攻的前沿阵地。目标市场选择能够使企业系统地考察每一个子市场，更好地发现市场机会。研究每一个子市场的大小、需求者被满足的程度、竞争对手的活动情况，以确定本企业在该子市场的销售能力，从而有利于企业发掘和掌握市场机会，发挥优势，避开威胁，有助于竞争。

三、国际目标市场定位

国际目标市场定位就是根据竞争者现有产品在市场上所处的位置，针对消费者或用户对该种产品或某种特征或属性的重视程度，强有力地塑造出本企业产品与众不同的、给人鲜明的印象或形象，并把这种形象生动地传递给顾客，从而使该产品在市场上确定适当的位置。

目标市场定位在后期营销推广过程中的价值和意义是十分重要的，如今知名品牌中，绝大多数都是依靠一则经典的定位语成功进入大众视线。比如耐克的"Just Do it!"（只管去做!），阿迪达斯的"Nothing is Impossible."（没有什么不可能），麦当劳的"I'm lovin' it."（我就喜欢!）、肯德基的"finger licken' good"（有了肯德基，生活好滋味）等，这些定位标语即涵盖了产品的卖点、功能、功效、特征、优势，简单、易懂、易读、易记，让消费者在快速记住这些产品的同时，这些产品在心中排至更靠前的位置。在面对琳琅满目的商品和品牌时，成功定位的产品可以成为消费者的优先选择项，从而很快在市场站稳脚跟。

在确定定位以后，企业可以借助一系列的营销组合将这一定位传播给消费者，建立顾客对产品或服务的忠诚度。国际公司都在努力让自己的营销组合适应目标市场的不同需求，如雀巢公司在其产品定位"Good Food, Good Life"（优质食品，美好生活）的基础上，分布在全球的4个研究所每年花费5 000万美元来研究不同国家咖啡颜色、香型、口味、品尝时间等信息，生产从美国流行的淡色混合咖啡到拉美国家喜欢的深色咖啡。

案例讨论

大疆在美国的目标市场选择与定位

大疆创立于2006年，彼时国内无人机市场规模极小，难以满足大疆的生存和发展需求，而美国的民用无人机市场兴起，是全球最大的民用无人机市场。因此，大疆在成立之初就决定"逐水草而居"，将目标市场锁定在美国。大疆创立之时就拥有一支以创始人汪滔为核心的技术研发团队。开发出的无人机飞行控制系统成功解决了行业难题——无人机空中悬停问题，实现了民用无人机核心技术上的突破。行业领先的飞控技术为大疆以自主品牌进入美国市场奠定了基础。另外，创业团队的主要成员中有人在美国学习生活过，对美国无人机行业有一定的了解。

当时美国消费级无人机客户主要是发烧友，他们购买无人机部件自己DIY组装，属于一个专业小众市场。有效接触发烧友的渠道是北美DIY Drones等国际无人机论坛以及国际展会等。大疆借助这些专业论坛和展会进入美国市场，推广和销售自主品牌的飞控系统模块，同时获得用户反馈以及行业技术趋势信息，以便提前布局研发创新活动。稳定拍照的云台技术以及多旋翼技术的开发都得益于在论坛上获得的趋势信息。2012 年，大疆基于自研的多旋翼飞行控制系统以及稳定航拍云台等领先技术，开发出使用简便、实现到手即飞的大疆精灵 Phantom 1 无人机。该产品针对户外运动或摄影爱好者，可定位于空中摄像机；相对于同类产品上千美元的价格，该产品定价只有 679 美元。性能领先、易于操作、价格适中的大疆精灵 Phantom 1 无人机推动美国无人机市场从专业小众市场走向大众消费市场。其后，大疆坚持核心技术领先以及追求用户体验的产品开发理念，以稍低于竞品的价格提供技术和性能领先的产品，让用户有物超所值的感觉，持续向美国市场投入新产品。如大疆御 Mavic 折叠无人机，具有智能化和小型化特征，折叠后只有 A4 纸的一半大小，定价仅为 1 000 美元。

问题：试分析大疆的目标市场选择与定位。

（资料来源：爱跨境）

第三节 国际营销组合

国际企业经过市场调研和细分，确定了目标市场，选择了合适的进入方式后，就必须回答这些问题：向目标市场提供怎样的产品？如何制定价格？通过哪些渠道销售这些产品？怎样更快地占领当地市场？这些国际营销决策就是国际市场营销组合策略。

20 世纪 50 年代，杰罗姆·麦卡锡提出了营销组合理论（4Ps），奠定了市场营销理论发展的框架。4P 指的是 product（产品）、price（价格）、place（地点，即分销渠道）和 promotion（促销）。

本节我们将从产品、价格、渠道、促销四方面四个角度来分析国际营销的特殊性。

【小组讨论 10-2】
请搜集资料与同学讨论传统的营销组合理论（4Ps）在新时代背景下有怎样的发展演变？

一、国际产品策略

国际营销的产品策略主要表现为标准化与差异化的争议。国际产品标准化策略是指在世界各国市场上都提供同一种产品。国际产品差异化则是指对不同国家或地区的市场，根据其需求差异提供经过改制的略有不同的产品。如在全世界各地，我们可以喝到从包装、品牌、口味都相同的可口可乐，吃到肯德基炸鸡；我们也可以在各国买到一模一样的联想电脑、华为手机。但对汽车来说，各个国家道路行驶规则不同，消费者审美不同，因此向不同国家供应的汽车就需略做修改而有所不同。

国际产品标准化可以获得规模经济效益，节省研究开发费用和其他技术投入，也可以节省营销费用，它可以使消费者在世界各地都享受到同样的产品，有助于树立企业及其母国的国际形象。然而，面对社会、文化、经济环境、消费者行为等有较大差异的市场，国际企业为了开拓市场，增加销量，可能不得不根据当地市场的特点来制定一套与其相符的产品差异化策略，当然也因此承担额外的成本与费用。

案例讨论

假设你在一家设计和生产个人电脑的公司工作。公司的研发中心在美国密歇根州。公司的电脑是在中国台湾省贴牌生产的。营销战略的制定权下放给三个区域集团：北美集团（位于芝加哥）、欧洲集团（位于巴黎）和亚洲集团（位于新加坡）。各个区域集团自行决定区域内的营销手段。依重要性排序，公司的市场依次为北美、德国、英国、中国和澳大利亚。公司正面临产品研发和商业化过程中的问题：产品上市慢，生产质量差，成本高于预算，新产品的市场认可度比预期差。

问题：这些问题产生的根源是什么？你将如何解决？

国际企业在不同的海外市场销售产品，还要考虑包装是否需要改变。从包装所具有的两个基本作用——保护和促销来看，如果运输距离长，运输条件差，装卸次数多，气候过冷或过热或过于潮湿，则对包装质量要求就高，否则难以起到保护产品的作用。如果东道国顾客由于文化、购买力、购买习惯的不同而可能对包装形状、图案、颜色、材料、质地有偏好，企业就应给予重视并及时调整包装策略，以起到吸引与刺激顾客的作用。例如，当今一些发达国家的消费者出于保护生态环境的强烈意识，倾向于使用纸装包装，而在一些发展中国家，顾客仍普遍使用塑料袋包装，因为它较牢固且可重复使用。

对品牌来说，大多数国际企业倾向于采用统一的国际品牌，如"可口可乐""东芝""耐克""联想""华为""海尔"等。国际品牌本身就是一笔无形财富，采用统一品牌可以大大节省品牌设计费用，极大提高广告宣传效果，降低品牌推广费用。如果由于语言、法律、宗教等方面的原因，如在伊斯兰教地区，不能用猪、熊猫等动物图案作为商标内容，这样就需更改品牌名称。当然，在不同国家和地区，对同一种产品采用不同品牌，有时也是细分市场和研究市场需求状况的需要。如日本"松下"有三个英文品牌"National"、"Panasonic"和"Technic"。

宝洁和联合利华的多品牌营销战略

在打造品牌和营销方面，宝洁和联合利华各有不同的模式，但也有共同的多品牌经营策略。

宝洁公司在洗发、护发类产品中，力争赋予每一个品牌个性。例如，"海飞丝"的个性在于去头屑，"潘婷"的个性在于对头发的营养保健，"飘柔"的个性是使头发光滑柔顺，"沙宣"的定位在于调节水分与营养等。宝洁还努力在利益诉求和情感诉求方面提高品牌的文化内涵。如"佳洁士"与全国牙防组联合推广"根部防蛀"的防牙、护牙理念，"舒肤佳"与中华医学会联合推广"健康、杀菌、护肤"的理念，都是利益诉求的体现。而"飘柔"相继推出的"飘柔自信学院""多重挑战,同样自信""职场新人""说出你的自信"等系列活动,又将情感诉求体现得淋漓尽致。

"品牌要发展就要不断地创新"是联合利华推广品牌的一个重要原则。这一原则也体现在广告策划的创新上——将全球品牌与本土品牌相结合。如"夏士莲黑芝麻洗发水"就是一个很好的例子。一头乌黑、飘逸、亮丽的头发是东方女性的经典美丽形象,联合利华根据东方人的文化心理特征,在洗发水领域第一个推出了专为黑发设计的品牌。另外,在许多人的印象中,"中华"一直是中国人的、有着悠久历史的品牌。作为联合利华中华专业口腔护理中心全新技术的成果,中华牙膏推出了新款"中华草本抗菌牙膏",并重新设计外包装,显得醒目而时尚,既保留了"中华"坚实的品牌内涵,又赋予该品牌创新、现代和专业的附加价值。

(资料来源:百度文库)

二、国际定价策略

国际营销环境复杂多变,这给国际企业在海外销售的产品定价增加了许多困难,其价格的构成更加复杂,影响其变动的因素也更多。

国际定价策略和产品策略有类似之处,必须考虑针对不同市场,是让同一种产品保持一致的价格,还是针对各国的不同情况制定不同的价格。统一价格显然有助于国际企业及其产品在世界市场上建立统一形象,便于企业总部控制企业全球的营销活动,例如,波音飞机销往世界各国的价格是统一的。

然而各国的制造成本、竞争价格、税率都不尽相同,消费水平更有差异,要在环境差别明显的各国市场统一价格销售产品常常是不切实际的。对企业来说,也可以通过向市场提供不同的品质、不同的服务,对商品进行不同的定价,满足顾客差异化需求的同时,赚取更多的利润。无论如何,国际企业定价的最终目的是寻求利润的最大化。

> **案例讨论**

争议：星巴克"暴利门"

2015 年，有报道称，一款在伦敦售价 3.81 美元的星巴克咖啡，到了北京价格变成了 4.81 美元，提升了 26%。而北京的人均可支配收入远远低于纽约、伦敦这些城市。报道还引述专家的说法：综合来看，美国一杯星巴克咖啡的成本不会低于中国，而在中国却售出了更高的价格。

央视记者对星巴克咖啡的价格进行了调查，采访并对比北京、伦敦、孟买、芝加哥的星巴克同款拿铁咖啡的价格后发现：北京最贵，27 元；孟买最便宜，14 元多。同样一款星巴克饮品，中国市场价格足足比美国的贵了 1/3，卷入"暴利门"的星巴克在中国再次遭到央视的抨击。

问题：你怎么看星巴克的定价策略？

（资料来源：豆丁网）

三、国际渠道策略

营销渠道是指促使产品或服务顺利到达使用者、消费者的一系列相互依存的组织或个人，如批发商、零售商、物流企业等。对国际市场上营销渠道的决策，首先是选择如何进入某国外市场的方式，其次是在该国外市场上选择何种渠道模式。

分销策略的选择决定了公司将使用怎样的渠道将产品转移到潜在的消费者手中。在国外市场销售产品，既可以采用最短的销售渠道，由国际企业直接将产品卖给国外消费者，不经过任何中间商，也可借助中间商来实施分销。通常情况下，由于海外市场环境与国际企业母国环境差异较大，因此大多数产品会选择当地中间商分销的方式。

在国际市场上，公司是应该向消费者直销或是通过零售商销售，还是通过批发商销售？是选择进口代理商，还是投资创建自己的营销渠道？抑或是选用与母国相同的分销模式，还是不同的分销模式？这取决于每种方式的相对成本与收益，每一种方式的成本和收益因国家的不同和行业的不同而有所不同。

各国分销结构由于历史原因，在零售集中度、渠道长度、渠道的独占性和渠道质量上有所不同，如有些国家的零售体系非常集中，而有些国家却相对分散；各国消费者的特点不同，如购买数量、购买习惯、消费偏好、顾客地理分布等方面不可能完全相同；同时国际企业还要考虑自身实力、竞争对手的渠道策略以及其他营销组合等各种因素。所以，选择海外市场分销模式绝非国际企业一厢情愿所为。

由于渠道中每一个中间商都会在产品的售价上加上自己的那部分利润，因此，渠道长度、最终售价与公司利润空间之间一般存在一个关键的结合点。渠道越长，产品的售价就会被抬得越高，消费者为此支付的费用也越多。为确保商品价格不会因多个中间商的利润而被抬得过高，公司就可能会被迫以较低的利润空间经营。因此，如果价格是一个重要的竞争武器，而公司又不想看到自己的利润被榨干，那么，在其他条件相同的情况下，公司应选择较短的渠道。

四、国际促销策略

促销的主要任务是要在企业和国际客户之间进行信息沟通，国际促销也不例外，它也是通过广告、营业推广、人员推销和公共关系活动来完成其任务的。

（一）国际广告

广告是以付费方式，通过大众媒体向目标顾客和公众进行信息沟通的促销手段，是一种非人员的促销活动。广告具有树立企业形象、沟通市场和商品信息、创造消费者需求以及文化传播的职能。国际企业的产品进入国际市场初期，通常广告是其先导和唯一代表，它可以帮助产品实现其预期定位，也有助于树立国际企业形象。国际广告是以国际消费者为受众，在国际环境下开展的广告活动。因为国际市场营销存在宏观环境的差异、消费者习惯的差异、社会文化的差异，所以国际广告决策远比国内市场营销中的广告决策更加复杂和艰难。

【思考题 10-5】

"零售系统分散的国家，往往有很长的分销渠道"，这一说法是否正确？

【小组讨论 10-3】

假设你是一家正考虑进入印度市场的食品公司的营销经理。印度的零售体系一般来说是相当分散的。另外，零售商、批发商与印度的食品公司一般都有长期合作关系，这使得进入该国的分销渠道十分困难。

思考：你会建议公司采取什么渠道策略？为什么？

面对错综复杂的国际市场，企业的广告决策所面临的第一个难题就是广告信息和媒体选择的标准化与否问题，也就是说，是在全球范围内执行统一的广告策略，还是针对不同国家或地区市场，实行差异化广告策略。标准化广告策略又称为全球广告策略，是指在不同的地区和国家，对同一产品采用相同广告主题的广告策略。这种策略突出了国际市场基本需求的一致性，有利于企业建立全球统一的品牌形象，可以帮助节省企业的广告费用。然而，国际广告要受到语言、广告媒介、政府、社会文化以及广告代理商等方面因素的制约，需要国际企业做通盘考虑，而后才能做出国际广告是采用标准化策略还是当地化策略的选择。

（二）人员推销

人员推销往往因其选择性强、灵活性高、能传递复杂信息、有效激发顾客购买欲望、及时获取市场反馈等优点而成为国际营销中不可或缺的促销手段。然而，国际营销中使用人员推销往往面临费用高、培训难等问题，所以要有效利用这一促销方式，还需能招募到富有潜力的优秀人才，并加以严格培训。推销人员不仅可以从母国企业中选拔，也可从东道国招聘。

（三）营业推广

营业推广手段非常丰富，在不同的国家运用有时会受到法律或文化习俗方面的限制。如法国的法律规定禁止抽奖的做法，免费提供给顾客的商品价值不得高于其购买总价值的5%。在国际营销中，还有几种重要的营业推广形式往往对介绍一些企业产品进入海外市场颇有助益，如博览会、交易会、巡回展览、贸易代表团等。值得一提的是，这些活动往往因为有政府的参与而增强其促销力量，事实上，许多国家政府或半官方机构往往以此作为推动本国产品出口、开拓国际市场的重要方式。

（四）公共关系

公共关系是一项长期性的促销活动，其效果也只有在一个很长的时期内才能获得实际的反映，在国际营销中，它仍是一个不可轻视的促销方式。由于在国际营销中，国际企业面临的海外市场环境会让其感到非常陌生，它不仅要与当地的顾客、供应商、中间商、竞争者打交道，还要与当地政府协调关系，如果在当地设有子公司，则还需积累如何团结与文化背景截然不同的母国员工共创事业的经验。试想，一个国际企业如果不能让其自身为东道国的公众所接受，其产品怎么可能让这些公众所接受呢？

在与东道国的所有公共关系中，与其政府的关系可能是最首要的，因为没有其不同程度的支持，国际企业很难进入该国市场，它对海外投资、进口产品的态度，特别是对某一特定企业、特定产品的态度，往往直接决定着国际企业在该国市场的前途。

所以，国际企业要加强与东道国政府的联系与合作，利用各种媒介加强对企业有利的信息传播，扩大社会交往，不断调整企业行为，以获得当地政府和社会公众的信任与好感，如此，国际企业才可望在当地市场站稳脚跟并寻求不断壮大。

五、全球整合营销战略

【思考题10-6】
全球市场调研费用每年超过166亿美元，其中美国占38%。你认为这对中国企业有何启示？

【思考题10-7】
整合营销传播为何是营销传播的必然趋势？

在信息爆炸时代，大众对信息的接受模式是：遗忘和过滤99%，只能记住1%。企业自以为通过广告、软文、图片、研究报告等手段告知大众一个完整产品的信息，而这只是一厢情愿。在超量的信息刺激之下，大众对产品的印象是零散而模糊的，所以企业要把各种传播手段加以整合，使大众头脑中一个个"零散的1%"最终能在头脑中凑成企业想要的99%。整合营销战略是全球营销战略发展的新趋势，它打破了以往的单个产品营销以及以产品为中心的4P概念，转为5R理论[relevance（关联）、receptivity（感受）、responsive（反应）、recognition（回报）、relationship（关系）]，一切以顾客为中心，不是从企业角度考虑能生产或提供什么样的产品和服务，而是从顾客需要角度出发，整合各种营销要素，为顾客创造出新的价值。

整合营销理论在1997年左右传入中国，随着竞争的加剧，企业越来越期望以突破传统的营销手段来吸引消费者，整合营销理论在中国企业界得到较快的应用。例如，腾讯公司利用其丰富的网络营销产品和全新广告合作模式，在互动性上做出许多尝试，包括QQ订阅新闻、QQ秀、新闻竞猜等，一方面为营销资源整合提供了平台，另一方面为产品或品牌的互动营销创造了可能。在世界杯报道期间，大量的腾讯网友与明星球员、嘉宾在线交流，碰撞出精彩的评论火花；许多球迷也参与腾讯世界杯竞猜活动等线上互动游戏，并在网上预测球赛结果；甚至有大量的世界杯QQ秀出现，网友在QQ秀商城找到自己喜爱的球星形象和世界杯装扮物品，并打造了自己独特的世界杯形象。

 思政链接

中国的市场　世界的机遇

随着经济延续恢复态势，中国超大规模市场的消费需求引发关注。习近平总书记强调："中国的发展是世界的机遇，中国是经济全球化的受益者，更是贡献者。"中国的发展为世界各国提供了难得机遇，一个重要方面，就是中国消费需求复苏为全球提供了广阔市场空间。

中国市场继续主动向全球开放。2021年5月，首届中国国际消费品博览会在海南举办。8万平方米会展空间，2 628个消费精品品牌，来自70个国家和地区的参展商……一组"火热"数据，折射中国经济的"热度"，尽显开放中国的魅力。在瑞士国家馆里，领略阿尔卑斯山的旖旎风光与"瑞士制造"背后的匠人精神；在时尚生活展区，抢"鲜"一步邂逅纯正鲜活的南太平洋海鲜、西班牙"国宝级"火腿、塔斯马尼亚岛应季鲜果；在湖北省展区，感受来自荆楚大地的智能科技、非遗文化、美酒美食……聚焦"高、新、优、特"消费精品，云集世界各国精品尖货，消博会为全球企业提供了广阔商机。正如习近平总书记在贺信中指出的："举办中国国际消费品博览会，提供一个全球消费精品展示交易平台，有利于世界各国共享中国市场机遇，有利于世界经济复苏和

《对话》：开放中国的世界机会

增长，也有利于中国为世界提供更多优质消费品。"

2021年以来，从"云"上举办的广交会，到火热进行的首届消博会，再到服贸会、第四届进博会，中国以一场场大型经贸盛会，搭建互利共赢的合作平台，释放扩大开放的鲜明信号，彰显与各方共享机遇的担当与胸怀。当前，我国正在加快构建新发展格局，要求我们更好利用国内国际两个市场、两种资源，建设更高水平开放型经济新体制。作为我国首个以消费精品为主题的国家级展会，消博会是构建新发展格局的新载体，也必将和广交会、进博会、服贸会一样，成为我国对外开放的又一张亮丽名片。从黄浦江畔迎八方来客的"四叶草"，到南海之滨汇全球精品的博览会，中国以实际行动向世界证明："中国开放的大门不会关闭，只会越开越大。"

面向海内外的大型国际展会，是我国扩大对外开放的重要窗口，同时也是世界观察中国经济的宝贵机会。在各大展会上，科技感十足的产品受到观众青睐，融入了科技创意和文化品位的产品更容易受到追捧。高品质的消费需求是中国消费结构转型升级的体现，更是中国经济高质量发展的写照。这说明，中国经济发展不仅有14亿人构成的超大规模消费市场的总量优势，而且具有消费结构优化、消费需求升级的内在潜力，这将形成需求牵引供给、供给创造需求的更高水平动态平衡，必将带动新产业、新业态的发展，汇聚成推动中国经济高质量发展的新动能。

现在，中国与世界各国的联系更加紧密，更多消费者能在自家门口，更便利地买到全球各国高质量的商品。中国市场的消费潜力不仅为全球企业带来了更多商机，也更精准地满足了世界各地消费者持续增长的需求，为人们的美好生活注入更多动力。可以说，中国的市场也是世界的机遇，中国超大规模市场将为世界经济复苏注入强大动力。

共享机遇，共创未来。今天的中国，"中国制造"和"中国服务"并肩发展，"世界工厂"和"世界市场"互促共进，充满生机与活力的中国，必将为全球贸易投资高质量发展开辟新路径、做出新贡献。

（资料来源：《人民日报》，2021年05月26日05版）

复习思考题

一、判断题

1. 目前各国继续存在的文化和经济差异阻碍了消费者品位和偏好的全球化发展趋势。（　　）

2. 全球品牌被认可、宣传以及使用的方式在不同国家是相似的。（　　）

3. 细分市场具备理想的规模和发展特征，然而从赢利的观点看，它未必有吸引力。（　　）

4. 各国细分市场在结构上有差异以及存在超越国界的细分市场，不同国家细分市场的结构可能会有很大的差别。（　　）

5. 跨国细分市场的存在大大提高了跨国公司把全球市场当作一个统一体对待的能力，使它们能够实施全球化战略。（　　）

6. 国际产品标准化策略的最大优势在于产品的研发、生产和修改都是以目标市场的环境要求和消费者的需求为出发点的。（　　）

7. 把价格作为竞争武器，将较弱的竞争者逐出一国市场，被称为多点定价。（　　）

8. 分销策略的决策试图确定将产品送到消费者手中的最佳渠道。（　　）

9. 整合营销战略的关键在于使用各种促销形式使传播的影响力最大化。（　　）

10. 某种产品的最低价格取决于该种产品的市场需求。（　　）

二、选择题

1. 根据构成整体市场的不同消费者的需求特点、购买行为、购买习惯等，将整体市场划分为若干个具有某种相似特征的消费者群体。这种做法被称为（　　）。
   A. 消费市场分析　　　　B. 营销机会分析
   C. 市场细分　　　　　　D. 目标市场选择

2. （　　）差异的存在是市场细分的客观依据。
   A. 产品　　　　　　　　B. 价格

  C. 需求偏好   D. 细分

3. （　　）是国际消费品市场中最常用、最主要的细分标准。

  A. 地理因素   B. 人口因素

  C. 心理因素   D. 行为因素

4. 消费者市场的四个主要细分变量是（　　）。

  A. 行为、利益、人口、心理

  B. 行为、心理、人口、地理

  C. 时机、态度、人口、利益

  D. 气候、收入、态度、个性

5. 产品组合的宽度是指产品组合中所拥有（　　）的数目。

  A. 产品项目   B. 产品线

  C. 产品种类   D. 产品品牌

6. 某种产品和服务从生产者向消费者转移过程中，取得这种产品和服务的所有权或帮助所有权转移的所有企业和个人被称为（　　）。

  A. 中间商   B. 分销渠道

  C. 营销渠道   D. 中介机构

7. 当目标顾客人数众多时，生产者倾向于利于（　　）。

  A. 长而宽的渠道   B. 短渠道

  C. 窄渠道   D. 直接渠道

8. 所谓市场营销组合，是指（　　）。

  A. 对宏观环境因素的组合

  B. 对微观环境因素的组合

  C. 对影响价格因素的组合

  D. 对企业自己可控制的各种营销因素的组合

三、名词解释

1. 品牌全球化　　2. 国际市场细分　　3. 营销组合

4. 整合营销战略

四、简答题

1. 市场细分的目的是什么？

2. 国际企业的渠道策略主要考虑的 4 个问题是什么？

3. 国际产品策略与国内产品策略的异同有哪些？

五、分析题

1. 在未来 20 年中，我们将会目睹巨大的标准化消费品全球市场的出现。你同意这种观点吗？请说明理由。

2. 企业在给国际产品定价时需考虑哪些因素？

3. 解释集中零售系统与分散零售系统之间的区别，并回答为什么这种区别对国际企业很重要。

第十一章
国际企业财务管理

学习目标

通过本章的学习，你应该可以了解会计的国别差异、会计制度的国际协调；掌握转移价格的基本概念以及国际企业使用转移价格的目的和策略；掌握企业跨国财务管理的投融资决策分析以及如何有效地管理现金流。

中信泰富外汇合约巨亏

中信泰富有限公司是在中国香港交易所上市的综合企业公司，其控股公司为中国中信集团公司，业务重点以基建为主，包括投资物业、基础设施（如桥、路和隧道）、能源项目、环保项目、航空以及电信业务。

2008年10月20日傍晚，香港恒指成分股中信泰富（00267.HK）突然爆出惊人消息：因投资杠杆式外汇产品，中信泰富巨亏约155亿港元！其中包括约8.07亿港元的已实现亏损和147亿港元的潜在亏损，而且亏损有可能继续扩大。10月21日，中信泰富股价下挫55%，累及恒生指数下挫1.84%。

致使中信泰富遭受巨亏的是为其在澳大利亚的磁铁矿项目规避汇率风险而购买的杠杆式外汇期权合约。中信泰富10月20日发表的公告称：为对冲澳元升值风险，锁定公司在澳大利亚铁矿项目中的开支成本，中信泰富签订了多份杠杆式外汇买卖合约，其中三份涉及澳元，最大交易金额为94.44亿澳元。令中信泰富损失最为惨重的正是澳元合约。中信泰富购买的合约把对赌的目标从股价改成了澳元对美元汇价，按照合约内容，如果澳元汇率下跌，根据双方约定的计价模型，中信泰富不仅将蒙受约定汇率与市场汇率的差价损失，还受合同约束，需加倍买入澳元，其损失也将成倍放大。

2008年9至10月，澳大利亚储备银行连续两次降息，导致澳元大幅贬值，从7月中旬到8月短短半个月间，澳元开始持续贬值，澳元兑美元跌幅也高达10.8%。2008年9月7日，中信泰富察觉到这些合约带来的潜在风险后，终止了部分合约，但自2008年7月1日至10月17日，公司已因此亏损8.07亿港元。其公告表示，有关外汇合同的签约并没有经过恰当的审批，其潜在风险也没有得到评估，剩余的合同主要以澳元为主。截至10月17日仍在生效的杠杆式外汇合约按公允价定值的潜在亏损为147亿港元。

造成中信泰富巨损的直接原因是澳元汇率巨幅波动。汇率变化对企业来说是一种不可控因素，如果利用得当，则可能成为难得的良机，但对于经营单一又毫无准备的企业而言，汇率变化却可能带来灾难性的后果。外汇风险管理只是国际财务管理中的一个部分。国际财务管理是对国际商务活动的资金运行及其体现的各种经济关系进行计划、组织、指挥、协调、控制的一系列活动。国际商务活动不仅要加强汇率管理，避免汇率风险，还要加强内部税收管理，使得整个国际商务活动在全球范围内纳税最少、收益最大。

（资料来源：王炜瀚. 国际商务 [M]. 北京：机械工业出版社，2013）

国际会计是指企业因超越国界的经营活动而展开的企业会计工作。财务部门每天都会处理大量的票据，会计工作就是填制各种记账凭证，通过编制各种有关报表，逐一记录企业资金的流通过程。国际财务管理是对国际企业财务活动的管理。财务部门利用会计信息，结合实际经营环境，通过一系列投融资决策分析，高效地管理资金流通，最终实现企业股东财富的最大化。通过这一章的学习，我们可以回答以下问题：
- 导致各国会计准则不同的原因？
- 会计准则不同导致的问题如何解决？
- 什么是财务管理的投资决策、融资决策和现金流管理？

第一节　各国在会计准则上的差异

一、会计准则差异

会计准则：
为会计制度
提供依据的
准则

开展国际经营面临的一个难题就是世界各国的会计标准和准则各不相同。会计准则是会计界普遍接受并有相当权威支持的，用以指导和规范企业财务会计行为的各项原则的总称。

拓展阅读

一个中国的企业到国外投资，或者外国企业来中国投资，应该遵循哪国的会计准则呢？我国在促进会计准则国际趋同问题上一直保持积极的态度，并提出了协调的策略及其如何实现的建议，就如何协调我国会计标准与国际会计准则的差异在原则上达成了共识。

2006 年，中国建成了与国际财务报告准则实质性趋同的新会计准则体系，财政部发布了企业会计准则，实现了与国际财务报告准则的实质性趋同。

2010 年，响应二十国集团关于建立全球统一高质量会计准则的倡议，中国财政部发布了《中国企业会计准则与国际财务报告准则持续趋同路线图》。

2014 年，财政部发布了公允价值计量、财务报表列报等 8 项新制定或修订的企业会计准则，进一步保持了中国企业会计准则与国际财务报告准则的持续趋同。

2017 年，企业会计准则又迎来了一次重大的变化，印发修订或新制定了 7 项会计准则。

（资料来源：知乎）

会计体制是以企业经营环境为基础的。正如不同的国家有着不同的政治体制、经济体制和文化环境，每个国家也有不同的会计体制。在每个国家，会计体制的发展都是顺应其对会计信息的需求的。

不同国家的会计准则主要在资产计价、收益计量、合并会计和财务报表等方面存在差异。以雇员信息揭示为例，在许多欧洲国家，政府法规要求公司公布有关其培训和雇员政策的详细信息，但是在美国等其他国家并没有这种要求。

各国会计体制的不同是由其所处的特定环境决定的，会计环境可以分为外环境与内环境。会计外环境是指社会政治、经济和法律中同会计相关的部分；会计内环境包括专业导向、统一性、保守主义和保密主义等。但会计体制和会计环境之间的联系并不是单向的，而是相互影响、相互依存的。一方面，随着会计环境的发展，会计准则也日益发展和成熟；另一方面，某些新的会计方法也可以改变相应的会计环境，会计准则也会成为促进或阻碍会计环境（包括经济）发展的重要力量。会计准则的发展与会计环境是息息相关的，而造成准则之间差异的环境因素又是多方面的。

一是经济环境因素。经济因素是影响会计准则的根本因素，具体包括国家财政能力、资本市场发达程度、企业资本结构、经济发展水平以及经济运行方式等诸多方面。处于不同经济发展阶段的国家，其会计准则的模式是截然不同的。

【思考题 11-1】
各国的会计准则为何会不同？

拓展阅读

在美英等国，私营经济占主导地位，其会计准则必然采用投资者主导型模式（shareholder-focused）。这些国家强调会计准则为投资者服务，维护投资者的权益，为投资者提供进行决策的会计信息。因此，会计准则多由民间组织制定，政府干预有一定限度。而在德国，由于其资金主要来自银行贷款，相关利益集团可以从其他渠道获取所需的会计信息，没有必要要求对外充分揭示信息，其会计准则必然采用利益相关者导向型模式（stakeholder-focused）。由于会计准则多由政府机构制定，政府对会计准则具有较强的干预能力，因而相对应的会计职业界的作用就是有限的。

（资料来源：王炜瀚等，《国际商务》）

二是政治环境因素。一个国家的政治制度对该国的会计理论和会计实务一般都有着间接的影响，有时政治事件和政治变革还会对会计产生直接的影响。两国间的政治关系会对两国的会计实务产生一定的影响，国家在政治上的联盟或敌对影响着会计实务向相近或相反的方向发展。

三是法律环境因素。从大多数国家的实际情况来看，各国政府都不同程度地对会计准则的制定和实施施加影响。在成文法系国家，会计一般受到政府的直接干预，民间组织的作用相对较小，会计规范的条文在结构上也非常强调系统性、完整性和逻辑性。

四是税收体制环境因素。每个国家都有自己的税收体制，税收体制直接制约着企业的经营活动和会计实务。各国征税、纳税等税务实务构成了对会计实务需求的一个重要方面。

【思考题11-2】

随着跨国筹资和跨国投资的迅速增长，越来越多的公司需要编制跨国财务报表。但是，由于不同国家的会计准则之间存在不一致性，可能导致混乱。那么，各国在会计准则上的差异所导致的问题该如何解决呢？

五是文化环境因素。一个国家的文化对其会计体制的性质具有重要的影响。研究者发现，文化中体现风险回避的程度对此影响尤为突出。风险回避指的是文化使社会成员接受冒险状况和容忍风险的程度。

虽然会计准则和实践存在很大差异，但是经济全球化程度的日益提高却强烈地推动全球统一会计标准的构建。全球市场极大增强了对高质量全球会计准则的需求，另外，在新兴市场经济中缺乏可接受的会计准则也被认为是发生亚洲金融危机的根本原因。

二、国际会计准则

会计准则是各国的"准法律"，对会计主体的会计核算和报告具有强制约束力。通常所说的国际会计准则是一个比较笼统的概念，是指在主要发达国家采用的、对其他国家影响较大的会计概念、方法、程序、做法等，其中，美国财务会计准则理事会（FASB）发布的会计准则（FAS）和国际会计准则理事会（IASB）发布的会计准则（IAS）最具影响力。

IASB 与 FASB 的不同点在于两个方面：一是出发点不同。IASB 的出发点是制定全球通用的会计准则，FASB 则主要根据美国国内经济活动的需要制定会计原则，主要适用于美国。二是基础不同。IASB 发布的会计准则主要是原则导向的，目的是在基本原则一致的条件下，兼顾不同国家的具体情况，因而比较精练、粗线条；FASB 发布的会计准则主要是规则导向，其准则数量多，内容具体、细致。

IASB 与 FASB 有三个共同点：一是运作机制相似，二者均为民间机构，由企业、专业团体资助，专门制定会计准则，FASB 获得了美国证监会（SEC）的授权。二是制定准则程序相似，二者制定准则都经过大量的调研、征求意见、投票批准等程序，且透明度非常高。三是准则内容相似，尽管 FASB 发布的会计准则数量多于 IASB，但其对相同业务的会计处理原则、方法等基本相似。

拓展阅读

为什么跨国公司多采用国际会计准则而不是美国会计准则？

由美国财务会计准则委员会制定的美国公认会计原则包括数百条准则、注释、观点和其他规定。长期以来，美国一直自以为 GAAP 最为详细和完善，准则制定程序也最为充分、公开和独立。美国会计准则与国际会计准则分庭抗礼，试图成为国际会计惯例的样板。然而，美国会计准则在运用中逐渐暴露出一些问题。

首先，美国会计准则繁复庞杂的体系，令人难以适从。迄今为止，美国财务会计准则委员会已制定了 148 项会计准则，另外，其前身会计程序委员会（CAP）和会计原则委员会（APB）发布的"会计研究公报"和"APB 意见书"只要未被 FASB 公告所取代，则继续有效。三个准则制定机构所发布的会计准则达数千页，虽然各项规定较为详细，可操作性亦较强，但其内容却比较分散，有时对同一事项的处理要用好几项会计准则加以规范,甚至出现前后不一致的情况。

其次,对于一些新产生的交易和事项(尤其是各种衍生金融工具),美国未能及时制定相应的会计准则,致使会计造假者有机可乘,导致虚假或欺诈性财务报告的产生。

最后,近年来,尤其是安然、世界通信等财务丑闻事件发生以后,美国开始对"公认会计原则"及其制定模式进行反思。

在当前国际市场上,实际上存在美国"公认会计原则"与国际会计准则这两套权威准则的激烈竞争。世界经济的一体化和资本市场的全球化,只能接受一套全球公认的会计准则。所以,美国、国际会计准则委员会,甚至还有其他一些国家都在积极争夺制定"全球会计准则"的权利。美国凭借其政治地位、经济实力以及最大资本市场所在国的优势,以前较少支持会计准则的国际协调,对IASC及其准则一直加以抗拒,同时努力扩展GAAP公认会计原则在世界范围内影响。但是美国会计准则在国际资本市场的强权地位正在消失,而国际会计准则的影响正在扩大。

近年来,随着跨国融资活动的增加,外国公司寻求到美国上市的情况日益普遍,这些外国公司在美国上市面临的一个严峻问题是,它们的财务报表必须按照美国公认会计原则的要求加以编制或做出调整,这无疑增加了这些公司的负担。为了降低交易成本,有些外国公司迫不得已,只好放弃在美国上市的机会,而另谋在接受国际会计准则的国家寻求上市。面对以上形势,同时迫于美国国会的压力,SEC和FASB等机构改变以往唯我独尊的态度,开始与IASC建立联系,并在世纪之交主动出击,积极参与IASC的改组。

(资料来源:王佳芥.国际商务:结合中国企业的分析[M].北京:中国市场出版社,2010)

三、汇率变化与转移价格对国际企业会计的影响

(一)汇率变化对会计的影响

大多数国际企业要求公司内部所有的预算和业绩数据都以公司所在母国货币来表示。比如,中国在泰国的子公司很

大可能以人民币而非泰铢编制预算，而在整个预算年度内的业绩数据以人民币结算并向总部回报，这便于不同国家子公司之间的比较，也有利于总公司的管理。由于牵扯到汇率波动，本可能在泰国看起来很可观的利润，会由于泰铢贬值而表现不佳，反之亦然。

（二）转移价格对会计的影响

国际转移价格，又称国际转移定价，是指国际企业管理当局为实现总体经营战略目标，谋求国际企业整体利益最大化，而在公司内部各关联企业或子公司之间互相购销产品、提供劳务、转让无形资产和借贷资金时，确定的内部"交易"价格。这种价格不同于一般的市场价格，不受市场供求关系的影响。国际企业通过国际转移价格，可以最大限度地获取利润和取得更为广阔的经营空间。

转移定价是什么？

拓展阅读

中国反避税第一大案：微软向中国补税 8.4 亿元

微软公司是一家全球知名企业，在世界五百强的排名长期名列前茅，总部设在美国。1995 年，微软公司在北京投资设立了一家外商独资企业，经过两次增资，注册资本高达 2 000 万美元。

虽然微软公司实力强大，但令人蹊跷的是，它在中国的子公司自设立以来几乎没有什么盈利。企业财务报表显示，除个别年度微利外，多年来一直处于亏损状态，6 年累计亏损达 20 多亿元。

但是，从微软公司所处的行业看，北京市该行业的平均利润率在 12% 以上，而这家公司的平均利润率只有 –18%。这一反常现象引起我国税务机关的高度关注，并开始对其进行反避税调查。

调查发现，这家公司累计亏损巨大，并不是因为产品在市场上销售差，而是因为利润的一半以上都要支付给美国母公司，作为提供研发服务和技术支持的特许经营费用，也就是说，中国子公司利润需至少超过目前的一半以上方能盈利。

在进行了大量论证后,我国税务部门指出其不合理性,并最终获得了美方的承认。最终,微软公司的中国子公司补税及利息共计8.4亿元,按照企业目前的销售规模测算,其未来每年将为中国增加税收1亿多元。

(资料来源:新华网)

【思考题11-3】
国际企业实施转移价格的依据是什么?

一些国际企业实行转移价格也是一种跨境的套利策略,利用两个国家税收规则的矛盾和差别获得纳税的利润(少纳税或不纳税)。

转移价格是国际企业实施全球化战略和跨国调度的一项重要策略,制定合理的国际转移价格是国际企业经营战略的重要组成部分。国际企业利用转移价格进行全球资源的优化配置,或是规避政治风险、外汇管制等,应当是合理、合法的。但是,如果国际企业只是为了逃避税收,不缴纳合理的税款,不承担企业应尽的义务,那么就有可能违法,也违反企业的伦理道德。

因此,国际企业在实施转移价格时应当慎重考虑,进行必要的伦理审查,做出合理、合法、合规的行为。企业追求经济利益最大化的同时,也要追求社会效益最大化。

拓展阅读

"避税天堂"

"避税天堂"是说税率很低甚至是完全免征税款的国家或地区,但可能只有个别税种较低,适用于特定分类的个人或商业机构。个人要受益于避税港的其中一个方法,就是迁徙到该地区,使法律上只需缴交税项给免税港政府。另外,个人或商业机构也可以在避税港成立附属机构或独立的法律实体(即公司或普通法法制里的基金),资产移动到新公司后便可套现获利,从而缴交较低税款或者免除税款。不过,利用这种方法到底算是避税还是逃税,不能一概而论,而要视相关国家或地区以及相关的个人或机构的个别情况而定。

"避税天堂"大多是较小的沿海国家和内陆小国，甚至是很小的岛屿或"飞地"，它们自然资源稀缺、人口数量较少、经济基础薄弱，但由于它具有某些"优越性"，因此吸引了大量国外公司来此注册。除列支敦士登外，还有安道尔、摩纳哥、海峡群岛、马恩岛等欧洲小国或地区，以及开曼群岛、百慕大、巴哈马、荷属安的列斯群岛、英属维尔京群岛、巴哈马等加勒比地区都属于避税天堂。

"避税天堂"的主要特点包括金融信息及税收体制不透明，税率极低甚至不征税，为其他国家和地区的企业、组织和个人避税、洗钱提供方便，损害国际金融体系等。

(资料来源：京西时报)

第二节 国际财务管理

国际财务管理就是对国际企业财务活动的管理，主体是国际企业，目标在于实现企业股东价值的最大化。在一家国际企业中，投资、融资和现金流管理决策需要考虑许多复杂的问题。

财务管理是企业国际商务经营管理的主要组成部分。它是一种跨国界的财务管理活动，涉及与国外的企业、单位和个人的财务联系，包括国际融资管理、投资管理、现金流量管理、外汇业务风险管理、国际纳税管理等。这种财务活动是在多元化的国际环境中进行的，它面临着单纯国内企业财务管理无可比拟的各种复杂风险，如各国具有不同的货币、税制、资本管制法规条例以及不同程度的政治、经济风险和文化差异等。但在经营和财务管理上，相应地也会有更多的选择和获利机会。在本节中，国际财务管理从投资决策、融资决策、现金流管理决策三方面展开。

一、投资决策

投资经营活动是企业利润的源泉，投资决策可以理解为融资与现金流管理决策的前提与基础。企业对于一系列投资活动进行分析、评估，决定投资项目之后，就是围绕该项目开展融资以及经营过程中的现金流管理。国际企业的投资决策情形远比国内复杂，对在某一指定国家进行投资活动的决策必须综合考虑经济、政治、文化和战略因素。

（一）资本预算

资本预算也称投资评价，主要是分析和评估投资计划的可行性，对各种潜在的投资机会在分析评估的基础上进行比较和决策。

跨国公司在多个不同国家拥有经济实体，其资产的价值受国际商品市场、国际资金市场、外汇市场和各国政府法令制度的影响，资本预算受到相关各国经济环境、社会环境、金融环境和税收环境的影响。比如：相关各国的通货膨胀率、汇率及利率的变化直接影响资金流的预算；各国资本市场之间的隔离，既可能创造财务利得机会，也可能增加财务成本；子公司汇回资金时，要受到当地政府的税收、外汇管制、其他法规和政治因素的约束；母公司的现金流与子公司的现金流因国别不同而性质不同，对其价值贡献的评价也不同。

（二）风险分析

在分析外国投资机会时，公司需要考虑投资所在国的政治风险和经济风险。政治风险是指由政治力量引起的对国际企业经营利润及其他目标产生负面影响的可能性。这是评价投资环境、进行对外投资项目决策必须考虑的问题。经济风险指的是因为东道国经济状况的改变，如宏观经济政策的变化、汇率波动、通货膨胀和经济衰退而导致国际企业经营利润损失的可能性。

影响企业资本预算的主要因素

【小组讨论11-1】

倘若你是一家中国公司的首席财务官，该公司全资拥有为中国母公司提供零部件的越南公司，子公司一直得到中国银行的资金支持。假如越南盾预计在远期外汇市场上相对于人民币将贬值20%，你可以采取哪些行动避免或减少越南盾贬值所带来的损失？

案例讨论

美国公司的国际财务流动

近年来，柯达、百事可乐公司和其他很多美国跨国公司都增加了它们对外国证券的投资。投资组合经理解释说这种趋势是作为一种增加机会的手段出现的。当跨国公司相信美国证券被高估的时候，它们能找到一个受不同市场推动的非美国证券。在美国利率低迷时期,美国公司开始投资外国证券。总的来说,当美国投资者预期美元坚挺时,流入外国的资金就会减少。美国跨国公司增加其外国证券投资的趋势不意味着它们的风险已经提高了。当一些美国跨国公司预测到未来对某一外国货币的需求时,它们也许会在一些外国投资中得到更高的收益,而不增加它们的风险。它们也许能一直投资于外国证券,直到它们的公司经营需要资金的时候。

问题:

(1) 文中提到对美元坚挺的预期可以影响美国投资者在国外投资的趋向,试解释这种影响。

(2) 文中提到美国的低利率可以影响美国投资者在国外投资的趋向,试解释这种影响。

(3) 总的说来,对外证券投资对于美国投资者的吸引力是什么?

(资料来源:豆丁网)

二、融资决策

国际融资是指国际企业在全球范围内筹措其生产经营所需资金的一项财务活动。融资决策重点在于通过科学的谋划和合理的组合寻求建立和实现最佳的资本结构,最小化融资成本。

在选择融资方案时,国际企业必须考虑国外投资项目将如何筹资。如果要求从公司外部筹资,公司必须决定是从全球资本市场寻求资金还是从东道国的渠道中借款,具体包括哪些融资渠道及融资方式。如果公司正在为项目寻找外部筹资来源,它应该从可获得资本的最低成本来源中借入资金。

(一)融资渠道

融资渠道是指国际企业取得资金的途径。国际企业由于在世界范围内从事生产经营活动,所需资金不仅规模较大,而且涉及不同国家的币种,其融资渠道主要有国际企业内部、国际企业母国、东道国、国际金融市场四个方面。

【思考题11-4】
公司在寻求外部融资时要考虑哪些因素?

企业各融资渠道的特点

1. 国际企业内部

跨国企业内部融资的方式有两种：一是跨国公司的未分配利润；二是在跨国公司内部累积的折旧基金。跨国公司的资本是其主要的资金来源之一，它的优势在于灵活、高效、快捷，相对融资成本低，融资风险小，因此受国际企业的青睐。

2. 国际企业母国

相对其他国家而言，国际企业与母国的关系更加密切，从母国的银行、非银行、资本市场等渠道获得资金要容易得多，具体来说有这样一些方式：可以向母国的银行或金融机构提供贷款；在母国资本市场上进行融资；从母国的政府机关或经济组织获得贷款等。其中，来自母国的各种银行和金融机构的贷款是其主要的融资来源。

3. 东道国

由于各国政治和经济发展状况的差异，企业对东道国资金的使用也不尽相同。例如，证券市场是美国、加拿大最主要的融资渠道，德国、英国的银行是提供信贷和借款的主要机构。此外，东道国对跨国公司的融资政策以及货币汇率的变动情况，也会影响企业的融资决策和难易程度。

【思考题11-5】
东道国货币汇率波动对融资决策会有怎样的影响？

4. 国际金融市场

国际企业也可以在母国和东道国之外的国家融资，最典型的是在欧洲货币市场融资。海外融资方式包括国际商业银行贷款、国际金融机构贷款和企业在海外各主要资本市场上的债券、股票融资业务。

（二）融资方式

国际企业融资方式是指取得资金的具体形式，主要有外商直接投资融资、国际证券融资、海外投资基金融资、外国政府贷款、国外商业银行等金融组织贷款及其他（比如国际金融组织贷款）等。

三、现金流管理决策

在国际财务管理的三大主要活动中，投资决策侧重于"开源"，通过确定有效的国际投资项目来保证项目预期净现金流的折现值为正，给企业增加收益；融资决策侧重于"节流"，通过确定有效的融资结构，在满足资金需要的前提下最小化融资成本；现金流管理决策则是"开源""节流"兼而有之，为企业健康运行的"血液"提供保障。具体而言，在国际企业财务活动中，现金隶属于营运资金项目，指的是包含备用金、银行存款、各种存单（如银行本票、银行汇票）及短期有价证券等在内的营运资金项目，其特点是流动性强、营利性较差。国际企业现金流的管理一方面要最大效率地利用已有现金资源，提高现金收益率，降低交易成本；另一方面也要从集团整体上考虑减轻税负，力求少缴税，最大限度地增加现金流，确保集团公司税后利润最大化。

四、跨国公司财务管理新内容

近年来，随着经济全球化的发展，跨国公司财务管理出现了一些新趋势，主要表现在跨国并购增多、跨国破产清算增多等，跨国公司需要考虑怎样对这些业务进行更为有效和稳妥的财务管理。

案例讨论

招行"GE 美元现金池"项目成开路先锋

长期以来，中国境内外汇流动受到严格限制，跨国公司资金无法集中，这一度被视为吸引国公司总部落户中国内地的"阿喀琉斯之踵"（致命缺陷）。2004 年 10 月，外管局为支持跨国公司进行外汇资金有效运用而出台了 104 号文，允许跨国公司进行外币委托贷款，不过，当时多数是单笔的转移，并不能实现外汇资金的集中管理。

外管局资本项目管理司表示，正是允许跨国公司进行外币委托贷款的规定，使得跨国公司外汇资金统一营运成为可能。招商银行的"GE 美元现金池"项目就是最大限度地灵活应用委托贷款。双方合作中，银行是放款人，集团公司及其子公司是委托借款人和借款人，然后通过电子银行来实现一揽子委托贷款协议，使得原来需要逐笔单笔办理的业务，变成集约化的业务和流程,从而实现了整个集团外汇资金的统一营运和集中管理。据悉,GE的现金池设在GE中国母公司的账户上,开户行是招商银行上海分行的曹家渡支行,每天下午4:00,系统自动对每个子公司资本金账户和经常账户进行扫描,将结余外汇归并到池子里。各子公司之间内部计价,向池子存钱的有利息收益,从池子取钱的有贷款利息支出,上述每一个步骤都以委托贷款的方式进行。

经外管局批准,渣打银行也开始为TCL集团成员公司办理外汇资金集中管理业务,成为国内第一家在外管局监管下为跨国公司进行外汇资金集中管理业务试点的外资银行。渣打银行为TCL集团办理的外汇资金集中管理也是借重委托贷款这一形式。

一位知名外资企业的财务部负责人表示:"由于采用委托贷款,银行要收取手续费,企业要上缴利息收入的营业税,企业会发生额外的财务费用。"但是经测算,如果不采用外汇现金池这一产品,一方面,部分子公司会产生多余现金,另一方面,部分子公司会因为资金不足而向银行贷款,企业大概会多产生1.5%的财务费用。而采用外汇现金池后,企业则损失大约20个基点的财务费用。因此,两相比较,企业还是能够获益。

问题:招行"GE美元现金池"有何意义?

(资料来源:第一财经日报,有删改)

【小组讨论11-2】
近十年,中国企业纷纷出击收购全球大型公司。请搜集相关资料,并与同学讨论这些企业跨国并购巨额融资可能出现的财务风险。

(一)跨国并购风险

由于并购方往往对境外并购市场的熟悉程度比对国内的要低,因此,跨国并购的风险很大,这些风险主要以财务风险的形式体现出来。从财务管理角度来看,跨国并购企业财务风险的主要来源可以概括为四个方面:一是目标企业价值评估风险,造成该风险的原因很大程度上取决于信息不对称程度的大小,并购企业可能由此陷入资产负债率过高或不能带来预期盈利的财务困境;二是融资风险,亦称财务风险,是指能否按时利用企业内部和外部的资金渠道在短期内筹集到所需的足够资金,保证并购顺利进行;三是流动性风险,是指企业无法及时获得或者无法以合理成本获得充足资金，以偿付到期债务或其他支付义务、满足资产增长或其他业务发展需要的风险。四是杠杆收购的偿债风险，又称债务并购，是指筹资企业以其准备收购企业的资产和将来收益作为抵押，通过大量的债务融资来支付兼并与收购行动。由于收购资金大多数来自负债，必然带来收购后负债清偿的风险。

（二）跨国破产清算问题

跨国破产是指在一个破产案件中，牵涉的债务人、债权人或破产财产处于两个以上（含两个）的国家。虽然各个国家都有自己的破产法，规定了明确的破产程序和具体事宜，但各国破产的法律制度有很大差别，各国破产程序冲突不可避免。具体运用哪个国家的破产法，有时最后的结果大不相同。破产法的类型主要分为支持债权人的利益类型、支持债务人的利益类型和折中类型。更多情况下，各国都坚持适用的破产法保护本国债权人的利益。

案例讨论

英国石油公司财务管理模式

作为财富 500 强排名第二的全球石化巨头，英国石油（BP）公司高效、创新的财务控制和会计制度广受称赞。

BP 公司最大的职能部门之一是财务控制和会计部门（FC&A），负责财务控制、对外会计报告、金融风险控制、系统管理和会计等工作，由遍布全球的 4 100 多名财务专业人员组成。BP 公司总部在英国，同时也是纽约证券交易所的上市公司。从会计报表的角度来讲，BP 公司既要符合英国的要求，也要符合美国的要求。同时，BP 公司在全球 102 个国家有下属的公司或是业务上的往来，所以 BP 的财务控制和会计等工作还必须满足这些国家诸多法律的要求。

BP 公司使用统一的财务软件和统一的会计科目，使管理信息的汇报工作变得更加标准。标准化减少了财务工作的复杂性，使之保持单线管理，也一定程度上体现了透明度。

另外，BP 公司也在保证统一性的前提下保证具体业务操作的便捷性。在 BP 集团的会计管理中，某些具体业务，比如日常的交易、收付款、管理应收应付账款之类的业务，不一定必须在它们所发生的国家进行。会计业务在哪个国家进行是对 BP 最有利的，就可以转向这些国家进行。

长久以来，BP 公司形成了一种以销售表现为主导的企业管理文化，而在 BP 的财务控制和会计部门也形成了以公司业绩表现为主导的财务管理思维。这样，财务部门与业务部门就会保持紧密的合作关系。在这种新的思维模式下，FC&A 职能也出现了新的变化。以前 FC&A 的工作只限会计报表等，集中于 BP 内部，现在，FC&A 还进行对客户信用度进行管理等工作。

为实现财务控制领域中多样性条件下的统一管理，BP 集团成立了管理大学。这是一个虚拟环境的大学，在大学里有财务控制和会计学院，设置的课程非常多，有些是非常基本的，是非常技术性的。通过 BP 管理大学财务控制和会计学院，BP 财务人员能及时更新自己的知识。

问题：

(1) 跨国公司的财务管理模式有三种类型：分权式、集权式和混合式。你认为 BP 公司财务管理模式对大型跨国公司的财务管理有何意义？

(2) 请上网搜集中国跨国公司国际化过程中遭遇的财务风险案例。请与同学讨论中国跨国公司财务风险管理的各环节，并分析可能的公司风险管理的具体措施和对策。

（资料来源：中国经济周刊）

全球 CEO 看进博：专访拜耳中国首席财务官史蒂夫

思政链接

中咨集团打好财务管理牌，助推国际化发展

交通运输是经济发展的基本需要与重要纽带。近年来，国际市场对交通运输的需求为中咨集团（中国公路工程咨询集团有限公司）落实"走出去"战略带来了重要的发展

机遇。

在服务"一带一路"建设中,中咨集团充分发挥自身优势,抢抓机遇,进一步推进交通治理体系和治理能力现代化,为国际交通运输业发展贡献中国力量。

中咨集团财务资金部总经理朱浩表示,在推进中国交通运输"走出去"过程中,财务工作人员将努力打好"财务管理"这张牌,跟上企业"走出去"步伐,为海外交通运输"保驾护航"。

机遇与挑战并存

中咨集团自2006年开展海外业务,并在近年来积极践行"一带一路"倡议,经过砥砺奋进的16年,将项目分布在亚洲、非洲、欧洲、大洋洲等40多个国家和地区,涉及业务类型包括咨询、设计、施工、监理、检测、项目管理和总承包等。

"一带一路"倡议的提出为中国企业"走出去"创造了机遇,搭建了国际化大平台。目前,中咨集团正在从事多个国别公路勘察设计项目。例如,肯尼亚内罗毕快速路是目前肯尼亚首个PPP项目、首条收费高速公路,中咨集团承担了全线机电工程施工任务;承担巴基斯坦KKH二期(赫韦利扬——塔科特)监理项目,该项目是中巴经济走廊陆路通道的核心路段;中交新加坡分公司签署新加坡跨岛地铁线CR109标段设计施工总承包项目等。

在从事的一系列项目背后,中咨集团财务部面临着不少挑战。除了面临语言文字的障碍,还面临着大到法律文化、汇率变动、思维习惯、国际人才,小到专业词汇等问题,尤其在项目融资等问题上困难颇多。

"承接海外基础建设工程项目的实施离不开充足的资金投入,采取怎样的融资方式成为项目落实的核心内容。"朱浩认为。

他举例说,新加坡基建项目是中咨集团首个需要海外融资的项目,在项目投标前,财务部就已介入项目投标商务策划;项目中标后,财务部迅速组织人力物力,探讨银行融资、债券、基金融资等单一融资或组合融资方式的可操作性,做好融资可行性分析，尤其对新加坡金融市场融资方式、额度、期限、利率进行分析，比对中资银行驻新加坡机构与新加坡属地银行优劣势，并主动承担起中交集团、中咨集团、金融机构三方沟通的桥梁工作，最终实现中咨集团首次海外项目融资落地。

在"一带一路"倡议下，中咨集团不仅要把握机遇，还要努力将挑战化为契机。面对复杂多变的国际贸易形势，朱浩表示，公司将进一步"抓"预算管理、"勤"成本分析、"严"全员管控、"盯"重点领域等，利用这些传统的手段实现提质增效。同时，从公司顶层设计迭代更新，对商业模式、管理、科技等不断进行创新。

此外，随着企业数字化、财务云建设的发展，如何实现海外财务共享是企业数字化发展的重点。朱浩透露，中咨集团将进一步通过业财融合、财务数据共享、数字化转型提升管理能力，达到提质增效的目的，实现公司高质量发展。

"此前，中咨集团承担肯尼亚蒙内铁路临时通信、施工监控、视频会议系统项目的实施，旨在为海外大型基建项目的建设管理提供一套信息化解决方案。该项目从质量管控、风险管控、财务共享等多个方面有效地提高了项目建设的管理水平和实施效率，为项目建设按计划达成高质、高效的既定目标提供有力技术保证。"朱浩介绍。

为企业"走出去"保驾护航

中国企业"走出去"不仅是自身发展壮大的内在要求，也是适应经济全球化趋势的现实选择。

"单兵作战往往不能持久，财务部门、财务人员需要广交'朋友'，充分发挥外部机构专业优势，如银行金融服务、税务咨询、法律顾问，并且学习国内典型企业先进做法。聚优势力量，为企业'走出去'保驾护航。"朱浩认为。

据了解，自在中咨集团工作以来，朱浩参与了多个海外项目，见证了中咨集团海外业务从无到有、从有到优的"走出去"历程。

在这些项目的实践让朱浩深刻意识到了业财融合的重要性，而不应仅在融资方面下功夫。加强业财融合有助于贯通海外、国内信息传递链条，使国内及时掌握业务过程中的薄弱环节和关键环节，并实施有针对性的改进，消除管控盲点，降低企业经营风险。正基于此，他逐渐将业务与财务相融合。

"但目前，由于传统企业对'业财一体化'的理解仍然不够深入，管理层、传统财务人员思维固化，财务职能转型的动机和意愿不强，推进海外数字化业财融合难度较大。"朱浩表示，尤其在财税政策等法规层面，海外不同国别之间存在很大的差异，海外"业财一体化"不能像国内搞大一体的模式，需要更突出个性化和专项定制。

"业财一体化"需要依托先进的信息化平台才能实现。信息化程度决定"业财一体化"的可行性程度。他介绍道："当前，我们依托'业财一体化'管理模式，已经重塑了集团财务管控体系，助力集团管理提升，为集团加强海外业务管理提供有力支撑。"

对此，他认为，加强海外"业财一体化"需要完整的顶层设计，上下同欲。海外"业财一体化"不能是一味强制"上马"，需要有计划地循序渐进，充分发挥当地员工天然优势，鼓励当地业务员工与财务员工为"业财一体化"建言献策。依托有优势的咨询机构，结合海外实际与典型企业案例，提出合理的一体化方案，做好宣传，实现各方对"业财一体化"的高度认同。

面对复杂多变的国际贸易形势，结合自身的工作经验，朱浩认为，企业应搭建不同的财务管理思维。

一是财务服务与协作思维。财务只有更好地服务业务才能获得认可，推动业财融合，要有协作观念，项目团队是不可分割的整体，只有与各部门通力协作才能为海外业务高质量发展提出好的建议和意见。

二是财务风险及全局思维。财务人员既要关注财务细节，也要站在业务角度辩证地思考问题，靠前服务、向前介入，如参与到项目招投标、预算编制、合同评审等环节，在关键财务风险管控方面提出合理建议，最大程度地提升公司整体效益，只有这样，才能促进业务与财务的一体化。

三是财务价值创造思维。财务人员要坚信财务不仅是核算和监督，也能够创造价值，比如，通过税收筹划、合理融资规划等，是可以实实在在为企业节约成本、实现价值创造的。

四是财务精益思维。财务人员只有沉下去，及时了解、学习海外当地的财务政策、交流方式以及语言，时刻关注国际汇率变化、政治走向等，学懂、学会、学精，才能实现自我提升。

"未来，我们将充分发挥自身优势，继续深度参与'一带一路'倡议，有力促进共同发展，与世界交融，与时代相通，为构建互联互通大格局持续奋进。"朱浩坚定地说。

（资料来源：中国会计报，有删改）

 复习思考题

一、判断题

1. 会计体制是以企业经营环境为基础的。（　　）
2. 美国财务会计准则委员会和国际会计准则委员会的标准大相径庭。（　　）
3. 跨国公司母公司与子公司之间，或子公司与子公司之间进行交易时所执行的价格为最低零售价格。（　　）
4. 跨国财务管理的任务是通过最大化股东权益来保持和创造财富。（　　）
5. 国际企业通常人为制定转移价格以达到使其全球税负最小化和避免政府对资本流动限制的目的。（　　）
6. 国际企业的避税已经深入西方公司，成为一种文化，很多企业利用税法的空隙和漏洞减少公司的税负。（　　）
7. 国际子公司的业绩取决于公司设定的转移价格。（　　）

二、选择题

1. 以下哪一项是只有国际企业才面临的会计问题？（　　）

　　A. 会计准则缺乏一致性

　　B. 损益表申报不准确

　　C. 向政府虚报收入

　　D. 公司内部缺乏专门的会计职能

2. 转移价格是指（　　）。
   A. 货物和服务转让给子公司的价格
   B. 产品名称转让给客户的价格
   C. 供应商向公司提供原材料的价格
   D. 货物或服务从一个地方转移到另一个地方时产生的费用

3. 下列说法错误的是（　　）。
   A. 国际会计准则的采纳建立在非官方或自愿的基础之上
   B. 国际会计准则委员会是标准化的主要推动者
   C. 国际会计准则理事会并没有权力来强制推行其准则
   D. 国际会计准则理事会发布一个新准则，必须得到15个成员中75%的成员的同意

4. 大多数国际企业要求公司内部的所有预算和业绩数据都以"公司货币"表示，通常为（　　）。
   A. 一种共同货币，如美元
   B. 母国货币
   C. 外币
   D. 产品销售国的货币

5. 下面哪个是避税天堂的正确描述？（　　）
   A. 向避税天堂出口的公司从本国政府获得特别税收优惠
   B. 企业需要巨额资本投资才能在避税天堂创业
   C. 美国等联合国被广泛视为避税天堂
   D. 公司可以通过在避税天堂设立非经营性子公司来节省税收

6. 现金流管理决策试图管理公司的（　　）。
   A. 股本　　　　　B. 固定成本
   C. 周转资金　　　D. 设备成本

7. 关于国际企业使用的资本预算，下列说法正确的是（　　）。
   A. 资本预算并不提供母公司和子公司的现金流之间的联系

B. 其基本框架与国内资本预算框架大相径庭
  C. 资本预算不考虑子公司之间的现金流
  D. 它使高级管理人员能够客观地比较不同的投资选择

三、名词解释
1. 会计准则　　2. 国际转移定价　　3. 资本预算

四、简答题
1. 影响会计准则的因素有哪些？
2. 各国会计准则差异的影响有哪些？
3. 请解释国际财务管理中的三种决策类型。

五、分析题
　　1. 一个国家的会计制度如何受到投资者的影响？在适当例子的帮助下进行解释。
　　2. 国际企业在决定使用债务融资或使用权益融资时，需要考虑哪些因素？
　　3. 跨国企业子公司向母公司、子公司直接运用转移价格支付有何作用？
　　4. 为什么基于会计的控制系统有可能向总部管理层提供对国外子公司状况有偏见的信息？这些偏见如何才能得到纠正？

参考文献

［1］韩玉军．国际商务［M］．2版．北京：中国人民大学出版社，2017．

［2］约翰·J.怀尔德，肯尼思·L.怀尔德．国际商务［M］．7版．陈焰，译．北京：北京大学出版社，2015．

［3］希尔．国际商务［M］．11版．王蓍，等译．北京：中国人民大学出版社，2019．

［4］王炜瀚，等．国际商务［M］．2版．北京：机械工业出版社，2015．

［5］林学军，刘霞．国际商务［M］．北京：清华大学出版社，2017．

［6］王佳芥．国际商务：结合中国企业案例的分析［M］．北京：中国市场出版社，2010．

［7］王佳芥．国际商务：案例、阅读材料和练习集［M］．成都：西南财经大学出版社，2016．

［8］卡瓦斯基尔．国际商务：新进展［M］．2版．北京：中国人民大学出版社，2012．

［9］王文潭．国际商务管理［M］．北京：首都经济贸易大学出版社，2014．

［10］薛求知，刘子馨．国际商务管理［M］．2版．上海：复旦大学出版社，2014．

［11］王海文．国际商务［M］．英文版·数字教材版．北京：中国人民大学出版社，2022．

［12］丹尼尔斯．国际商务：环境与运作［M］．原书第15版．北京：机械工业出版社，2017．

［13］怀尔德．国际商务：全球化带来的挑战［M］．6版．张倩，等译．北京：中国人民大学出版社，2014．

［14］格里芬，普斯泰．国际商务［M］．北京：中国人民大学出版社，2008．

［15］毕鹏，周子元，冯志军．国际商务［M］．哈尔滨：哈尔滨工程大学出版社，2015．

［16］夏晴．国际商务［M］．北京：中国商务出版社，2005．

［17］赵春明. 国际商务［M］. 北京：北京大学出版社，2016.

［18］于宁. 国际商务专业基础导论［M］. 北京：中国人民大学出版社，2013.

［19］关勇. 国际商务［M］. 北京：化学工业出版社，2009.

［20］陆雄文. 管理学大辞典［M］. 上海：上海辞书出版社，2013.

［21］邹瑜. 法学大辞典［M］. 北京：中国政法大学出版社，1991.

［22］韩双林，马秀岩. 证券投资大辞典［M］. 哈尔滨：黑龙江人民出版社，1993.

［23］李向阳，王立强，王洛林. 世界经济黄皮书：2004—2005年世界经济形势分析与预测［M］. 北京：社会科学文献出版社，2005.

［24］DUNNING J H, SARIANNA M. Lundan. Multinational Enterprises and the Global Economy［M］. Cheltenhan：Edward Elgar Publishing Limited，2008.

［25］廖润东. 外国直接投资对东道国和母国经济的影响［J］. 宁波职业技术学院学报，2014（10）.